Europäisierung des Wettbewerbsrechts durch den elektronischen Handel

Europäische Hochschulschriften

Publications Universitaires Européennes

European University Studies

Reihe II

Rechtswissenschaft

Série II Series II

Droit

Law

Bd./Vol. 3560

PETER LANG

Frankfurt am Main · Berlin · Bern · Bruxelles · New York · Oxford · Wien

Uta Itzen

Europäisierung des Wettbewerbsrechts durch den elektronischen Handel

PETER LANG
Europäischer Verlag der Wissenschaften

Bibliografische Information Der Deutschen Bibliothek
Die Deutsche Bibliothek verzeichnet diese Publikation in der Deutschen Nationalbibliografie; detaillierte bibliografische Daten sind im Internet über <http://dnb.ddb.de> abrufbar.

D 25
ISSN 0531-7312
ISBN 3-631-50192-7

www.peterlang.de

Meinen Eltern

Vorwort

Diese Arbeit wurde im Februar 2002 fertiggestellt und im Sommersemester 2002 von der Rechtswissenschaftlichen Fakultät der Albert-Ludwigs-Universität Freiburg als Dissertation angenommen.

Die Deutsche Forschungsgemeinschaft förderte die Arbeit als Teil des Graduiertenkollegs „Europäisches Privat- und Wirtschaftsrecht" der Humboldt-Universität zu Berlin.

Mein Dank gilt zunächst meinem Doktorvater Herrn Prof. Dr. Uwe Blaurock. Ferner danke ich Herrn Prof. Dr. Joachim Bornkamm für die Erstellung des Zweitgutachtens, den Mitgliedern des Berliner Graduiertenkollegs für die engagierten und kritischen Diskussionen, meinen Freunden und vor allem meiner Familie für ihre Geduld und Ermutigung.

Inhaltsverzeichnis

Abkürzungsverzeichnis

a.A.	andere Ansicht
a.a.O.	am angegebenen Ort
A.C.	Appeal Cases
ABl.	Amtsblatt
Abs.	Absatz
AfP	Archiv für Presserecht
Allg.	Allgemeines
Anm.	Anmerkung
AöR	Archiv des öffentlichen Rechts
ARSP	Archiv für Rechts- und Sozialphilosophie
Art.	Artikel
B.O.E.	Boletín Oficial del Estado
BB	Der Betriebs-Berater
Bd.	Band
BerDGesVöR	Berichte der Deutschen Gesellschaft für Völkerrecht
Berkeley Technology L. J.	Berkeley Technology Law Journal
BGBl.	Bundesgesetzblatt
BGH	Bundesgerichtshof
BGHZ	Entscheidungen des Bundesgerichtshofes in Zivilsachen
BR-Drs.	Bundesratsdrucksache
BT-Drs.	Bundestagsdrucksache
bzw.	beziehungsweise

C.C.	Codice Civile
CMLR	Common Market Law Review
CR	Computer und Recht
CRi	Computer und Recht international
ders.	derselbe
DB	Der Betrieb
dies.	dieselbe(n)
Diss.	Dissertation
EG	Europäische Gemeinschaft
EGBGB	Einführungsgesetz zum Bürgerlichen Gesetzbuch
EGG	Gesetz über rechtliche Rahmenbedingungen für den elektronischen Geschäftsverkehr
EGV	Vertrag zur Gründung der Europäischen Gemeinschaft
Einl.	Einleitung
endg.	endgültig
EU	Europäische Union
EuGH	Europäischer Gerichtshof
EuGVÜ	Europäisches Gerichtsstands- und Vollstreckungsübereinkommen
EuR	Europarecht
European Business Law Rev.	European Business Law Review
European Law Rev.	European Law Review
EUV	Vertrag über die Europäische Union
EuZW	Europäische Zeitschrift für Wirtschaftsrecht
EWG	Europäische Wirtschaftsgemeinschaft
EWiR	Entscheidungen zum Wirtschaftsrecht
EWS	Europäisches Wirtschafts- und Steuerrecht
f/ff	folgende/fortfolgende

Fn.	Fußnote
GRUR	Gewerblicher Rechtsschutz und Urheberrecht
GRUR Int.	Gewerblicher Rechtsschutz und Urheberrecht, Ausländischer und Internationaler Teil
i.d.F.	in der Fassung
i.e.	id est
ICC	International Chamber of Commerce
ICLQ	International and Comparative Law Quarterly
IPR	Internationales Privatrecht
IPRax	Praxis des Internationalen Privat- und Verfahrensrechts
IPRspr.	Die deutsche Rechtsprechung auf dem Gebiete des internationalen Privatrechts
IStR	Internationales Steuerrecht
JuS	Juristische Schulung
JZ	Juristenzeitung
K&R	Kommunikation und Recht
KOM	Dokumente der Europäischen Kommission
L.R.	Law Reports
lit.	littera
m.w.N.	mit weiteren Nachweisen
MDR	Monatsschrift für Deutsches Recht
MMR	Multimedia und Recht
n.F.	neue Fassung
NJW	Neue Juristische Wochenschrift
Nr./N°	Nummer
OECD	Organisation for Economic Co-operation and Development
Öst. BGBl.	Österreichische Bundesgesetzblatt

Q.B.	Queen´s Bench
RabelsZ	Rabels Zeitschrift für ausländisches und internationales Privatrecht
RCDIP	Revue Critique du Droit International Privé
RDAI	Revue de Droit des Affaires Internationales
RDIPP	Rivista di diritto internazionale privato e processuale
RG	Reichsgericht
RGBl.	Reichsgesetzblatt
RGZ	Amtliche Sammlung der Reichsgerichtsrechtsprechung
RIW	Recht der Internationalen Wirtschaft
Rn.	Randnummer
Rs.	Rechtssache
S.	Satz
S.	Seite
Slg.	Sammlung des Gerichtshofs der Europäischen Gemeinschaften
Stanford Law Rev.	Stanford Law Review
SvenskJT	Svensk juristtidning
TDG	Teledienstegesetz
Tz.	Textziffer
u.	und
U. Chicago L. Rev.	University of Chicago Law Review
U. Pittsburg Law Review	University of Pittsburg Law Review
u.v.m.	und viele mehr
UWG	Gesetz gegen den unlauteren Wettbewerb
v.	versus

verb.	verbundene
vgl.	vergleiche
WIPO	World Intellectual Property Organization
WM	Wertpapier-Mitteilungen
WRP	Wettbewerb in Recht und Praxis
z.B.	zum Beispiel
ZEuP	Zeitschrift für Europäisches Privatrecht
ZHR	Zeitschrift für das gesamte Handels- und Wirtschaftsrecht
ZIP	Zeitschrift für Wirtschaftsrecht und Insolvenzpraxis
ZLR	Zeitschrift für Lebensmittelrecht
ZRP	Zeitschrift für Rechtspolitik
zugl.	zugleich
ZUM	Zeitschrift für Urheber- und Medienrecht
ZUM-RD	Zeitschrift für Urheber- und Medienrecht: Rechtsprechungsdienst
ZVglRWiss	Zeitschrift für Vergleichende Rechtswissenschaft

Einleitung

Das Internet ist fester Bestandteil unseres Alltagslebens geworden. Es ist ein globales Datennetzwerk, in dem jeder angeschlossene Computer mit den anderen kommunizieren kann. Die Kommunikation wird über definierte Datenübertragungsprotokolle geregelt: Sie legen fest, wie Verbindungen aufgebaut, und beschreiben, wie die Daten für verschiedene Dienste im Internet übertragen werden müssen. Zur Übertragung werden die Daten in Datenpakete aufgeteilt und von Rechner zu Rechner weitergereicht, bis sie ihren Zielpunkt erreicht haben. Sie müssen dabei keineswegs immer die gleiche Strecke nehmen; fällt ein Netzstrang aus, leitet das Netzwerk die Pakete auf eine andere Strecke um.[1]

Das Internet wurde 1969 als „ARPANET" geboren: Das amerikanische Verteidigungsministerium hatte der „Advanced Research Project Agency" (ARPA) den Auftrag erteilt, ein Kommunikationssystem zu entwickeln, das auf Ausfälle einzelner Rechner und Verbindungswege selbständig und flexibel reagieren können sollte, um weniger störanfällig zu sein. Das Netzwerk sollte daher keine zentrale Steuerung und keine zentrale Autorität erhalten.[2] Diese dezentrale Struktur ist dem Internet auch heute noch zueigen. Sie ist der Grund dafür, daß das Internet gegenüber nationalstaatlichen Regelungen weitgehend immun ist – ein Umstand, der dem Internet den Ruf des „genuin internationalen Mediums" [3] eingebracht hat.

Anfang der achtziger Jahre wurde das Netz in einen militärischen Teil (MILNET) und einen wissenschaftsorientierten Teil (ARPANET) gespalten. Letzteres wurde letztlich in INTERNET umbenannt. Durch die wissenschaft-

---

1 Eine technische Beschreibung des Internets läßt sich unter http://medweb.uni-muenster.de/~obsto/buch/klostermann/kloster-2_.html (Stand 25.8.2002) abrufen.

2 Zur Darstellung der historischen Entwicklung vgl. http://medweb.uni-muenster.de/~obsto/buch/klostermann/kloster-1_.html; http://www.users.comcity.de/~horibo/history.htm; http://btmdx1.mat.uni-bayreuth.de/www2001/skript/node7.html (Stand 25.8.2002).

3 *Mankowski*, Das Internet im Internationalen Vertrags- und Deliktsrecht, RabelsZ 63 (1999) 203, 207.

liche Nutzung wuchs es zunächst weitgehend unbemerkt von der Öffentlichkeit heran. Erst die Öffnung des Netzes für die kommerzielle Nutzung Anfang der neunziger Jahren hat dazu beigetragen, daß das Internet seinen heutigen Stellenwert erlangt hat: Nach Schätzungen wird die Zahl der Internetnutzer weltweit auf über 490 Millionen zum Jahresende 2002 und mehr als 765 Millionen im Jahr 2005 anwachsen.[4] Für Europa wurde die Zahl der Internetnutzer im August 2001 auf 155 Millionen geschätzt.[5]

Diese technische Entwicklung hat eine umfassende rechtliche Diskussion nach sich gezogen, angestoßen durch eine US-amerikanische Debatte Mitte der 90er Jahre. Sie kreiste um die These, der „Cyberspace"[6] sei eine rechtlich autonome Sphäre, die sich jeglicher staatlichen Regulierung entziehe.[7] Dabei ging man so weit, den nationalen Staaten die Hoheit zur Regelung internetbezogener Sachverhalte abzusprechen – eine Annahme, die Widerspruch provozieren mußte. Denn jede Kommunikation im Netz ist Folge menschlichen Handelns und dadurch den klassischen Regeln der Territorial- und Personalhoheit unterworfen.[8] Gleichwohl läßt sich die Widerspenstigkeit des Internets gegenüber staatlichen Regelungsansprüchen nicht leugnen. Die Bewältigung der hoheitlichen Regulierungsaufgaben wird durch die mit dem Netz verbundene „Denationalisierung" rechtlicher Beziehungen erschwert.[9] Deshalb wird nicht nur in den USA, sondern auch in Europa betont, daß sich der Staat im Umgang mit dem Internet an „Ohnmachtserfahrungen" zu ge-

---

4 Die überwiegende Mehrzahl der Internetnutzer stellen die Vereinigten Staaten mit ca. 110 Millionen, es folgen Japan mit mehr als 18 Millionen und Großbritannien mit knapp 14 Millionen. Deutschland liegt mit etwa zwölf Millionen Internet-Surfern auf Rang fünf; http://www.denic.de/DENICdb/stats/kurzmeldungen/internetnutzung1.html (Stand 25.8.2002).

5 http://www.nua.com/surveys/how_many_online/index.html (Stand 25.8.2002).

6 Die Bezeichnung „Cyberspace" wurde von *William Gibson* in seiner 1984 erschienenen Novelle „Neuromancer" eingeführt.

7 Prominente Vertreter dieser These sind *David Johnson* und *David Post*, in: Law and Borders in Cyberspace, Stanford L. Rev. 48 (1996) 1367ff.

8 Vgl. *Mankowski*, Wider ein transnationales Cyberlaw, AfP 1999, 138, 139; *Engel*, Inhaltskontrolle im Internet, AfP 1996, 220, 225; *Heckmann*, E-Commerce: Flucht in den virtuellen Raum, NJW 2000, 1370; *Polak*, Internationaal Privaatrecht: Vangnet voor het Internet, in: Recht en Internet, S. 59, 65.

9 *Hoeren*, Internet und Recht – Neue Paradigmen des Informationsrechts, NJW 1998, 2849, 2850f.

wöhnen habe.[10] Nichtstaatliche Regulierungsmechanismen werden an Bedeutung gewinnen und zu strukturellen Verschiebungen im Verhältnis Staat, Wirtschaft und Gesellschaft führen.

Doch bedeutet diese Entwicklung nicht den Abgesang an den souveränen Staat und seine Instrumente. Auch im „Zeitalter der Informationsgesellschaft" hat dieser für den Schutz der Rechtsgüter zu sorgen, für die ihm durch die Verfassung eine Verantwortung aufgetragen worden ist. Dabei wird die nationale Rechtsordnung jedoch nur in dem Maße erfolgreich sein können, wie sie nicht das Abwandern der Normadressaten in andere Rechtsordnungen fördert. Denn der Regelungsanspruch des Staates stößt im Internet schnell an seine natürliche (Staats-) Grenze: Daten und Aktivitäten können im Internet auf leichte Weise dorthin verlegt werden, wo die rechtlichen Rahmenbedingungen ihnen nicht entgegenstehen. Deshalb wird der Einfluß des Internets vor allem die Abstimmung von Regulierungszielen und -inhalten mit anderen nationalen und supranationalen, staatlichen und privaten Akteuren erfordern.[11]

Die Europäische Kommission verfolgte die Entwicklung des elektronischen Handels von Anfang an mit größter Aufmerksamkeit. Im November 1998 legte sie den ersten Vorschlag für eine Richtlinie über den elektronischen Geschäftsverkehr vor.[12] Bereits achtzehn Monate später war die Richtlinie in Kraft.[13] Ihr Ziel ist es, einen Beitrag zum Funktionieren des Binnenmarktes zu leisten, indem sie den freien Verkehr von Diensten der Informationsgesellschaft zwischen den Mitgliedstaaten sicherstellt.[14] Denn von einheitlichen rechtlichen Rahmenbedingungen für den elektronischen Handel

---

[10] Vgl. *Roßnagel*, Globale Datennetze: Ohnmacht des Staates - Selbstschutz der Bürger, ZRP 1997, 26, 27 (dort auch das Zitat).

[11] *Truthe*, Öffentlich-rechtliche Rahmenbedingungen einer Informationsordnung, in: Der Grundrechtseingriff, S. 216, 248.

[12] Vorschlag für eine Richtlinie des Europäischen Parlaments und des Rates über bestimmte rechtliche Aspekte des elektronischen Geschäftsverkehrs im Binnenmarkt vom 18.11.1998, KOM (1998) 586 endg..

[13] Richtlinie 2000/31/EG des Europäischen Parlaments und des Rates vom 8. Juni 2000 über bestimmte rechtliche Aspekte der Dienste der Informationsgesellschaft, insbesondere des elektronischen Geschäftsverkehrs, im Binnenmarkt („Richtlinie über den elektronischen Geschäftsverkehr"), ABl. EG Nr. L 178 vom 17.7.2000, S. 1.

[14] Vgl. Art. 1 Abs. 1 E-Commerce-Richtlinie.

kann in Europa keine Rede sein. Selten wird das Auseinanderfallen von wirtschaftlich und rechtlich relevanten Grenzen so deutlich. Durch die Öffnung des Internets für die kommerzielle Nutzung sind die nationalen Marktzutrittsschwellen stark gesunken. Doch die Weiterentwicklung des elektronischen Handels wird durch die Inkongruenz der rechtlichen Rahmenbedingungen behindert. Die Unterschiede der nationalen Rechtsvorschriften und die Rechtsunsicherheit in der Frage des anwendbaren Rechts wirken wie ein Hemmschuh für das ökonomische Potential des elektronischen Handels.

Die Arbeit, die Sie lesen, konzentriert sich auf das Wettbewerbsrecht. Es ist in den einzelnen Mitgliedstaaten bis heute sehr unterschiedlich ausgestaltet. Zu Beginn werden Gründe offengelegt, die zu den auffallenden Divergenzen in den nationalen Rechten geführt haben. Zugleich wird auf die Versuche des europäischen Gesetzgebers eingegangen, eine Angleichung auf diesem Gebiet zu erreichen. Dem schließt sich logisch eine kollisionsrechtliche Betrachtung an: Internationalität zu bewältigen ist Aufgabe des Internationalen Privatrechts. Trotz aller Zweifel, die in der Literatur erhoben wurden, gilt das auch für das Internet. Maßgeblicher Anknüpfungspunkt grenzüberschreitender Wettbewerbshandlungen ist der Ort der wettbewerblichen Interessenkollision, der Marktort. Doch diese Marktortregel stößt im Internet an ihre Grenzen. Denn Marketingmaßnahmen im Internet teilen die Eigenschaft ihres Mediums: Sie sind genuin international, lassen sich praktisch überall auf der Welt abrufen. Diese Ubiquität der Werbung im Netz erschwert die Ermittlung des räumlich besten Rechts, des Sitzes des Rechtsverhältnisses. Regelmäßig wird die Marktortregel zur Anwendbarkeit multipler Marktortrechte führen und dadurch erhebliche Rechtsunsicherheit erzeugen - ein Befund, der den gemeinschaftsrechtlichen Interessen an einer ungehinderten grenzüberschreitenden Vermarktung von Waren und Dienstleistungen zuwiderläuft und so den zentralen gemeinschaftsrechtlichen Teil der Arbeit motiviert. Beleuchtet werden zunächst die Auswirkungen der Grundfreiheiten auf das Problem des Multistate-Wettbewerbs: Das Herkunftslandprinzip, gemeinsamer Nenner der Waren- und Dienstleistungsfreiheit, erzeugt einen nicht unerheblichen Druck auf vergleichsweise restriktive nationale Regelungen. Die E-Commerce-Richtlinie greift dieses Prinzip in der Binnenmarktregel (Art. 3 E-Commerce-Richtlinie) mit einigen Modifizierungen in entscheidenden Punkten auf. Diese Unterschiede haben zur Folge, daß der gemeinschaftsrechtlich bedingte Anpassungsdruck weiter erhöht wird, der auf den nationalen Rechtsordnungen lastet. In Konsequenz rückt der Harmonisierungsbedarf der nationalen Wettbewerbsrechte wieder in den Vordergrund des Interesses. Der abschließende Teil der Arbeit zeigt die These, die Europäisierung des Wettbewerbsrechts durch den elektronischen Handel.

Teil 1

Stand des Wettbewerbsrechts in Europa

A. Die nationale Ebene

I. Grundlagen

Ausgangspunkt von Entstehung und Entwicklung des Wettbewerbsrechts ist die Einführung der Gewerbefreiheit in Europa.[15] Solange das Zunftwesen den Handel beherrschte und die sozialen und wirtschaftlichen Bedingungen den Wettbewerb auf natürliche Art und Weise begrenzten, bestand kaum ein Bedürfnis nach einem Eingriff der Staatsgewalt in das wirtschaftliche Geschehen.[16] Erst die stürmische wirtschaftliche Entwicklung des 19. Jahrhunderts, getragen von der Liberalisierung der Wirtschaftsordnungen und der Beginn der Industrialisierung zunächst in Großbritannien und seit der Mitte des 19. Jahrhunderts auch auf dem Kontinent[17], ließ den unlauteren Wettbewerb zu einem allgemeinen Problem werden.[18] Die Frage nach der Reaktion des Rechts auf zunehmende Auswüchse der neu gewonnenen wirtschaftlichen Freiheit war die zwingende Folge – die Antwort der Rechtsordnungen darauf recht unterschiedlich.

---

[15] *Rittner*, Wettbewerbs- und Kartellrecht, § 1 Rn. 4; *Emmerich*, Das Recht des unlauteren Wettbewerbs, S. 1; *Baumbach/Hefermehl*, Wettbewerbsrecht, Allg. Rn. 37ff. Zu Ablauf und Hintergründen der Einführung der Gewerbefreiheit in Europa vgl. *Mieck*, Wirtschaft und Gesellschaft Europas von 1650 bis 1850, in: Europäische Wirtschafts- und Sozialgeschichte von der Mitte des 17. Jahrhunderts bis zur Mitte des 19. Jahrhunderts, S. 134, 144ff.

[16] *Baumbach/Hefermehl*, Wettbewerbsrecht, Einl. UWG Rn. 1. Zu den Verhältnissen in Gewerbe und Handel im Mittelalter und der Frühneuzeit vgl. *Boockmann*, Einführung in die Geschichte des Mittelalters, S. 60-74; *van Dülmen*, Entstehung des frühneuzeitlichen Europa 1550-1648, S. 51ff, 60ff; *Buchheim*, Einführung in die Wirtschaftsgeschichte, S. 76ff.

[17] *Buchheim*, Einführung in die Wirtschaftsgeschichte, S. 29ff.

[18] *Rittner*, Wettbewerbs- und Kartellrecht, § 1 Rn. 4.

Für die Entwicklung und den heutigen Stand des Lauterkeitsrechts ist von entscheidender Bedeutung, welchen Rang man der Gewerbefreiheit in den einzelnen Rechtsordnungen eingeräumt hat. Je höher sie angesiedelt wurde, desto mehr Widerstand regte sich gegen umfassende hoheitliche Eingriffe in den Wettbewerb. In Frankreich etwa erhielt die „liberté du commerce" und die damit zusammenhängende „libre concurrence" nicht zuletzt durch ihre frühzeitige gesetzliche Verankerung im Jahre 1791 einen solchen Stellenwert, daß eine umfassende Regelung des Lauterkeitsrechts bis heute nicht stattgefunden hat.[19] Und auch Großbritannien hat es unter dem starken Einfluß der „laissez-faire"-Lehren der Nationalökonomen des 19. Jahrhunderts[20] stets vorgezogen, die Reglementierung und Regulierung des Wettbewerbsverhaltens den Beteiligten selbst zu überlassen.[21] In Deutschland dagegen fühlte man sich schon frühzeitig dazu veranlaßt, dem unlauteren Wettbewerb rechtliche Grenzen zu setzen: Nach dem Warenzeichengesetz von 1894[22] und dem ersten UWG von 1896[23] folgte 1909 das sog. zweite UWG[24], das sich - anders als sein Vorläufer - nicht mehr nur auf eine Reihe von Einzeltatbeständen beschränkte, sondern mit der Einführung der Generalklausel gegen unlauteren Wettbewerb die Grundlage eines umfassenden wettbewerbsrechtlichen Schutzes in Deutschland lieferte.[25]

---

19 Zur Entwicklung des Lauterkeitsrechts in Frankreich vgl. *Azéma*, Le droit français de la concurrence, S. 25-27.

20 Unter der Devise „Laissez faire, laissez passez" wird eine vom Staat unbeeinflußte „natürliche" Ordnung gefordert, in der freies Eigentum und Gewerbe, freier Wettbewerb und Handel wirtschaftlichen Aufschwung und Wohlstand verbürgen. Das epochale, 1776 veröffentlichte Werk von Adam Smith, „Inquiry into the Nature and Causes of the Wealth of Nations", entwickelt erstmals ein geschlossenes Wirtschaftssystem und begründet damit die „Klassische Nationalökonomie", die richtungsweisend für das 19. Jahrhundert wird. Zur wirtschafts- und sozialgeschichtlichen Entwicklung in Großbritannien vgl. auch *Evans*, The Forging of the Modern Modern State, S. 40-47.

21 Vgl. *Hucke*, Erforderlichkeit einer Harmonisierung des Wettbewerbsrechts in Europa, S. 338, 347.

22 Gesetz zum Schutz der Warenbezeichnung vom 12.5.1894, RGBl. S. 441.

23 Gesetz zur Bekämpfung des unlauteren Wettbewerbs vom 27.5.1896, RGBl. S. 145.

24 Gesetz gegen den unlauteren Wettbewerb (UWG) vom 7.6.1909, RGBl. S. 499.

25 Vgl. § 1 UWG:

> „Wer im geschäftlichen Verkehre zu Zwecken des Wettbewerbes Handlungen vornimmt, die gegen die guten Sitten verstoßen, kann auf Unterlassung und Schadensersatz in Anspruch genommen werden."

II. Die konzeptionelle Einteilung nationaler Wettbewerbsrechtsordnungen

Vor diesem Hintergrund erweist sich die jüngst von *Hucke* vorgenommene Systematisierung nationaler Wettbewerbsrechtsordnungen nach der jeweiligen Konzeption, die dem wettbewerbsrechtlichen Normengefüge zugrunde liegt, bei einer rechtsvergleichenden Analyse der europäischen Wettbewerbsrechtsordnungen als sehr vorteilhaft.[26] Denn sie zeigt deutlich auf, daß den europäischen Wettbewerbsrechtsordnungen zwar ein gemeinsames Begriffsverständnis des unlauteren Wettbewerbs zugrunde liegt, daß aber die Methode der Regelung in den nationalen Rechtsordnungen unterschiedlich ist.[27]

Leitender Gesichtspunkt der von *Hucke* vorgenommenen wettbewerbsspezifischen Analyse ist nicht die allgemeingültige Unterteilung der einzelnen Rechtsordnungen in bestimmte Rechtskreise, wie es der traditionellen, von *Zweigert* und *Kötz* geprägten rechtsvergleichenden Methode entsprechen würde.[28] Maßgebend ist vielmehr die Frage, wie das Spannungsverhältnis zwischen der europaweit anerkannten Wettbewerbsfreiheit auf der einen und dem hoheitlichen Schutzanspruch gegenüber den am Marktgeschehen Beteiligten und ihren berechtigten Interessen auf der anderen Seite aufgelöst wurde und in den lauterkeitsrechtlichen Konzeptionen der nationalen Wettbewerbsrechtsordnungen Ausdruck gefunden hat. Eine solche wettbewerbsrechtsspezifische (Grob-) Einteilung hat den entscheidenden Vorteil, die rechtsvergleichenden Akzente so setzen zu können, daß die unterschiedliche Entwicklung der nationalen Lauterkeitsrechte und damit zugleich auch die Ursachen für das unterschiedliche Schutzniveau in den europäischen Wettbewerbsrechtsordnungen deutlich hervortreten. Sie erleichtert damit das Verständnis sowohl der Gesamtzusammenhänge als auch der spezifischen

---

26 *Hucke*, Erforderlichkeit einer Harmonisierung des Wettbewerbsrechts in Europa, S. 120ff.

27 Zu den gemeinsamen Rechtsüberzeugungen, die sich im Laufe des 19. Jahrhunderts in Europa entwickelt und zu der Prägung des Begriffs unlauterer Wettbewerb geführt haben, und den Unterschieden in der Methode der Regelung vgl. auch *Ulmer*, Das Recht des unlauteren Wettbewerbs in den Mitgliedstaaten der Europäischen Wirtschaftsgemeinschaft, Bd. I: Vergleichende Darstellung, S. 1.

28 Zu der Lehre von den Rechtskreisen vgl. *Zweigert/Kötz*, Einführung in die Rechtsvergleichung, S. 62ff sowie - ihre abweichende Herangehensweise rechtfertigend - *Hucke*, Erforderlichkeit einer Harmonisierung des Wettbewerbsrechts in Europa, S. 121.

Regelungen und führt vor Augen, warum im Kontext des Lauterkeitsrechts immer wieder von erheblichen Rechtsunterschieden die Rede ist.[29]

Dem Schwerpunkt des Regulierungskonzeptes entsprechend gliedert *Hucke* die einzelnen Wettbewerbsrechtsordnungen nach dem Schutz-, dem Selbstkontroll- und dem Toleranzkonzept[30] - eine Unterteilung, die auch der folgenden Betrachtung zugrunde gelegt wird.

1. *Das Schutzkonzept*

Für die Länder, die dem Schutzkonzept zugeteilt werden[31], ist eine komplexe spezialgesetzliche Regelung der lauterkeitsrechtlichen Materie charakteristisch. Ausgehend von vereinzelten marken- und strafrechtlichen Normierungen entwickelte sich in diesen Ländern ein wettbewerbsspezifisches Spezialgesetz, in dessen Mittelpunkt eine oder mehrere Generalklauseln stehen. Sie dienen dem Ziel, die vielfältigen Erscheinungsformen unlauteren Wettbewerbs zu erfassen und dadurch umfassenden Schutz vor derartigen Wettbewerbshandlungen zu gewähren.[32]

---

29 Vgl. nur *Schricker*, Probleme der Europäischen Angleichung des Rechts des unlauteren Wettbewerbs, in: Festschrift für Konrad Zweigert, S. 537, 548 und *Beier*, Entwicklung und gegenwärtiger Stand des Wettbewerbsrechts in der Europäischen Wirtschaftsgemeinschaft, GRUR Int. 1984, 61ff, 69 mit einer sehr bildreichen Beschreibung des Stands des Wettbewerbsrechts in Europa: „Anstelle napoleonischer Chausseen, gutasphaltierter Bundesstraßen und ersten Autobahnteilstücken, dem (Geschäfts-) Verkehr der damaligen Zeit angepaßt und angemessen, ist das heutige Wettbewerbsrecht der EG-Länder einem amorphen Wege- und Straßengeflecht vergleichbar, mit Schotterwegen, Asphaltstraßen und Betonbahnen, ein-, zwei oder dreispurig, mit oder ohne kartellrechtrechtlichen Leitplanken, mit mittelständischen Parkbuchten, mehr oder weniger Schutzvorkehrungen für den privaten Straßenbenutzer, den Verbraucher und einer Vielzahl von Verkehrsgeboten für den gewerblichen Güterverkehr, ein Experimentierfeld von Reformideen, die nicht zu Ende gedacht werden oder auf halbem Wege steckenbleiben, ein Tummelplatz der Interessen und Kompetenzen, all das unkoordiniert, einer klaren Konzeption entbehrend, unharmonisch." sowie zuletzt *Dethloff*, Europäisierung des Wettbewerbsrechts, S. 42.

30 Vgl. *Hucke*, Erforderlichkeit einer Harmonisierung des Wettbewerbsrechts in Europa, S. 120ff.

31 Dazu zählen Deutschland, Österreich, Belgien und Luxemburg, Frankreich und die skandinavischen Länder Schweden, Dänemark und Finnland.

32 *Hucke*, Erforderlichkeit einer Harmonisierung des Wettbewerbsrechts in Europa, S. 122.

Vorreiter und Vorbild für andere, dem Schutzkonzept zuzurechnende Rechtsordnungen war und ist Deutschland. Dabei verlief die Entwicklung des Lauterkeitsrechts in Deutschland zunächst etwas unglücklich: Anders als zum Beispiel die französischen Gerichte, die sehr rasch dazu übergingen, auf der Grundlage der deliktsrechtlichen Generalklauseln gegen unlautere Verhaltensweisen im Wettbewerb zu reagieren[33], sperrte sich das Reichsgericht gegen eine solche Vorgehensweise: Weil der Gesetzgeber ein Markenschutzgesetz[34] geschaffen, von weiteren Regulierungen des Wettbewerb aber abgesehen habe, sei im Wettbewerb alles erlaubt, was dort nicht verboten sei.[35] Durch diese Haltung der deutschen Gerichte wuchs das Bedürfnis nach weiteren gesetzlichen Regelungen zur Bekämpfung des unlauteren Wettbewerbs. Der deutsche Gesetzgeber kam dem nach: Dem Markenschutzgesetz folgten das Warenzeichengesetz vom 12.Mai 1894[36], das (erste) Gesetz gegen den unlauteren Wettbewerb vom 27.Mai 1896[37] und schließlich das (zweite) UWG vom 7.6.1909[38], das trotz zahlreicher Novellen in seinen Grundstrukturen noch heute Bestand hat[39].

An der Spitze des UWG steht seit 1909 die Generalklausel, durch die alle Wettbewerbshandlungen verboten werden, die gegen die guten Sitten ver-

---

33 Zu dem deliktsrechtlich ausgerichteten Lauterkeitsschutz in Frankreich vgl. *Ulmer*, Das Recht des unlauteren Wettbewerbs in den Mitgliedstaaten der Europäischen Wirtschaftsgemeinschaft, Bd. I: Vergleichende Darstellung, S. 6; *Baumbach/Hefermehl*, Wettbewerbsrecht, Einl. UWG Rn. 4a; *Jacobs*, in: Gloy, Handbuch des Wettbewerbsrechts, § 26 Rn. 2; UWGGroßKomm-*Schricker*, Einl. F 246 sowie *Hucke*, Erforderlichkeit einer Harmonisierung des Wettbewerbsrechts in Europa, S. 262 - jeweils m.w.N.

34 Markenschutzgesetz vom 30.11.1874, RGBl. S. 143, dazu *Wadle*, Das Markenschutzgesetz von 1874, JuS 1974, 761ff.

35 RG vom 30.11.1880, RGZ 3, 67, 69 - *Apollinarisbrunnen*. Die Gerichte machten sich damit - so *Baumbach/Hefermehl*, Wettbewerbsrecht, UWG Einl. Rn. 16 - zum „Hüter der Unlauterkeit". Kritik an dieser Rechtsprechung des Reichsgerichts auch bei *Emmerich*, Das Recht des unlauteren Wettbewerbs, S. 7; dagegen *Rittner*, Wettbewerbs- und Kartellrecht, § 1 Rn. 5 Fn. 5.

36 Warenzeichengesetz vom 12.5.1894, RGBl. S. 441.

37 Reichsgesetz vom 27.5.1896, RGBl. S. 145; dazu zuletzt *Wadle*, Das Reichsgesetz zur Bekämpfung des unlauteren Wettbewerbs von 1896 - Etappe eines zögerlichen Beginns, JuS 1996, 1064.

38 Gesetz gegen den unlauteren Wettbewerb vom 7.6.1909, RGBl. S. 409.

39 Zur Entwicklung des UWG vgl. *Baumbach/Hefermehl*, Wettbewerbsrecht, UWG Einl. Rn. 19.

stoßen.[40] Die anfängliche Zurückhaltung, die die Rechtsprechung bei der Anwendung der Generalklausel zeigte, legte sich rasch. Heute steht § 1 UWG in dem Ruf, „königliche Norm des gesamten Rechtsgebiets" zu sein, auf deren Grundlage sich vor allem durch die zahlreichen gerichtlichen Entscheidungen, die inzwischen ergangen sind, ein „selbst für den Fachmann kaum noch überschaubares, bis in die kleinsten Verästelungen ausdifferenziertes System von Verhaltensnormen für Unternehmen im Wettbewerb" herausgebildet hat.[41]

Der durch seinen Bezug auf die guten Sitten sehr offen gestaltete Tatbestand der Generalklausel hat der deutschen Wettbewerbsrechtsordnung zu viel Flexibilität verholfen.[42] Sie hat maßgeblich dazu beigetragen, daß das im Laufe des 20. Jahrhunderts immer prominenter werdende sozialrechtliche Verständnis des UWG rezipiert werden konnte. Denn mit der Zeit setzte sich in Deutschland die Erkenntnis durch, daß der Wettbewerb nicht nur die Interessen der Unternehmen berührt, die miteinander konkurrieren, sondern auch anderer sich wettbewerblich betätigender Unternehmen sowie der Verbraucher und der Allgemeinheit. Diese Erkenntnis hat zu einem Wandel der Schutzfunktion des UWG geführt. Die Rechtsprechung und auch überwiegend die Lehre gehen heute davon aus, daß das UWG den lauteren Wettbewerb sowohl im Interesse der Mitbewerber als auch im Interesse der übrigen Marktbeteiligten und der Allgemeinheit schützt.[43]

---

[40] Siehe Fn. 25.

[41] *Emmerich*, Das Recht des unlauteren Wettbewerbs, S. 9 (dort auch die Zitate).

[42] Von den Spezialtatbeständen (§§ 3ff UWG) abgesehen, stellt das Recht gegen unlauteren Wettbewerb in Deutschland im Grunde nichts anderes als normativ geltendes Richterrecht dar, denn was als lauter oder unlauter gilt, ergibt sich erst aufgrund einer Konkretisierung der Generalklausel durch Richterspruch. Vgl. *Baumbach/Hefermehl*, Wettbewerbsrecht, Einl. UWG Rn. 17; zum normativen Maßstab des § 1 UWG auch *Rittner*, Wettbewerbs- und Kartellrecht, § 2 Rn. 14ff m.w.N. Kritisch gegenüber solch konkretisierungsbedürftigen Generalklauseln im Lauterkeitsrecht: *Sanders*, Unfair Competition Law, S. 23.

[43] Vgl. *Baumbach/Hefermehl*, Wettbewerbsrecht, Einl. UWG Rn. 55, 42.

2. *Das Selbstkontrollkonzept*

Dem Schutzkonzept lassen sich die Wettbewerbsrechtsordnungen gegenüberstellen, die staatliche Eingriffe in das wettbewerbsrechtliche Geschehen wesentlich zurückhaltender ausüben: Die Niederlande, Italien, Großbritannien und Irland blicken zwar auf eine ähnliche wettbewerbsrechtliche Tradition zurück, ziehen dem umfassenden staatlichen Schutzanspruch aber eine „laissez faire"-Haltung vor und überlassen die Regulierung des Wettbewerbs - als Alternative oder in Ergänzung zur staatlichen Regelung - den am Marktgeschehen unmittelbar Beteiligten.

Die Niederlande und Italien standen zum Zeitpunkt der Einführung der Gewerbefreiheit unter starkem politischen Einfluß Frankreichs.[44] Dadurch wurde auch die rechtliche Entwicklung dieser Länder geprägt: Noch heute weisen ihre Wettbewerbsregeln starke Parallelen zum französischen Recht auf. Sie kommen nicht zuletzt darin zum Ausdruck, daß weder in den Niederlanden noch in Italien eine einheitliche Kodifizierung des Wettbewerbsrechts existiert. Die zentrale Funktion, die in Deutschland die Generalklausel gegen unlauteren Wettbewerb einnimmt, erfüllen in diesen Ländern die deliktischen Generalklauseln, die von der Rechtsprechung wettbewerbsspezifisch ausgelegt werden.[45] Folge der deliktsrechtlichen Ableitung ist eine noch heute dominierende Ausrichtung auf den Konkurrentenschutz.[46] Erst der Einfluß europäischer Gesetzgebung hat dazu geführt, daß der Verbraucherschutz in diesen Ländern mehr Gewicht erhalten hat.[47] Gleichwohl wird die staatliche Regulierung des Wettbewerbs nach wie vor zurückhaltend ausge-

---

[44] *Bergeron/Puret/Koselleck*, Das Zeitalter der europäischen Revolution 1870-1848, S. 149ff.

[45] Vgl. *Hucke*, Erforderlichkeit einer Harmonisierung des Wettbewerbsrechts in Europa, S. 303ff m.w.N (Niederlande), S. 319ff m.w.N. (Italien).

[46] Auch wenn inzwischen wettbewerbsspezifische Vorschriften in den *Codice Civile* aufgenommen worden sind (Art. 2598-2601 C.C.), entspricht es der in Italien herrschenden Auffassung, daß auch diese Vorschriften nur dem Konkurrentenschutz dienen. Vgl. *Schricker*, Das Recht des unlauteren Wettbewerbs in den Mitgliedstaaten der Europäischen Wirtschaftsgemeinschaft, Bd. V: Italien, S. 17f; UWGGroßKomm-*Schricker*, Einl. F 261; *Schaltenberg*, Die Bekämpfung irreführender und unlauterer Werbung in Italien, S. 18f, 58ff; *Beier*, Entwicklung und gegenwärtiger Stand des Wettbewerbsrechts in der Europäischen Wirtschaftsgemeinschaft, GRUR Int. 1984, S. 61, 67.

[47] Dabei erfolgt die Umsetzung der verbraucherschutzrechtlichen Vorgaben typischerweise durch straf- und verwaltungsrechtlich orientierte Sondertatbestände; vgl. *Dethloff*, Europäisierung des Wettbewerbsrechts, S. 40f.

übt; von einem dem deutschen UWG entsprechenden staatlichen Schutzniveau ist man weit entfernt.[48] Doch hat die staatliche Zurückhaltung sowohl in den Niederlanden als auch in Italien einen Ausgleich in der Selbstregulierung gefunden: Das rechtliche Vakuum, das durch die Abwesenheit eines umfassenden lauterkeitsrechtlichen Spezialgesetzes bzw. die nur fragmentarische Erschließung der Rechtsmaterie auf der deliktsrechtlichen Grundlage entstand, wurde durch die Entwicklung selbstregulativer Schutzmechanismen auf der nicht-staatlichen Ebene ersetzt.

Die Werbeselbstkontrolle ist ein weltweit verbreitetes Phänomen und durchaus kein Spezifikum bestimmter nationaler Wettbewerbsrechtsordnungen.[49] Sie besitzt in den einzelnen Wettbewerbsrechtsordnungen aber sehr unterschiedliche Relevanz: Ihre Bedeutung wächst dort, wo die hoheitliche Regelungsdichte verhältnismäßig gering ist. Sie ist dagegen nur abgeschwächt wirksam, wo sie - wie in Skandinavien - durch den Ausbau der verwaltungsrechtlichen Kontrolle verdrängt worden ist[50], oder wo eine gesetzliche Regelung der Rechtsmaterie existiert, die - wie in Deutschland - so umfassend ist, daß sie keine Spielräume für private Selbstregulierung läßt und zugleich flexibel genug ausgestaltet ist, auf neue wirtschaftliche Gegebenheiten und deren wettbewerbsrechtliche Folgen zu reagieren[51].

---

48 *Hucke*, Erforderlichkeit einer Harmonisierung des Wettbewerbsrechts in Europa, S. 398.

49 Vgl. *Schaltenberg*, Die Bekämpfung irreführender und unlauterer Werbung in Italien, S. 77 sowie *Brandmair*, Die freiwillige Selbstkontrolle der Werbung, S. 35ff.

50 Die skandinavischen Mitgliedstaaten Schweden, Dänemark und Finnland betrachten den Verbraucherschutz seit den 60er Jahren als Staatsaufgabe und haben mit der Einrichtung des Amtes des Konsumentenombudsmanns eine staatliche Stelle geschaffen, die der Wahrung der Verbraucherinteressen dient. Neben der Tätigkeit des Konsumentenombudsmannes kommt den Selbstkontrollinstitutionen in diesen Ländern generell nur noch eine geringe Bedeutung zu. Vgl. *Hucke*, Erforderlichkeit einer Harmonisierung des Wettbewerbsrechts in Europa, S. 281ff, 393f m.w.N.

51 So existieren zwar auch in Deutschland Selbstkontrollinstitutionen, wie z.B. der Zentralausschuß der Werbewirtschaft e.V.. Angesichts des hohen Schutzniveaus, das die Bekämpfung unlauterer Wettbewerbshandlungen bereits auf hoheitlicher Ebene durch Gesetzgeber und Rechtsprechung erfährt, kommt der Werbeselbstkontrolle in Deutschland jedoch keine gewichtige Stellung zu. Vgl. *Brandmair*, Die freiwillige Selbstkontrolle der Werbung, S. 185ff sowie *Kisseler*, Die Werbeselbstkontrolle in Deutschland, in: Festschrift Piper, S. 283ff.

Klassisches Land der Werbeselbstkontrolle ist Großbritannien.[52] Der Tradition des *common law* unterworfen, nimmt Großbritannien in der Reihe der europäischen Mitgliedstaaten eine Sonderstellung ein: Während in den kontinentaleuropäischen Rechtsordnungen die Rechtsfindung durch Anwendung von Kodifikationen erfolgt, findet sie im *common law* überwiegend durch das Heranziehen von Grundsätzen aus Präzedenzfällen statt.[53] Ein solcher, für die Entwicklung des Lauterkeitsrechts in Großbritannien entscheidender Präzedenzfall war *Mogul Steamship Co., Ltd. v. Mc Gregor, Gow & Co., Ltd.* aus dem Jahr 1892.[54] In diesem Fall lehnten es die englischen Lordrichter nachdrücklich ab, lauteres oder unlauteres Verhalten eines Wettbewerbers als rechtserhebliches Verhalten einzuordnen. Nach ihrer Auffassung sollte es nicht der Entscheidung eines Richters überlassen sein, über die Fairneß einer Wettbewerbshandlung zu urteilen:

> „To draw a line between fair and unfair competition, between what is reasonable, passes the power of the courts."[55]

Diese Entscheidung hat den Werdegang des englischen Lauterkeitsrechts maßgeblich beeinflußt. Bis heute kennt das britische Recht kein allgemeines Verbot des unlauteren Wettbewerbs. Es gibt keine spezialgesetzliche Regelung dieses Rechtsgebiets, und die Gerichte lehnen es auch weiterhin ab, auf der Grundlage des Deliktsrechts eine wettbewerbsrechtliche Generalklausel zu entwickeln.[56] Statt dessen haben sich im *common law* und in der *equity* zum Schutz der Wettbewerber einige deliktsrechtliche Sondertatbestände

---

52 Zur Bedeutung der freiwilligen Selbstkontrolle in Großbritannien vgl. *Brandmair*, Die freiwillige Selbstkontrolle der Werbung, S. 35ff; *Ulmer/von Westerholt*, Das Recht des unlauteren Wettbewerbs in den Mitgliedstaaten der Europäischen Wirtschaftsgemeinschaft, Bd. VI: Vereinigtes Königreich von Großbritannien und Nordirland, S. 78ff; *Harvey/Parry*, The Law of Consumer Protection and Fair Trading, S. 319ff; *Ohly*, Richterrecht und Generalklausel im Recht des unlauteren Wettbewerbs, S. 54ff.

53 Zur Methodik des englischen Rechts und seinen Auswirkungen auf das englische Wettbewerbsrecht vgl. *Ohly*, Richterrecht und Generalklausel im Recht des unlauteren Wettbewerbs, S. 101ff.

54 *Mogul Steamship Co., Ltd. v. Mc Gregor, Gow & Co., Ltd.* (1892) A.C. 25 (House of Lords). Dazu: *Weir*, Economic Torts, S. 22, 56, 86.

55 *Mogul Steamship Co., Ltd. v. Mc Gregor, Gow & Co., Ltd.* (1892) A.C. 25, 49 (House of Lords).

56 Zur Ablehnung der wettbewerbsrechtlichen Generalklausel durch die englische Rechtsprechung und dem Meinungsstand im Schrifttum vgl. *Ohly*, Richterrecht und Generalklausel im Recht des unlauteren Wettbewerbs, S. 73ff.

herausgebildet, die dem Verletzten zivilrechtliche Ansprüche gegen den Konkurrenten gewähren.[57] Der Verbraucherschutz hat durch eine in den 60er Jahren einsetzende, durch den Beitritt Großbritanniens zur EG zusätzlich beschleunigte Verbraucherschutzgesetzgebung an Bedeutung gewonnen, bleibt aber hinter den Standards zurück, die Deutschland und ähnlich ausgerichtete Ländern auf dem Kontinent gesetzt haben.[58] Resümierend hält *Schricker* fest, daß die „Zurückhaltung des hier offenbar immer noch präsenten ‚viktorianischen Zeitgeists' gegenüber gesetzlichen Schuldverhältnissen, Furcht vor einer Flut von Klagen, betonter Wirtschaftsliberalismus und eine Reihe mehr oder weniger ausgesprochener Ressentiments" der Entwicklung eines umfassenden Rechts gegen unlauteren Wettbewerbs in Großbritannien weiterhin entgegenzustehen scheinen.[59] Die vom staatlichen Recht offengelassenen Lücken werden statt dessen von einem effizienten selbstdisziplinären System der Werbeselbstkontrolle ausgefüllt. Selbstregulierung vor bzw. neben staatlicher Regulierung ist das tragende Prinzip, das der wettbewerbsrechtlichen Konzeption in Großbritannien zugrunde liegt und von staatlicher Seite durch die Förderung und Stärkung der selbstdisziplinären Institutionen hochgehalten wird.[60]

Damit tritt die Selbstregulierung in Großbritannien an die Stelle eines umfassenden staatlichen Wettbewerbsschutzes, wie man ihn zum Beispiel in Deutschland kennt. Auch in den Niederlanden und Italien besitzen die

---

57 Zu diesen auf dem „Law of Torts" fußenden Ansprüchen gehören u.a. der Schutz gegen die Nachahmung fremder Produkte, welche zu einer Verwechslungsgefahr beim Publikum führt („passing off"), die Anschwärzung („injurious falsehood"), die Diffamierung („libel" bzw. „slander"), der Vertrauensbruch („breach of confidence"), die Verleitung zum Vertragsbruch („procuring a breach of contract") sowie die Vertragsstörung („interference with contractual relations"). Vgl. *Hucke*, Erforderlichkeit einer Harmonisierung des Wettbewerbsrechts in Europa, S. 341ff m.w.N.

58 Die Umsetzung des Verbraucherschutzes erfolgt in erster Linie straf- und verwaltungsrechtlich. Aus lauterkeitsrechtlicher Sicht sind insbesondere der „Trade Descriptions Act" 1968, der „Fair Trading Act" 1973, der „Consumer Protection Act" 1987 sowie die „Control of Misleading Advertising Regulations" 1988, die in Umsetzung der EG-Richtlinie gegen irreführende Werbung erfolgte, zu nennen. Vgl. *Hucke*, Erforderlichkeit einer Harmonisierung des Wettbewerbsrechts in Europa, S. 349ff m.w.N.

59 So UWGGroßKomm-*Schricker*, Einl. F 312.

60 Vgl. *Hucke*, Erforderlichkeit einer Harmonisierung des Wettbewerbsrechts in Europa des Wettbewerbsrechts in Europa, S. 347ff.

selbstdisziplinären Regelungen, die in umfangreichen Kodizes aufgezeichnet sind und denen zum Teil „halbgesetzliche" Natur beigelegt wird[61], eine große Bedeutung.[62] Die Selbstkontrolle hat sich in diesen Ländern wie in Großbritannien zu einer tragenden Säule der Wettbewerbsrechtsordnung entwickelt. Sie wurde von *Hucke* deshalb zu Recht als Namensgeber für diese dem Schutzkonzept gegenüberstehenden Ländergruppe in Europa herangezogen.[63]

3. *Das Toleranzkonzept*

Die dritte Gruppe bilden Länder, in denen die Bekämpfung unlauterer Wettbewerbshandlungen aufgrund politischer und gesellschaftlicher Verhältnisse auf keine entsprechende Tradition zurückblicken kann wie in anderen Mitgliedstaaten der EG.[64] Die Rede ist von Griechenland, Spanien und Portugal.

---

61 Zu den „semi-wettelijke"-Normen in den Niederlanden vgl. UWGGroßKomm-*Schricker*, Einl. F 266. Auch in Italien besteht heute nahezu Einigkeit darüber, daß der c.a.p. („Codice di Autodisciplina Pubblicitaria") nicht nur moralische Vorstellungen seiner Initiatoren und Betreiber ausdrückt, sondern eine Rechtsordnung im institutionellen und normativen Sinn darstellt; vgl. *Schaltenberg*, Die Bekämpfung irreführender und unlauterer Werbung in Italien, S. 113f m.w.N.

62 Zur Bedeutung der Selbstregulierung in den Niederlanden vgl. *Henning-Bodewig*, Das neue (alte) Recht des unlauteren Wettbewerbs der Niederlande, GRUR Int. 1982, 126, 128 und *Hucke*, Erforderlichkeit einer Harmonisierung des Wettbewerbsrechts in Europa, S. 311f m.w.N. Für Italien siehe: *Schaltenberg*, Die Bekämpfung irreführender und unlauterer Werbung in Italien, S. 75ff m.w.N.; *Franceschelli*, Die Werbeselbstkontrolle in Italien, GRUR Int. 1984, 677 sowie *Hucke*, Erforderlichkeit einer Harmonisierung des Wettbewerbsrechts in Europa, S. 326ff m.w.N. Nach einer Schätzung *Schrickers* aus dem Jahr 1990 (*Schricker*, Die Bekämpfung irreführender Werbung in den Mitgliedstaaten der EG, GRUR Int. 1990, 112, 117; ebenso *Toni*, Kolloquium in Verona über die Werbeselbstkontrolle, GRUR Int. 1989, 662) werden in Italien 80% aller Werbestreitigkeiten im Selbstkontrollverfahren beigelegt - Tendenz steigend; vgl. *Hucke*, Erforderlichkeit einer Harmonisierung des Wettbewerbsrechts in Europa, S. 329. In den Niederlanden geht man von jährlich 300-400 Entscheidungen der Kontrollinstitutionen aus; vgl. *Hucke*, Erforderlichkeit einer Harmonisierung des Wettbewerbsrechts in Europa, S. 311.

63 Vgl. auch *Ohly/Spencer*, Vergleichende Werbung: Die Auslegung der Richtlinie 97/55/EG in Deutschland und Großbritannien, GRUR Int. 1999, 681, 682 mit der Feststellung, daß insbesondere die Rechtsordnungen Großbritanniens und Deutschlands die beiden Extreme in der Bandbreite möglicher wettbewerbsrechtlicher Systeme darstellen.

64 *Hucke*, Erforderlichkeit einer Harmonisierung des Wettbewerbsrechts in Europa, S. 402.

Zwar hat in diesen Ländern in den vergangenen Jahren eine umfangreiche Gesetzgebung eingesetzt, die zum Beispiel in Spanien mit dem *ley de competencia desleal* vom 10.1.1991 zu einem sehr modernen, in vielen Bereichen als vorbildlich gelobten Gesetz gegen den unlauteren Wettbewerb geführt hat.[65] Auch das portugiesische Recht kennt seit 1993 eine in ihren Ansätzen dem deutschen UWG vergleichbare, jedoch wenig umfassende Kodifizierung des Wettbewerbsrechts.[66] Doch auch wenn dadurch „auf dem Papier" eine relativ hohe Regelungsdichte erreicht worden ist, die sich – jedenfalls in Spanien und Griechenland[67] – durchaus mit den Wettbewerbsrechtsordnungen der Länder vergleichen läßt, die dem Schutzkonzept zugeordnet worden sind[68], steht dem in der Praxis eine ebenso hohe Toleranzschwelle gegenüber.[69] Insbesondere in Spanien und Portugal ist eine gerichtliche Beilegung von wettbewerbsrechtlichen Streitigkeiten nicht verbreitet[70]; und anders als in den Mitgliedstaaten der zweiten Gruppe kommt den Selbstkontrollinstitutionen noch keine starke Position zu, die den lückenhaften Rechtsschutz durch die Rechtsprechung kompensieren könnte.[71] Die geringe Zahl wettbewerbsrechtlicher Prozesse in Spanien, Portugal und Griechenland ist vielmehr bezeichnend dafür, daß die mehr oder weniger jungen Wettbewerbsrechtsordnungen mangels jahrzehntelanger Tradition dieses Rechtsgebiets in Griechen-

---

65 Deutsche Übersetzung in GRUR Int. 1991, 541. Vgl. auch *Otero Lastres*, Das neue spanische Gesetz gegen unlauteren Wettbewerb, GRUR Int. 1992, 183.

66 Vgl. *Hucke*, Erforderlichkeit einer Harmonisierung des Wettbewerbsrechts in Europa, S. 375ff m.w.N. sowie *Möllering*, Das Recht des unlauteren Wettbewerbs in Portugal, WRP 1991, 634ff und *Schricker*, Einführung in das portugiesische Recht des unlauteren Wettbewerbs, GRUR Int. 1994, 819ff.

67 Griechenland verfügt bereits seit 1914 über ein Gesetz gegen unlauteren Wettbewerb, dessen Vorbild das deutsche UWG von 1914 gewesen ist. Unlautere und irreführende Werbung wird in Griechenland neuerdings auch durch Art. 9 des Verbraucherschutzgesetzes vom 16.11.1994 verboten. Vgl. *Hucke*, Erforderlichkeit einer Harmonisierung des Wettbewerbsrechts in Europa, S. 381ff sowie *Alexandridou*, Die gesetzgeberische Entwicklung des Verbraucherschutz- und Wettbewerbsrechts in Griechenland, GRUR Int. 1992, 120ff.

68 *Hucke*, Erforderlichkeit einer Harmonisierung des Wettbewerbsrechts in Europa, S. 409.

69 *Möllering*, Das Recht des unlauteren Wettbewerbs in Portugal, WRP 1991, 634.

70 Zu der fehlenden Akzeptanz des Werbe- und Wettbewerbsrechts in Spanien vgl. auch *Wirth*, Die Werbeselbstkontrolle in Spanien, WRP 1994, 94, 96.

71 *Hucke*, Erforderlichkeit einer Harmonisierung des Wettbewerbsrechts in Europa, S. 403f.

land, Spanien und Portugal nur auf geringe Akzeptanz stoßen, und zwar sowohl bei den Gerichten als auch bei den beteiligten Verkehrskreisen.[72]

III. Die Bedeutung der konzeptionellen Unterschiede für das wettbewerbrechtliche Schutzniveau in Europa

Die konzeptionellen Unterschiede der einzelnen Wettbewerbsrechtsordnungen haben das in den Mitgliedstaaten herrschende Schutzniveau nicht unbeeinflußt gelassen. Vielmehr stellen die Regelungsunterschiede der nationalen Lauterkeitsrechte gerade das Abbild der ordnungspolitischen Divergenzen dar, die mit den unterschiedlichen Regulierungskonzepten verbunden sind.[73] Die konzeptionelle Ausrichtung beeinflußt nicht nur die Zielsetzung, sondern auch den Schutzumfang und die Schutzintensität des lauterkeitsrechtlichen Systems und schlägt sich so auf das nationale Schutzniveau und die Art und Weise der Regulierung nieder.[74]

Was die Zielsetzung des Lauterkeitsrechts anbelangt, so hat der Überblick über die Entwicklung der einzelnen Wettbewerbsrechtsordnungen gezeigt, daß diese inzwischen neben den Interessen der Konkurrenten auch dem Verbraucherschutzinteresse verstärkt Rechnung tragen - auch wenn die Art und Weise, in der die Rezeption des Verbraucherschutzgedankens in den nationalen Rechtsordnungen erfolgte, und der Rang, den der Verbraucherschutz eingenommen hat, höchst unterschiedlich sind. Neben dem Verbraucherschutzinteresse hat in vielen Rechtsordnungen auch die Institution des Wettbewerbs als Schutzinteresses des Lauterkeitsrechts Anerkennung gefunden: Die Erweiterung des Schutzzwecks auf die Interessen der übrigen Marktbeteiligten und der Interessen der Allgemeinheit an einem funktionsfähigen Wettbewerb hat dazu beigetragen, daß sich das Lauterkeitsrecht immer stärker von seinen deliktsrechtlichen Ursprüngen gelöst hat und heu-

---

72 *Hucke*, Erforderlichkeit einer Harmonisierung des Wettbewerbsrechts in Europa, S. 410.

73 Zu den ordnungspolitischen Divergenzen des Lauterkeitsrechts vgl. *Müller-Graff*, Ordnungspolitische Divergenzen in der Verfassung des Gemeinsamen Marktes, in: Festschrift für Karl Carstens, S. 209, 213ff.

74 *Dethloff*, Europäisierung des Wettbewerbsrechts, S. 42; *Müller-Graff*, Ordnungspolitische Divergenzen in der Verfassung des Gemeinsamen Marktes, in: Festschrift für Karl Carstens, S. 209, 214ff.

te - vor allem in den modernen lauterkeitsrechtlichen Kodifikationen - ein eigenständiges Marktordnungsrecht darstellt.[75]

Die Unterschiede, die zwischen den einzelnen wettbewerbsrechtlichen Konzeptionen bestehen, lassen sich am deutlichsten anhand der nationalen Verbraucherleitbilder und der daraus folgenden Schutzvorstellungen herausstellen: Während zum Beispiel die deutschen Gerichte lange Zeit von dem Bild des unkritischen[76], flüchtigen[77] und unbefangenem[78] Verbrauchers ausgegangen sind[79], dominiert in den Ländern, die sich dem Selbstkontrollkonzept zuordnen lassen, der „skeptische Durchschnittsverbraucher", dessen Schutzbedürftigkeit ganz entgegen der deutschen Sichtweise von den Gerichten sehr gering eingestuft wird.[80] Insbesondere die Haltung der italienischen Gerichte war in verbraucherschutzrechtlichen Fragen lange Zeit von einer deutlichen „laissez-faire"-Haltung geprägt.[81] „Die Rechtsprechung ist am strengsten in Deutschland, am duldsamsten in Italien", konstatierte *Schricker* schon vor einiger Zeit[82], und hat damit bis heute recht behalten,

---

[75] Deutlich zum Ausdruck kommt der marktordnungsrechtliche Charakter insbesondere in den skandinavischen Kodifikationen des Lauterkeitsrechts, vor allem in Dänemark (vgl. UWGGroßKomm-*Schricker*, Einl. F 241), in dem schweizerischen Bundesgesetz gegen den unlauteren Wettbewerb vom 19.12.1986, in Kraft getreten am 1.3.1988 (vgl. UWGGroßKomm-*Schricker*, Einl. F 291) und dem spanischen Gesetz gegen unlauteren Wettbewerb von 1991 (UWGGroßKomm-*Schricker*, Einl. F 301). Auch in Deutschland, Österreich und der Schweiz ist das Wettbewerbsrecht heute als Marktordnungsrecht anerkannt; vgl. *Baumbach/Hefermehl*, Wettbewerbsrecht, Einl. UWG Rn. 57; *Koppensteiner*, Wettbewerbsrecht, S. 47f; *Baudenbacher*, Lauterkeitsrecht, Art. 1 Rn. 6ff.

[76] Vgl. BGH vom 29.4.1970, GRUR 1970, 425, 426 - *Melitta-Kaffee*.

[77] Vgl. BGH vom 31.1.1956, GRUR 1959, 365, 366 - *Englisch-Lavendel*; BGH vom 18.2.1982, GRUR 1982, 563 - *Betonklinker*.

[78] Vgl. BGH vom 26.2.1969, GRUR 1969, 415, 416.

[79] Zur Entwicklung der BGH-Rechtsprechung zum Verbraucherleitbild vgl. *Hucke*, Erforderlichkeit einer Harmonisierung des Wettbewerbsrechts in Europa, S. 135ff.

[80] *Hucke*, Erforderlichkeit einer Harmonisierung des Wettbewerbsrechts in Europa, S. 400.

[81] Zum italienischen Leitbild des skeptischen Durchschnittsverbrauchers vgl. *Hucke*, Erforderlichkeit einer Harmonisierung des Wettbewerbsrechts in Europa, S. 329ff.

[82] *Ulmer/Schricker*, Das Recht des unlauteren Wettbewerbs in den Mitgliedstaaten der Europäischen Wirtschaftsgemeinschaft, Bd. V: Italien, S. 79f.

auch wenn sich die Positionen unter dem Einfluß des europäischen Rechts inzwischen ein wenig angenähert haben.[83]

Über die nationalen Verbraucherleitbilder kommen die unterschiedlichen lauterkeitsrechtlichen Konzeptionen vor allem in den nationalen Irreführungsvorschriften klar zum Vorschein.[84] Sie machen sich aber auch in anderen Bereichen deutlich bemerkbar.[85] So sind die Fallgruppen des übertriebene Anlockens[86], der gefühlsbetonten Werbung[87] und des psychologischen Kaufzwangs (Werbung mit Preisausschreiben, Verlosungen oder Gewinnspielen[88]) im deutschen Wettbewerbsrecht geradezu symptomatisch für das hohe deutsche Schutzniveau und suchen in anderen Rechtsordnungen vergeblich ihres Gleichen.[89] Ähnliches gilt für die Verwendung abstrakter Gefährdungstatbestände, wie sie - bis vor kurzem - insbesondere im deutschen Zugabe- und Rabattrecht zu finden waren: Je höher das Schutzbedürfnis eingeschätzt wird, desto intensiver fällt der lauterkeitsrechtliche Schutz aus und desto eher läßt sich die Erfassung typischer Gefährdungstatbestände durch

---

83 Zum Einfluß der EuGH-Rechtsprechung auf das Verbraucherleitbild des BGH vgl. *Scherer*, Divergenz und Kongruenz des EuGH und des BGH zur Verbraucherwerbung, WRP 1999, 991ff.

84 Eine umfassende rechtsvergleichende Analyse der irreführenden (und vergleichenden) Werbung liefert *Hucke*, Erforderlichkeit einer Harmonisierung des Wettbewerbsrechts in Europa, S. 120ff.

85 Vgl. *Dethloff*, Europäisierung des Wettbewerbsrechts, S. 43f.

86 Von einem übertriebenen Anlocken spricht man dann, wenn ein Gewerbetreibender seinen Kunden durch „übermäßige" oder „übertriebene" Vorteile von der sachlichen Angebotsprüfung abhält, so daß seine Konkurrenten keine Chance haben, mit ihren an sich gleichwertigen Angeboten zum Zuge zu kommen. Besonders kritisch zu den im Vergleich mit anderen europäischen Rechtsordnungen restriktiven deutschen Recht äußert sich *Emmerich*, Übertriebenes Anlocken - Was ist das eigentlich?, in: Festschrift Piper, S. 171, 176ff.

87 Zur deutschen Praxis vgl. *v. Gierke*, Wettbewerbsrechtlicher Schutz der Persönlichkeitssphäre, insbesondere im Bereich der gefühlsbetonten Werbung, in: Festschrift Piper, S. 243ff. Einen Überblick über die Rechtslage in anderen Ländern findet sich bei *Hartwig*, Zulässigkeit und Grenzen der Imagewerbung - das Beispiel „Benetton", BB 1999, 1775f.

88 Eine Analyse der wettbewerbsrechtlichen Beurteilung der Werbung mit Gewinnspielen in Deutschland, Österreich, der Schweiz, Frankreich, im Vereinigten Königreich von Großbritannien und Nordirland liefert *Zweng*, Die wettbewerbsrechtliche Beurteilung der Werbung mit Gewinnspielen (1993)..

89 *Dethloff*, Europäisierung des Wettbewerbsrechts, S. 44f.

strikte Verbote rechtfertigen.[90] Während man sich in Deutschland erst angesichts der jüngsten Rechtsentwicklung auf der europäischen Ebene zu einer ersatzlosen Streichung des Rabattgesetzes und der Zugabeverordnung veranlaßt sah[91], haben sich andere Rechtsordnungen von Anfang an auf die zur Verfügung stehenden allgemeinen Regelungen zum Schutz vor unlauterem Wettbewerb zurückgezogen bzw. das Zugabe- und Rabattwesen gar nicht als regelungsbedürftig angesehen.[92] Die Beispiele verdeutlichen, daß man von einem einheitlichen Schutzniveau in Europa weit entfernt ist.[93]

---

90 *Dethloff*, Europäisierung des Wettbewerbsrechts, S. 43.

91 Ausführungen zu den Aufhebungsgründen finden sich im Gesetzesentwurf der Bundesregierung zur Aufhebung der Zugabeverordnung und zur Anpassung weiterer Rechtsvorschriften, BR-Drs. 13/01 vom 5.1.1001, S. 6ff.

92 Ein aktueller Überblick über den Stand des Rabatt- und Zugaberechts in den Mitgliedstaaten findet sich bei *Bodewig/Henning-Bodewig*, Rabatte und Zugaben in den Mitgliedstaaten der Europäischen Union, WRP 2000, 1341ff und *Meyer*, Rabatt- und Zugaberegulierung auf dem Prüfstand, GRUR 2001, 98ff.

93 So auch *Dethloff*, Europäisierung des Wettbewerbsrechts, S. 47 sowie *Ohly/Spencer*, Vergleichende Werbung: Die Auslegung der Richtlinie 97/55/EG in Deutschland und Großbritannien, GRUR Int. 1999, 681, 682: „Die Suche nach gemeinsamen Standards für den Wettbewerb in Europa, also die Identifikation von Verhalten, das ‚den anständigen Gebräuchen auf dem Gebiete des Gewerbes oder Handels' zuwiderläuft, ist ein schwieriges Unterfangen."

B. Die europäische Ebene

I. Grundlagen

Allen Harmonisierungsbemühungen zum Trotz dominieren im Wettbewerbsrecht nach wie vor die nationalen Rechtsordnungen. Auch der Einfluß des Gemeinschaftsrechts hat an diesem Befund nichts Entscheidendes ändern können: „Rechtsangleichung auf dem Gebiet des unlauteren Wettbewerbs ist bis heute keine Erfolgsgeschichte."[94] Der EG-Vertrag spricht zwar in seiner Präambel von einem „redlichen Wettbewerb"[95], der zu gewährleisten sei; er selbst enthält aber - von den kartellrechtlichen Bestimmungen der Art. 81 und 82 EGV abgesehen - keine spezifische, die nationalen Rechte überlagernde europäische Wettbewerbsrechtsordnung. Und auch die Vielzahl sekundärrechtlicher Maßnahmen auf diesem Gebiet vermag nicht darüber hinwegzutäuschen, daß von einer umfassenden Harmonisierung des Wettbewerbsrechts keine Rede sein kann.

Anders als in den benachbarten Rechtsgebieten des Patent[96]- und Markenrechts[97] gestaltete sich das Bestreben, die unterschiedlichen nationalen Wettbewerbsrechtsordnungen durch einheitliche europäische Lauterkeitsmaßstäbe zu ersetzen, von Anfang an äußerst schwierig. Obwohl das Projekt „Harmonisierung des Lauterkeitsrechts" durch umfangreiche rechtsvergleichende Studien des Max-Planck-Instituts für ausländisches und internationales Patent-, Urheber- und Wettbewerbsrecht in München[98] und zahlreicher Arbeitsdokumente und Richtlinienentwürfe der Europäischen Kommission[99]

---

94 *Roth*, Zur Tragweite der Harmonisierung im Recht des unlauteren Wettbewerbs, in: Festschrift Mestmäcker, S. 725, 730.

95 Zu diesem vierten Erwägungsgrund der Vertragspräambel vgl. *Zuleeg*, in: von der Groeben/Thiesing/Ehlermann, Kommentar zum EU-/EG-Vertrag, Präambel Rn. 12.

96 Vgl. dazu *Ulmer*, Europäisches Patentrecht im Werden, GRUR Int. 1962, 537ff.

97 Näher dazu *Beier*, Studien zur Vereinheitlichung des Markenrechts, GRUR Int. 1963, 83ff sowie *Heydt*, Wege zur Vereinheitlichung des europäischen Markenrechts, GRUR Int. 1960, 348ff.

98 Die Arbeiten an diesem „Jahrhundertwerk des Münchener Instituts", das „nicht nur einen eindrucksvollen und detailgenauen Einblick in die einzelnen, dem inländischen Juristen meist fremden Wettbewerbsregeln" gibt, sondern „überhaupt erst die Grundlage für erfolgreiche Vereinheitlichungsbemühungen" geschaffen hat (*Jacobs/Schulte-Beckhausen*, in: Gloy, Handbuch des Wettbewerbsrechts, § 25 Rn. 2), erfolgten unter der Leitung von *Eugen Ulmer*. Das rechtsvergleichende Gutachten lag 1965 mit Vorschlägen

beitsdokumente und Richtlinienentwürfe der Europäischen Kommission[99] bestens vorbereitet schien, konnte über eine umfassende Angleichung des Lauterkeitsrechts keine Einigung erzielt werden.

Die Gründe des Scheiterns sind vielfältiger Natur. Die kontroverse Auffassung zu der Frage, wie unlauterer Wettbewerb angemessen zu bekämpfen sei, war nur einer von mehreren Aspekten, die hier eine Rolle spielten. Schnell wurde klar, daß die Divergenzen in den Wettbewerbsrechtsordnungen der Mitgliedstaaten die Angleichung nicht nur dringlicher, sondern auch schwieriger machten - vor allem, nachdem Großbritannien und Irland 1973 der EG beigetreten waren und sich die Unterschiede zwischen dem kontinentalen und angelsächsischen Recht zu einem vermeintlich unüberbrückbaren Hindernis aufgebaut hatten.[100] Erschwerend kam der Wandel der Schutzzwecke hinzu: Der Verbraucherschutz gewann ab Mitte der 60er Jahre mehr und mehr an Bedeutung und ließ sowohl die nationalen Wettbewerbsrechte als auch die Arbeiten an deren Harmonisierung nicht unbeeinflußt.[101] Nicht

---

zur Rechtsangleichung vor, dem sich in den darauffolgenden Jahren die Veröffentlichung ausführlichster Länderberichte für die damaligen sechs Mitgliedstaaten anschloß: *Ulmer/Beier*, Das Recht des unlauteren Wettbewerbs in den Mitgliedstaaten der Europäischen Wirtschaftsgemeinschaft, Bd. I: Vergleichende Darstellung mit Vorschlägen zur Rechtsangleichung (1965); *Ulmer/Schricker/Wunderlich*, Bd. II, 1. Halbband: Belgien und Luxemburg (1967); *Ulmer/Baeumer/van Manen*, Bd. II, 2. Halbband: Niederlande (1967); *Ulmer/Reimer*, Bd. III, Deutschland (1968); *Ulmer/Krasser*, Bd. IV: Frankreich (1967); *Ulmer/Schricker*, Bd. V: Italien (1965). Die Reihe wurde nach dem Beitritt Großbritanniens zur EG ergänzt um *Ulmer/Graf von Westerholt und Gysenberg*, Bd. VI: Vereinigtes Königreich von Großbritannien und Nordirland (1981). Inzwischen existiert auch ein Band zum griechischen Lauterkeitsrecht: *Ulmer/Schricker/Alexandridou*, Bd. VII: Griechenland (1994).

99 Vgl. dazu *Hucke*, Erforderlichkeit einer Harmonisierung des Wettbewerbsrechts in Europa, S. 40f.

100 *Schricker*, Probleme der Angleichung des unlauteren Wettbewerbs, in: Festschrift Zweigert, S. 536, 537. Vgl. auch *Ohly/Spence*, Vergleichende Werbung: Die Auslegung der Richtlinie 97/55/EG in Deutschland und Großbritannien, GRUR Int. 1999, 681: „Nach wie vor besteht eine tiefe Kluft zwischen der britischen Präferenz für ungehinderten Wettbewerb und der kontinentaleuropäischen Präferenz für wohlgeordnete Märkte."

101 Die zunehmende Konzentration des Harmonisierungsprogramms auf den Verbraucherschutz schlug sich erstmals 1975 in dem „Ersten Programm der Europäischen Wirtschaftsgemeinschaft für eine Politik zum Schutz und zur Unterrichtung der Verbraucher" nieder (ABl. EG Nr. C 92 vom 25.4.1975, S. 1; ausführlich dazu *Schricker*, Probleme der Europäischen Angleichung des Rechts des unlauteren Wettbewerbs, in: Festschrift Zweigert, S. 537, 541f). Gemeinsam mit der Ergänzung durch das zweite Programm aus

Nicht nur dem vereinten Widerstand Großbritanniens und Nordirlands gegen eine umfassende Harmonisierung des Wettbewerbsrechts, sondern auch der dominanten europäischen Verbraucherschutzpolitik ist es zuzuschreiben, daß sich die Harmonisierungsarbeit der Kommission nach einiger Zeit praktisch nur noch auf das vergleichsweise konsensfähige Gebiet des Verbraucherschutzes konzentrierte.[102] Als schließlich mit der Richtlinie zur Angleichung der Rechts- und Verwaltungsvorschriften der Mitgliedstaaten über irreführende Werbung von 1984[103] das erste Ergebnis der langwierigen Vorarbeiten in Kraft trat, war von dem ursprünglichen Plan, eine umfassende Vereinheitlichung der nationalen Lauterkeitsrechte zu erreichen, nicht mehr viel übrig geblieben.

II. Zum Stand der Europäisierung des Wettbewerbsrechts

1. *Die Richtlinie über irreführende Werbung*

Nachdem die für den Verbraucherschutz zuständige Generaldirektion die Federführung an sich gezogen hatte[104], konzentrierten sich die Arbeiten an der Harmonisierung des Wettbewerbsrechts darauf, geeignete Maßnahmen zum Schutz der Verbraucher vor irreführender und unlauterer Werbung zu

---

dem Jahr 1981 (ABl. EG Nr. C 133 vom 3.6.1981, S.1) sollte der Schutz der Verbraucher durch die Verwirklichung bestimmter festgelegter Ziele gewährleistet werden. Dazu gehörten neben dem Schutz der Gesundheit und Sicherheit der Schutz der wirtschaftlichen Interessen, die Unterrichtung und Aufklärung der Verbraucher sowie das Recht auf Vertretung der Verbraucherinteressen und das Recht auf Schadensersatz. Vgl. *Hucke*, Erforderlichkeit einer Harmonisierung des Wettbewerbsrechts in Europa, S. 42 m.w.N.

102 Dies äußerte sich auch in einer kommissionsinternen Kompetenzverlagerung: Die Richtlinie über irreführende Werbung wurde unter der Federführung der für den Verbraucherschutz zuständigen Generaldirektion verabschiedet, während das sonstige Recht des unlauteren Wettbewerbs zum Kompetenzbereich der Generaldirektion gehört, die für die Rechtsangleichung im Bereich des gewerblichen Rechtsschutzes zuständig ist. Kritisch zu der Aufgabenverteilung innerhalb der Kommission UWGGroßKomm-*Schricker*, Einl. F 359; *Tilmann*, Richtlinie vergleichende Werbung, GRUR Int. 1997, 790, 794; *Henning-Bodewig*, Vergleichende Werbung - Liberalisierung des deutschen Rechts?, GRUR Int. 1999, 385.

103 Richtlinie 84/450/EWG des Rates vom 10. September 1984 zur Angleichung der Rechts- und Verwaltungsvorschriften der Mitgliedstaaten über irreführende Werbung, ABl. EG Nr. L 250 vom 19.9.1984, S. 17ff („Richtlinie über irreführende Werbung").

104 Siehe Fn. 102.

treffen. Die Strategie war klar: Nach Ansicht der Kommission forderte das Interesse der Allgemeinheit der Verbraucher sowie all derer, die im Gemeinsamen Markt bei der Ausübung eines Handels, Gewerbes, Handwerks oder freien Berufs miteinander im Wettbewerb stehen, in einer ersten Phase die einzelstaatlichen Bestimmungen zum Schutz gegen irreführende Werbung einander anzugleichen und in einer zweiten Phase die unlautere Werbung und, soweit erforderlich, auch die vergleichende Werbung zu behandeln.[105]

Im Mittelpunkt der Richtlinie über irreführende Werbung steht die Vorschrift des Art. 2 Nr. 2. Danach gilt jede Werbung als irreführend, die

> „in irgendeiner Weise - einschließlich ihrer Aufmachung - die Personen, an die sie sich richtet oder die von ihr erreicht werden, täuscht oder zu täuschen geeignet ist und die infolge der ihr innewohnenden Täuschung ihr wirtschaftliches Verhalten beeinflussen kann oder aus diesen Gründen einen Mitbewerber schädigt oder zu schädigen geeignet ist."

- eine Definition, die mehr Fragen aufwirft, als Antworten gibt. Denn trotz der anschließend aufgezählten Gegenstände, auf die sich irreführende Angaben beziehen können[106], ist die Regelung in ihrem zentralen Punkt wenig aussagekräftig: Der Begriff der Irreführung wird nicht näher definiert. Damit wurde die entscheidende Frage, unter welchen Voraussetzungen eine Werbung zur Irreführung geeignet ist, offengelassen.[107]

---

105 So die Ausführungen in der Präambel der Richtlinie über irreführende Werbung, ABl. EG Nr. L 250 vom 19.9.1984, S. 17f.

106 Gemäß Art. 3 der Richtlinie gehören dazu Merkmale der Ware oder Dienstleistung wie die Verfügbarkeit, Art, Ausführung, Zusammensetzung, das Verfahren und der Zeitpunkt der Herstellung oder die Erbringung, die Zwecktauglichkeit, Verwendungsmöglichkeit, Menge, Beschaffenheit, die geographische oder kommerzielle Herkunft oder die von der Verwendung zu erwartenden Ergebnisse oder die Ergebnisse und wesentlichen Bestandteile von Tests der Waren oder Dienstleistung (lit. a); der Preis oder die Art und Weise, in der er berechnet wird, und die Bedingungen unter denen die Waren geliefert oder die Dienstleistungen erbracht werden (lit. b) sowie die Art, die Eigenschaften und die Rechte des Werbenden, wie seine Identität und sein Vermögen, seine Befähigungen und seine gewerblichen, kommerziellen oder geistigen Eigentumsrechte oder seine Auszeichnungen oder Ehrungen (lit. c).

107 Kritisch daher *Keilholz*, Die mißlungene Harmonisierung des Verbots der irreführenden Werbung in der EG und ihre Konsequenzen für die deutsche Rechtsprechung, GRUR Int. 1987, 391ff. Auch wenn der Irreführungstatbestand mittlerweile eine gewisse Konkretisierung durch den EuGH erfahren hat, besteht in dieser Frage noch heute erhebliche Rechtsunsicherheit. Vgl. *Dethloff*, Europäisierung des Wettbewerbsrechts, S. 11ff.

Die Bedeutung der Richtlinie für die Harmonisierung der nationalen Irreführungsvorschriften ist jedoch vor allem deshalb gering einzuschätzen, weil sie sich auf die Gewährleistung eines europäischen Mindestschutzniveaus beschränkt: Durch Art. 4 Abs. 1 S. 1 der Richtlinie werden die Mitgliedstaaten zwar dazu verpflichtet, für geeignete und wirksame Möglichkeiten zur Bekämpfung der irreführenden Werbung zu sorgen. Doch sind sie nach Art. 7 der Richtlinie nicht daran gehindert,

> „Bestimmungen aufrechtzuerhalten oder zu erlassen, die einen weiterreichenden Schutz der Verbraucher, der einen Handel, ein Gewerbe, ein Handwerk oder einen freien Beruf ausübenden Personen sowie der Allgemeinheit vorsehen".

Diese Technik der Minimalharmonisierung hat die Hoffnung auf eine abschließende Harmonisierung der Irreführungsvorschriften endgültig zunichte gemacht. Die Ansicht, daß Art. 7 der Richtlinie nur eine Rechtsfolgenverweisung enthalte, die Richtlinie also über einen einheitlichen und abschließenden Irreführungstatbestand verfüge[108], konnte sich nicht durchsetzen.[109] Neben dem Wortlaut spricht vor allem die Regelungsabsicht dagegen, die der Gemeinschaftsrechtsgesetzgeber ausweislich der Entstehungsgeschichte verfolgte. Denn mit Art. 7 der Richtlinie sollte den deutschen Bedenken Rechnung getragen werden, daß mit dem Inkrafttreten der Richtlinie das über die Anforderungen der Richtlinie hinausgehende deutsche Irreführungsrecht nicht mehr aufrechterhalten werden könne.[110] Auch der EuGH

---

108 Vgl. *Everling*, Der Einfluß des EG-Rechts auf das nationale Wettbewerbsrecht im Bereich des Täuschungsschutzes, ZLR 1994, 221, 237; ähnlich *Köhler*, Irreführungs-Richtlinie und deutsches Wettbewerbsrecht, GRUR Int. 1994, 396, 397ff.

109 Vgl. *Schricker*, Die europäische Angleichung des Rechts des unlauteren Wettbewerbs – ein aussichtsloses Unterfangen?, GRUR Int. 1990, 771, 772 Fn. 13; UWGGroßKomm-*Lindacher*, § 3 Rn. 12-16; *Meyer*, Das Verbraucherleitbild des Europäischen Gerichtshofs, WRP 1993, 215, 217; *Möllering*, Das Recht des unlauteren Wettbewerbs in Europa, WRP 1990, 1, 9ff; *Tilmann*, Der „verständige Verbraucher", in: Festschrift Piper, S. 481, 482ff; *Sack*, Die Bedeutung der EG-Richtlinien 84/450/EWG und 97/55/EG über irreführende und vergleichende Werbung für das deutsche Wettbewerbsrecht, GRUR Int. 1998, 263f, 265; *Roth*, Zur Tragweite der Harmonisierung im Recht des unlauteren Wettbewerbs, in: Festschrift Mestmäcker, S. 725, 742ff; *Hucke*, Erforderlichkeit einer Harmonisierung des Wettbewerbsrechts in Europa, S. 423f sowie *Dethloff*, Europäisierung des Wettbewerbsrechts, S. 18.

110 Vgl. *Schricker*, Probleme der Europäischen Angleichung des Rechts des unlauteren Wettbewerbs, in: Festschrift Zweigert, S. 537, 542f.

hat in der *Clinique*-Entscheidung[111] betont, daß die Richtlinie eine sowohl den Tatbestand als auch die Rechtsfolgen irreführender Werbung umfassende Mindestharmonisierung der nationalen Rechtsvorschriften darstellt.[112] Das Recht der irreführenden Werbung bleibt damit nach wie vor von starken Rechtsunterschieden geprägt. Länder wie Deutschland, in denen der Verbraucher ohnehin als sehr schutzbedürftig eingestuft und der Irreführungstatbestand von der Rechtsprechung entsprechend extensiv gehandhabt wird, haben sich gar nicht erst zu formellen Umsetzungsmaßnahmen veranlaßt gesehen.[113]

2. *Die Richtlinie über vergleichende Werbung*

Die in den Erwägungsgründen der Richtlinie über irreführende Werbung angekündigte „zweite Phase" der Harmonisierung[114] ließ lange auf sich warten: Erst dreizehn Jahre nach ihrem Inkrafttreten wurde die Richtlinie über irreführende Werbung um den Tatbestand der vergleichenden Werbung ergänzt und zur „Richtlinie des Rates vom 10. September 1984 über irreführende und vergleichende Werbung" umbenannt.

---

111 EuGH vom 2.2.1994, Rs. C-315/92, Slg. 1994 I-317 - *Clinique*.

112 EuGH vom 2.2.1994, Rs. C-315/92, Slg. 1994, I-317, Tz. 10 - *Clinique*. Vgl. auch *Tilmann*, Der „verständige Verbraucher", in: Festschrift Piper, S. 481, 483, *Roth*, Zur Tragweite der Harmonisierung im Recht des unlauteren Wettbewerbs, in: Festschrift Mestmäcker, S. 725, 739 sowie *Dethloff*, Europäisierung des Wettbewerbsrechts, S. 16.

113 Die Stellungnahme des Bundesjustizministeriums vom 29.6.1984 (abgedruckt in DB 1984, 1666) ist insoweit mehr als bezeichnend: „Das deutsche Recht steht mit der Richtlinie voll in Einklang, es geht in vielen Bereichen sogar darüber hinaus [...]. Die Wirkung der Richtlinie wird sich demgemäß nicht im deutschen Recht entfalten, sondern in den Ländern, die ihr materielles Recht oder die Bestimmungen über die Sanktionen der Richtlinie anpassen müssen." Auch Dänemark, Frankreich, Griechenland, Portugal und die Niederlande verwiesen auf bereits vorhandene rechtliche Vorschriften. In Spanien, Großbritannien, Irland und Luxemburg wurden dagegen eigens aufgrund der Richtlinie neue Vorschriften erlassen; in Belgien, Italien und Griechenland nach vorangegangenen Vertragsverletzungsverfahren auch. Vgl. *Schotthöfer*, in: Handbuch des Werberechts, S. 5 Rn. 8.

114 Siehe Seite 25.

Die „Richtlinie zur Änderung der Richtlinie 84/450/EWG über irreführende Werbung zwecks Einbeziehung der vergleichenden Werbung"[115] dient der Harmonisierung der nationalen Vorschriften zur vergleichenden Werbung - diesmal allerdings nicht durch Sicherstellung eines (Mindest-) Verbotsstandards, sondern durch eine Deregulierung und Liberalisierung der betreffenden nationalen Regelungen.[116] Im Interesse der Verbraucher und Anbieter soll dadurch die Markttransparenz erhöht und der freie Waren- und Dienstleistungsverkehr sichergestellt werden.[117]

Art. 2 a) definiert vergleichende Werbung als

> „jede Werbung, die unmittelbar oder mittelbar einen Mitbewerber oder die Erzeugnisse oder Dienstleistungen, die von einem Mitbewerber angeboten werden, erkennbar macht."

Die Kriterien, die erfüllt sein müssen, damit vergleichende Werbung zulässig ist, benennt Art. 3 a) der Richtlinie.[118] Danach muß vergleichende Werbung vor allem Waren oder Dienstleistungen für denselben Bedarf oder dieselbe Zweckbestimmung vergleichen. Zugleich muß sie sich auf erhebliche, relevante, nachprüfbare und typische Eigenschaften beziehen. Vergleichende Werbung darf ferner nicht irreführend sein oder zu Verwechslungen zwischen dem Werbenden und einem Mitbewerber führen. Verboten sind auch die Rufausnutzung und die Herabwürdigung.

Im einzelnen hinterlassen die Zulässigkeitskriterien eine Reihe offener Fragen.[119] Was den Umfang der Rechtsangleichung anbelangt, ist vor allem zweifelhaft, ob vergleichende Werbung, die den Voraussetzungen des Art. 3a

---

115 Richtlinie 97/55/EG des Europäischen Parlaments und des Rates vom 6. Oktober 1997 zur Änderung der Richtlinie 84/450/EWG über irreführende Werbung zwecks Einbeziehung der vergleichenden Werbung, ABl. EG Nr. L 290 vom 23.10.1997, S. 18ff.

116 *Henning-Bodewig*, Vergleichende Werbung - Liberalisierung des deutschen Rechts?, GRUR Int. 1999, 385.

117 Erwägungsgründe (2) und (3). Zur teilweise sehr stark voneinander abweichenden Beurteilung der vergleichenden Werbung in den einzelnen Mitgliedstaaten vgl. die umfassenden Länderberichte bei *Hucke*, Erforderlichkeit einer Harmonisierung des Wettbewerbsrechts in Europa, S. 126ff.

118 Zu den europäischen Vorgaben, die an vergleichende Werbung gestellt werden, und ihrer Umsetzung im deutschen Recht, vgl. *Marx*, Vergleichende Werbung - wie weit reicht die Harmonisierung, EWS 2001, 353ff.

119 Vgl. *Hucke*, Erforderlichkeit einer Harmonisierung der nationalen Wettbewerbsrechte in Europa, S. 446ff.

der Richtlinie nicht entspricht, unzulässig ist oder ob die Mitgliedstaaten liberalere Vorschriften vorsehen dürfen, die vergleichende Werbung unterhalb der gemeinschaftsrechtlichen Anforderungen zulassen. Der Wortlaut der Vorschrift[120] gibt für die Auslegung wenig her.[121] Die Regelungsintention weist dagegen auf einen abschließenden Charakter der Vorschrift hin[122]: Ausweislich der Erwägungsgründe soll die Richtlinie „kumulativ [...] und uneingeschränkt"[123] geltende „Bedingungen für zulässige vergleichende Werbung" vorsehen, „mit denen festgelegt wird, welche Praktiken der vergleichenden Werbung den Wettbewerb verzerren, die Mitbewerber schädigen und die Entscheidung der Verbraucher negativ beeinflussen können"[124]. Auch bei anderen Erwägungsgründen und Vorschriften der Richtlinie klingt an, daß ihnen die Ansicht zugrunde liegt, daß die gemeinschaftsrechtlichen Zulässigkeitsanforderungen für vergleichende Werbung abschließend sind.[125] Das Deregulierungsziel der Richtlinie steht dieser Annahme nicht entgegen: Es mag der Zweck der Regelungen über vergleichende Werbung sein, das Recht der Mitgliedstaaten zu liberalisieren. Doch zwingt dies nicht

---

120 „Vergleichende Werbung gilt, was den Vergleich anbelangt, als zulässig, sofern folgende Bedingungen erfüllt sind [...]" – Wesentlich klarer war Art. 3 a des Richtlinienentwurfs von 1994, nach dessen Wortlaut „vergleichende Werbung [...] nur zulässig" war, wenn die folgenden Bedingungen erfüllt waren (ABl. EG Nr. C 136 vom 19.5.1994, S. 4, 7).

121 *Ohly/Spence*, Vergleichende Werbung: Die Auslegung der Richtlinie 97/55/EG in Deutschland und Großbritannien, GRUR Int. 1999, 681, 687; *Sack*, Die Bedeutung der EG-Richtlinien 84/450/EWG und 97/55/EG über irreführende und vergleichende Werbung für das deutsche Wettbewerbsrecht, GRUR Int. 1998, 263, 271 sowie *Dethloff*, Europäisierung des Wettbewerbsrechts, S. 20, die allerdings die Auffassung vertritt, der Wortlaut spreche „eher dafür", daß es den Mitgliedstaaten freistehe, auch vergleichende Werbung, die die Zulässigkeitskriterien nicht erfüllt, zuzulassen.

122 *Ohly/Spence*, Vergleichende Werbung: Die Auslegung der Richtlinie 97/55/EG in Deutschland und Großbritannien, GRUR Int. 1999, 681, 687; *Henning-Bodewig*, Vergleichende Werbung – Liberalisierung des deutschen Rechts?, GRUR Int. 1999, 385, 386; *Dethloff*, Europäisierung des Wettbewerbsrechts, S. 20.

123 Erwägungsgrund (11).

124 Erwägungsgrund (7)

125 Vgl. *Ohly*, Vergleichende Werbung: Die Auslegung der Richtlinie 97/55/EG in Deutschland und Großbritannien, GRUR 1999, 681, 687 mit Hinweis auf Art. 4 Abs. 2 und die Erwägungsgründe (8), (9) und (15).

dazu, liberalere nationale Anforderungen zuzulassen.[126] Daß ein Abbau der Behinderung des freien Waren- und Dienstleistungsverkehrs und der daraus folgenden Wettbewerbsverzerrungen nur durch einheitliche Regelungen in den Mitgliedstaaten erreicht werden kann[127], spricht eher für das Gegenteil.[128]

Erneut stellt sich auch die Frage nach dem maßgeblichen Irreführungsbegriff: Art. 3a Abs. 1 lit. a) der Richtlinie vergleichende und irreführende Werbung bestimmt, daß vergleichende Werbung zulässig ist, sofern sie nicht irreführend ist, und verweist dazu auf die in Art. 2 Nr. 2 verankerte Definition der Irreführung aus der Irreführungsrichtlinie. Während die Irreführungsrichtlinie über Mindeststandards nicht hinausging[129], ist unklar, ob die Mitgliedstaaten bei vergleichender Werbung an einen gemeinsamen europäischen Irreführungsmaßstab gebunden sind.[130] Für ein Mindestschutzniveau spricht zwar einerseits der in Art. 3a Abs. 1 lit. a) enthaltene Verweis auf Art. 7 Abs. 1, der den Mitgliedstaaten ausdrücklich erlaubt, weitereichende Schutzvorschriften vorzusehen. Andererseits bestimmt aber die neu eingefügte Regelung des Art. 7 Abs. 2, daß der Vorbehalt in Abs. 1, „soweit es sich um den Vergleich handelt", nicht für die vergleichende Werbung gilt.

---

126 So aber *Sack*, Die Bedeutung der EG-Richtlinien 84/450/EWG und 97/55/EG über irreführende und vergleichende Werbung für das deutsche Wettbewerbsrecht, GRUR Int. 1998, 263, 270.

127 *Dethloff*, Europäisierung des Wettbewerbsrechts, S. 20.

128 *Bornkamm*, Entwicklungen der Rechtsprechung im Wettbewerbsrecht - Vergleichende Werbung, in: Werbung und Werbeverbote im Lichte des europäischen Gemeinschaftsrechts, S. 134, 139f; *Eck/Ikas*, Neue Grenzen vergleichender Werbung, WRP 1999, 251, 255f; *Menke*, Die vergleichende Werbung in Deutschland nach der Richtlinie 97/55/EG und der BGH-Entscheidung „Testpreis-Angebot", WRP 1998, 811, 817f; *Tilmann*, Richtlinie vergleichende Werbung, GRUR 1997, 790 sowie *Dethloff*, Europäisierung des Wettbewerbsrechts, S. 20.

129 Siehe Seite 26.

130 Vgl. *Ohly/Spence*, Vergleichende Werbung: Die Auslegung der Richtlinie 97/55/EG in Deutschland und Großbritannien, GRUR Int. 1999, 681, 689 mit dem Hinweis, daß es angesichts des Umstands, daß man sich bei der Formulierung der Richtlinien von 1984 und 1997 nicht aus einen europäischen Irreführungsmaßstab einigen konnte, nahegelegen hätte, auch für die vergleichende Werbung den Standard für die Beurteilung der Irreführung den Mitgliedstaaten zu überlassen.

Wie dieser regelungsimmanente Widerspruch aufzulösen ist, wird letztlich nur durch den EuGH zu klären sein.[131] Zu beachten ist aber, daß Art. 7 Abs. 2 der Richtlinie für den Teilbereich vergleichender Werbung grundsätzlich von Höchststandards ausgeht. Einiges spricht dafür, diesen Ansatz bei der Zulässigkeit vergleichender Werbung auch dem Irreführungsbegriff zugrunde zu legen. Denn ein Nebeneinander von Höchst- und Mindeststandards bei den Zulässigkeitsvoraussetzungen vergleichender Werbung würde dazu führen, daß nationale Besonderheiten Eingang in einen an sich abschließend harmonisierten Rechtsbereich fänden und die Festlegung der Höchststandards dadurch aushebelten.[132] Nicht nur Art. 7 Abs. 2, sondern auch die Regelungsintention des europäischen Gesetzgebers, Bedingungen für zulässige vergleichende Werbung verbindlich festzulegen, legen es daher nahe, bei vergleichender Werbung einen einheitlichen europäischen Irreführungsbegriff heranzuziehen[133] - „worin auch immer dieser bestehen mag."[134]

3. *Sonstige Richtlinien mit wettbewerbsrechtlichem Bezug*

Neben der Richtlinie über irreführende und vergleichende Werbung existiert eine Vielzahl weiterer gemeinschaftsrechtlicher Harmonisierungsmaß-

---

131 *Dethloff*, Europäisierung des Wettbewerbsrechts, S. 21.

132 *Hucke*, Erforderlichkeit einer Harmonisierung des Wettbewerbsrechts in Europa, S. 447. Vgl. auch *Ohly/Spence*, Vergleichende Werbung: Die Auslegung der Richtlinie 97/55/EG in Deutschland und Großbritannien, GRUR Int. 1999, 681, 690; *Bornkamm*, Entwicklungen der Rechtsprechung im Wettbewerbsrecht - Vergleichende Werbung, in: Werbung und Werbeverbote im Lichte des europäischen Gemeinschaftsrechts, S. 134, 143f; *Eck/Ikas*, Neue Grenzen vergleichender Werbung, WRP 1999, 251, 257f; *Sack*, Die Bedeutung der EG-Richtlinien 84/450/EWG und 97/55/EG über irreführende und vergleichende Werbung für das deutsche Wettbewerbsrecht, GRUR Int. 1998, 263, 271; *Dethloff*, Europäisierung des Wettbewerbsrechts, S. 21; differenzierend *Tilmann*, Richtlinie vergleichende Werbung, GRUR 1997, 792f.

133 *Dethloff*, Europäisierung des Wettbewerbsrechts, S. 21.

134 *Ohly/Spence*, Vergleichende Werbung: Die Auslegung der Richtlinie 97/55/EG in Deutschland und Großbritannien, GRUR Int. 1999, 681, 690. Vgl. auch *Dethloff*, Europäisierung des Wettbewerbsrechts, S.12ff, deren Analyse der Auslegung des gemeinschaftsrechtlichen Irreführungstatbestandes zwar mit dem Ergebnis endet, daß „der unbestimmte Irreführungstatbestand der Richtlinie durch die Auslegung des EuGH eine gewisse Konkretisierung erfahren" habe, daß aber gleichwohl zahlreiche Fragen ungeklärt blieben, „so daß eine erhebliche Rechtsunsicherheit hinsichtlich des gemeinschaftsrechtlichen Irreführungstatbestand besteht.", a.a.O., S. 18.

nahmen, die wettbewerbsrechtlich relevant sind, auch wenn sie angesichts ihres meist nur punktuellen wettbewerbsrechtlichen Regelungsgehalts für die Harmonisierung des Wettbewerbsrechts nur eine untergeordnete Rolle spielen. Diese Gemeinschaftsrechtsakte lassen sich ganz überwiegend als produkt- und dienstleistungs-[135], medien-[136] oder verfahrensbezogene[137] Harmonisierungsmaßnahmen kennzeichnen.[138] Die wettbewerbsrechtlichen Regelungen, die sie aufweisen, sind auf den jeweiligen Regelungskontext beschränkt und haben grundsätzlich keine darüber hinausgehende allgemeine Bedeutung.

Die Entwicklung der modernen Kommunikationsmittel hat in der vergangenen Zeit vor allem die medienbezogene Harmonisierung in den Mittelpunkt des Gemeinschaftsinteresses gerückt und die Europäische Kommission zu dem „Grünbuch über Kommerzielle Kommunikationen"[139] veranlaßt.

---

[135] Z.B. die Richtlinie 79/112/EWG des Rates vom 18. Dezember 1978 zur Angleichung der Rechtsvorschriften der Mitgliedstaaten über die Etikettierung und Aufmachung von für den Endverbraucher bestimmten Lebensmitteln sowie die Werbung hierfür, ABl. EG Nr. L 33 vom 8.2.1979, S. 1ff.

[136] Bei der medienbezogenen Harmonisierung sind vor allem die Fernsehrichtlinie von 1989, die 1997 neu gefaßt wurde (Richtlinie 89/552/EWG des Rates vom 3. Oktober 1989 zur Koordinierung bestimmter Rechts- und Verwaltungsvorschriften der Mitgliedstaaten über die Ausübung der Fernsehtätigkeit, ABl. EG Nr. L 298 vom 17.10.1989, S. 23ff; Richtlinie 97/36/EG des Europäischen Parlaments und des Rates vom 30. Juni 1997 zur Änderung der Richtlinie 89/552/EWG des Rates vom 3. Oktober 1989 zur Koordinierung bestimmter Rechts- und Verwaltungsvorschriften der Mitgliedstaaten über die Ausübung der Fernsehtätigkeit, ABl. EG Nr. L 202 vom 30.7.1997, S. 60ff.), die Fernabsatzrichtlinie (Richtlinie 97/7/EG des Europäischen Parlaments und des Rates vom 20. Mai 1997 über den Verbraucherschutz bei Vertragsabschlüssen im Fernabsatz, ABl. EG Nr. L 144 vom 4.6.1997, S. 19ff) sowie die E-Commerce-Richtlinie (Richtlinie 2000/31/EG des Europäischen Parlaments und des Rates vom 8. Juni 2000 über bestimmte rechtliche Aspekte der Dienste der Informationsgesellschaft, insbesondere des elektronischen Geschäftsverkehrs, im Binnenmarkt, ABl. EG Nr. L 178 vom 17.7.2000, S. 1ff) zu nennen.

[137] Für die Verbesserung der Rechtsdurchsetzung im Bereich des Wettbewerbsrechts ist vor allem die Richtlinie 98/27/EG des Europäischen Parlaments und des Rates vom 19. Mai 1998 über Unterlassungsklagen zum Schutz der Verbraucherinteressen, ABl. EG Nr. L 166 vom 11.6.1998, S. 51ff von Bedeutung.

[138] Vgl. *Dethloff*, Europäisierung des Wettbewerbsrechts, S. 23ff mit zahlreichen Beispielen zu den einzelnen „Kategorien".

[139] Grünbuch Kommerzielle Kommunikationen im Binnenmarkt vom 8.5.1996, KOM (96) 192 endg.; vgl. dazu *Henning-Bodewig*, Das Grünbuch der EU-Kommission über die

Dieses Grünbuch befaßt sich eingehend mit der Zukunft des europäischen Wettbewerbsrecht. Ausgangspunkt ist die Erwartung, daß den „kommerziellen Kommunikationen"[140] in einer zukünftigen europäischen Informationsgesellschaft immer größere Bedeutung erlangen wird. Daher komme es stärker denn je darauf an, die Barrieren zu beseitigen, die die unterschiedlichen nationalen Rechtsvorschriften für grenzüberschreitend tätige Unternehmen schaffen.[141] Mag also die Harmonisierung des Wettbewerbsrechts früher auch daran gescheitert sein, daß die Beteiligten durch die Konzentration des wettbewerbsrechtlich relevanten Verhaltens auf die nationalen Märkte das Bedürfnis dafür nicht anerkannten[142] - heute sehen die Verhältnisse anders aus: Mit der Entstehung neuer Dienstleistungen in der Informationsgesellschaft wächst die Gefahr, daß die Unterschiede zwischen den nationalen Wettbewerbsrechtsordnungen zu Handelshemmnissen werden, die im Widerspruch zu der europäischen Binnenmarktzielsetzung stehen und daher die Notwendigkeit einer Harmonisierung der nationalen Lauterkeitsrechte wieder in den Vordergrund rücken.

Ziel der jüngst in Kraft getretenen E-Commerce-Richtlinie[143] ist es dementsprechend, den freien Verkehr von Diensten der Informationsgesellschaft zwischen den Mitgliedstaaten sicherzustellen und dadurch einen Beitrag zum einwandfreien Funktionieren des Binnenmarktes zu leisten.[144] Dazu soll die Aufsicht über die Dienste der Informationsgesellschaft am Herkunftsort erfolgen; die Mitgliedstaaten dürfen den Verkehr von Diensten der Informationsgesellschaft aus dem Herkunftsland grundsätzlich nicht mehr ein-

---

„Kommerziellen Kommunikationen", GRUR Int. 1997, 515ff sowie *Nacken*, Das Grünbuch über die Kommerzielle Kommunikation - der Beginn einer Harmonisierungsdiskussion?, WRP 1997, 929ff.

140 Die „Kommerziellen Kommunikationen" erfassen alle Formen der Werbung, des Direktmarketing, des Sponsoring, der Verkaufsförderung und der Öffentlichkeitsarbeit: Grünbuch, S. 7.

141 Grünbuch, S. 27f.

142 Vgl. *Schricker*, Die Angleichung des Rechts des unlauteren Wettbewerbs im Gemeinsamen Markt, WRP 1977, 1.

143 Richtlinie 2000/31/EG des Europäischen Parlaments und des Rates vom 8. Juni 2000 über bestimmte rechtliche Aspekte der Dienste der Informationsgesellschaft, insbesondere des elektronischen Geschäftsverkehrs, im Binnenmarkt, ABl. EG Nr. L 178 vom 17.7.2000, S. 1ff („E-Commerce-Richtlinie").

144 Art. 1 Abs. 4 E-Commerce-Richtlinie.

schränken.[145] Darüber hinaus stellt die Richtlinie für Anbieter von Diensten der Informationsgesellschaft den Grundsatz der Zulassungsfreiheit auf[146], unterwirft sie einer Reihe von Informationspflichten[147] und enthält Bestimmungen, die „Kommerzielle Kommunikationen"[148], den Abschluß und die Anerkennung elektronisch geschlossener Verträge[149] sowie die Providerhaftung[150] betreffen. Schließlich soll von den Mitgliedstaaten darauf hingewirkt werden, daß Verhaltenskodizes aufgestellt[151] und Systeme zur außergerichtlichen Beilegung von Streitigkeiten[152] geschaffen werden.[153]

Der Harmonisierungseffekt, der von den unmittelbar lauterkeitsrechtlich relevanten Regelungen ausgeht, ist eher gering einzuschätzen.[154] Neben den Regelungen über die Verantwortlichkeit der Vermittler handelt es sich dabei vor allem um die Informations- und Kennzeichnungspflichten bei den „Kommerziellen Kommunikationen"[155]: Sie müssen klar als solche erkennbar sein; ihr Auftraggeber muß identifizierbar sein und, soweit Angebote der

145 Art. 3 E-Commerce-Richtlinie.

146 Art. 4 E-Commerce-Richtlinie.

147 Art. 5 E-Commerce-Richtlinie.

148 Art. 6 und 7 E-Commerce-Richtlinie.

149 Art. 9 bis 11 E-Commerce-Richtlinie.

150 Art. 12 bis 15 E-Commerce-Richtlinie.

151 Art. 16 E-Commerce-Richtlinie.

152 Art. 17 E-Commerce-Richtlinie.

153 Vgl. *Dethloff*, Europäisierung des Wettbewerbsrechts, S. 28ff.

154 Zur Kritik an den im Vergleich zu den verheißungsvollen Ankündigungen im Grünbuch doch sehr zurückhaltend ausgefallenen Regelungen der Richtlinie vgl. z.B. *Hoeren*, Vorschlag für eine EU-Richtlinie über E-Commerce, MMR 1999, 192, 196 sowie, sich ihm anschließend, *Spindler*, E-Commerce in Europa, MMR-Beilage 7/2000, 4, 13.

155 Art. 2f der E-Commerce-Richtlinie definiert diese als „alle Formen der Kommunikation, die der unmittelbaren oder mittelbaren Förderung des Absatzes von Waren oder Dienstleistungen oder des Erscheinungsbilds eines Unternehmens, einer Organisation oder einer natürlichen Person dienen, die eine Tätigkeit im Handel, Gewerbe oder Handwerk oder einem reglementierten Beruf ausübt". Ausgenommen sind „Angaben, die direkten Zugang zur Tätigkeit des Unternehmens bzw. der Organisation oder Person ermöglichen, wie insbesondere ein Domain-Name oder eine Adresse der elektronischen Post" sowie „Angaben in bezug auf Waren und Dienstleistungen oder des Erscheinungsbilds eines Unternehmens, einer Organisation oder Person, die unabhängig und insbesondere ohne finanzielle Gegenleistung gemacht werden". Vgl. dazu auch: *Bodewig*, Elektronischer Geschäftsverkehr und Unlauterer Wettbewerb, GRUR Int. 2000, 475, 476ff sowie *Spindler*, E-Commerce in Europa, MMR-Beilage 7/2000, 4, 13.

Verkaufsförderung wie Preisnachlässe, Zugaben und Geschenke oder Preisausschreiben und Gewinnspiele betroffen sind, müssen die Bedingungen ihrer Inanspruchnahme bzw. Teilnahme leicht zugänglich sein und klar und unzweideutig angegeben werden.[156] Für „nicht angeforderte kommerzielle Kommunikationen" (sogenannte „Spams") haben die Mitgliedstaaten zudem sicherzustellen, daß Diensteanbieter, die solche Werbemails unaufgefordert versenden, regelmäßig sogenannte „Robinson-Listen" konsultieren und Sperrwünschen der Nutzer in diesen „Opt-out"-Listen nachkommen.[157] Eine Regelung über die Zulässigkeit unverlangter Werbemails selbst enthält die Richtlinie dagegen nicht.[158] Zu dieser Frage schweigt sie genauso wie zu den Voraussetzungen, die an die Providerhaftung zu stellen sind[159]: Art. 12 bis 15, die sich mit diesem Themenkomplex beschäftigen, schränkt die mögliche

---

[156] Art. 6 E-Commerce-Richtlinie.

[157] Art. 7 Abs. 2 E-Commerce-Richtlinie.

[158] Nach Art. 10 Abs. 1 Fernabsatzrichtlinie ist unerbetene Werbung ohne vorherige Zustimmung nur bei dem Einsatz von Voice-Mail-Systemen und Telefax verboten. Andere Fernkommunikationstypen dürfen nach Art. 10 Abs. 2 nur dann verwendet werden, wenn der Verbraucher dies nicht offenkundig abgelehnt hat („Opt-Out"-Verfahren). Dies betrifft insbesondere auch Werbemails. Weiterreichende Bestimmungen der Mitgliedstaaten sind möglich (vgl. Art. 14). Das in Deutschland geltende Opt-In-Verfahren, wonach die unaufgeforderte Zusendung kommerzieller E-Mails solange als unlauter gilt, wie sich der Empfänger nicht in eine Mailingliste eingetragen und dadurch dem Empfang solcher E-Mails zugestimmt hat, ist gemeinschaftsrechtlich also zulässig. Aus der Rechtsprechung der deutschen Gerichte vgl. zuletzt: AG Essen-Borbeck vom 16.1.2001, MMR 2001, 261; LG Berlin v. 23. 6. 2000, MMR 2001, 60; LG Kiel vom 22.6. 2000, CI 2000, 170; LG Berlin vom 30.12.1999, MMR 2000, 571. Vgl. auch *Hoeren*, Werberecht im Internet am Beispiel der ICC Guidlines on Interactive Marketing Communications, in: Internet- und Multimediarecht, S. 111, 116 sowie *Dethloff*, Europäisierung des Wettbewerbsrechts, S. 26f m.w.N. Auch Art. 12 Abs. 2 der Richtlinie 97/66/EG des Europäischen Parlaments und des Rates vom 15.12.1997 über die Verarbeitung personenbezogener Daten und den Schutz der Privatsphäre im Bereich der Telekommunikation, ABl. EG Nr. L 24 v. 30. 11.1998, S. 1, steht dem nicht entgegen: Danach werden die Mitgliedstaaten zur Ergreifung geeigneter Maßnahmen verpflichtet, um gebührenfrei sicherzustellen, daß unerbetene Anrufe zum Zweck des Direktmarketings, die entweder ohne die Einwilligung der betreffenden Teilnehmer erfolgen oder an Teilnehmer gerichtet sind, die keine solchen Anrufe erhalten möchten, nicht gestattet sind. Zur Rechtslage in den anderen Mitgliedstaaten vgl. *Spindler/Schmittmann*, Unerwünschte E-Mail-Werbung, MMR-Beilage 8/2001, S. 11, 17ff.

[159] Vgl. *Spindler*, Verantwortlichkeit von Diensteanbietern nach dem Vorschlag einer E-Commerce-Richtlinie, MMR 1999, 199ff; *Holznagel/Holznagel*, Zukunft der Haftungsregeln für Internet-Provider, K&R 1999, 103ff.

Verantwortlichkeit des Providers für übermittelte und gespeicherte Informationen nur ein, anstatt positiv zu formulieren, in welchen Fällen von einer Haftung gesprochen werden kann.[160] Fest steht allein, daß eine Haftung solange nicht in Frage kommt, wie der Diensteanbieter bei der reinen Durchleitung von Informationen[161] deren Übermittlung nicht veranlaßt, den Adressaten der übermittelten Information nicht ausgewählt und die übermittelten Informationen nicht ausgewählt oder verändert hat.[162] Für *hosting* (dem Bereitstellen von Speicherplatz für Daten des Nutzers) gilt, daß der Diensteanbieter von der Haftung frei bleibt, wenn er keine Kenntnis von der Rechtswidrigkeit hat oder nach Kenntnis die Information entfernt oder den Zugang zu ihnen sperrt.[163] Eine über diese Regelungen hinausgehende Harmonisierung lauterkeitsrechtlicher Vorschriften ist nicht erfolgt.

---

160 Vgl. *Maennel*, Elektronischer Geschäftsverkehr ohne Grenzen – der Richtlinienvorschlag der Europäischen Kommission, MMR 1999, 187, 191.

161 Gleichgestellt ist der Fall der automatischen kurzfristigen Zwischenspeicherung zu Zwecken der Übermittlung, vgl. Art. 12 Abs. 2 E-Commerce-Richtlinie.

162 Art. 12 Abs. 1 E-Commerce-Richtlinie.

163 Art. 14 E-Commerce-Richtlinie. Zur Verantwortlichkeit beim *caching*: Art. 13 E-Commerce-Richtlinie.

C. ERGEBNIS

Die Entwicklung der nationalen Wettbewerbsrechte ist in den einzelnen Mitgliedstaaten verschiedene Wege gegangen. Dabei haben die unterschiedlichen Konzeptionen, die die Wettbewerbsrechtsordnungen der Mitgliedstaaten prägen, nicht nur zu erheblichen Rechtsunterschieden in den europäischen Wettbewerbsrechten geführt, sondern auch deren Harmonisierung erheblich erschwert. Das einzige, was von den umfassenden Harmonisierungsplänen der Kommission übrig geblieben ist, ist die Richtlinie über irreführende und vergleichende Werbung. Der von den unzähligen Spezialrichtlinien ausgehende Harmonisierungseffekt ist aufgrund des sehr begrenzten Regelungsbereichs grundsätzlich zu vernachlässigen. Von einem einheitlichen Schutzniveau kann daher bis heute keine Rede sein - auch wenn der Einfluß des Gemeinschaftsrechtsgebers in manchen, allerdings eng umgrenzten Bereichen für eine gewisse Angleichung gesorgt hat.

Die Uneinheitlichkeit der nationalen Wettbewerbsrechte macht sich vor allem in Bereichen bemerkbar, in denen grenzüberschreitende Marketingmaßnahmen dominieren. Paradebeispiel ist das Internet. Die Öffnung des Internets für die kommerzielle Nutzung war die Geburtsstunde des elektronischen Handels und des Online-Marketings. Grenzüberschreitende Werbung und Absatztätigkeiten haben über das Internet stark an Bedeutung gewonnen. Ihre Besonderheit ist es, daß sie praktisch von überall auf der Welt abgerufen werden können. Marketingmaßnahmen im Netz teilen die Eigenschaft ihres Mediums: Sie sind genuin international. Kehrseite der Ubiquität einer Marketingmaßnahme im Netz ist die Vielzahl potentiell anwendbarer Rechtsordnungen, der sie sich gegenübergestellt sieht. Das Fehlen einheitlicher lauterkeitsrechtlicher Regeln zieht daher die Frage nach sich, wie sich dieser internationale Charakter der Marketingmaßnahmen rechtlich in den Griff bekommen läßt.

Teil 2

Grenzen einer kollisionsrechtlichen Problemlösung

Internationalität zivilrechtlich zu bewältigen ist grundsätzlich die Aufgabe des Internationalen Privatrechts. In letzter Zeit ist jedoch verstärkt die Frage diskutiert worden, ob das Internationale Privatrecht dieser Aufgabe im Internet gerecht werden kann oder ob es für die Rechtsverhältnisse im Internet alternativer Lösungskonzepte bedarf.

A. IPR UND INTERNET

I. Die Schwächen der territorialen Konzeption des IPR

Das Internet stellt die traditionellen Regeln des Internationalen Privatrechts auf den Prüfstand.[164] Sachverhalte mit grenzüberschreitendem Bezug sind zwar nichts Neues und die daraus resultierenden Rechtsprobleme keine spezielle Problematik des elektronischen Handels. Doch führt das Internet, das wegen seiner bestimmungsgemäßen technischen Eigenschaften keine nationalen Grenzen kennt und deshalb als „genuin internationales" Medium bezeichnet wird[165], nicht nur zu einem sprunghaften Anstieg grenzüberschreitender Sachverhalte, sondern stellt die traditionelle Methode des IPR,

---

164 *Mankowski*, Internet im Internationalen Vertrags- und Deliktsrecht, RabelsZ 63 (1999) 203, 207. Vgl. auch *Schwarze*, Aktuelle Herausforderungen des Wettbewerbs- und Urheberrechts durch grenzüberschreitende Medien, in: Rechtsschutz gegen Urheberrechtsverletzungen und Wettbewerbsverstöße in grenzüberschreitenden Medien, S. 9, 11 sowie *Burnstein*, Conflicts on the Net: Choice of Law in Transnational Cyberspace, Vanderbildt Journal of Transnational Law 29 (1996) 75, 87: „One of the most thorniest issues in a law of cyberspace is in the domain of private international law."

165 Siehe oben Seite 1.

bestimmte Lebenssachverhalte einer nationalen Rechtsordnung zuzuordnen, auch als solche in Frage.[166]

Ursache ist die territoriale Konzeption des Internationalen Privatrechts.[167] Diese kommt zum einen in den ganz überwiegend räumlich fixierten Anknüpfungspunkten zum Ausdruck[168], zum anderen im Ergebnis der Anknüpfung, der „Nationalisierung internationaler Sachverhalte"[169]. Die wichtigste Annahme des IPR beruht darauf, daß bestimmte Forderungen und Geschehnisse lokalisiert werden können - eine Prämisse, die bei Sachverhalten im Internet Schwierigkeiten hervorruft, weil sich das Internet als anational strukturiertes globales Medium einer räumlichen Zuordnung entzieht und die Umsetzung nationalstaatlicher Regelungsansprüche dadurch stark erschwert.[170]

Technische Veränderungen führen oftmals zu Bewährungsproben traditioneller rechtlicher Konzepte.[171] Die Entwicklung der Informationsgesellschaft wird sogar als die „gegenwärtig größte Herausforderung für das

---

[166] *Gautrais/Lefebvre/Benyekhleff*, Droit du Commerce électronique et normes applicables: L'émergence de la lex electronica, RDAI 1997, 547, 551. Vgl. aber auch *Goldsmith*, Against Cyberanarchy, U. Chicago L. Rev. 65 (1998) 1199, 1238: „[A] dramatic increase in the number and velocity of transactions by itself says very little about the feasibilty of governmental regulation. Numerous communication advances, beginning with the telegraph, dramatically increased the velocity and number of communications, and lowered theis costs."

[167] *Schack*, Internationale Urheber-, Marken- und Wettbewerbsrechtsverletzungen im Internet: Internationales Privatrecht, MMR 2000, 59. Ähnlich *Bogdan*, Cross-Border Transactions on the Internet, in: Recht und Internet, S. 59 sowie *Geller*, Internationales Immaterialgüterrecht, Kollisionsrecht und gerichtliche Sanktionen im Internet, GRUR Int. 2000, 659, 660.

[168] Abgesehen von der Staatsangehörigkeit im Familien- und Erbrecht sind die meisten Anknüpfungspunkte räumliche Merkmale: so im Vertragsrecht der Ort des gewöhnlichen Aufenthalts bzw. der Niederlassung derjenigen Partei, welche die für den Vertrag charakteristische Leistung erbringt (Art. 28 Abs. 2 EGBGB), im Deliktsrecht der Tatort (Art. 40 Abs. 1) und im Sachenrecht der Belegenheitsort (Art. 43 Abs. 1 EGBGB).

[169] *Keller/Siehr*, Allgemeine Lehren des internationalen Privatrechts, S. 132ff.

[170] *Boele-Woelki*, Internet und IPR: Wo geht jemand ins Netz? BerDGesVöR 39 (2000) 307, 309. Vgl. auch *Hoeren*, Internet und Recht - Neue Paradigmen des Informationsrechts, NJW 1998, 2849, 2850 („Deterritorialisierung des Rechts") sowie *Bariatti*, Internet: Apects Relatifs aux conflits de lois, RDIPP 1997, 545, 548.

[171] Zum Verhältnis von Technik und Recht vgl. *Summers*, Technology, Law and Values, in: Festschrift for Broekman, S. 65ff.

Recht und die Gesellschaft insgesamt" bezeichnet.[172] Bietet das IPR die Möglichkeiten, um diese Herausforderung bewältigen zu können? Nicht nur in den USA[173], sondern auch in Deutschland ist Skepsis laut geworden: Die klassische Konzeption des IPR passe schlecht zum Internet, heißt es.[174] Das international ausgerichtete „digitale Dorf" entziehe sich dem Zugriff einer Rechtsordnung, die durch das nationalstaatliche Denken des 19. Jahrhunderts geprägt sei.[175] Also: „Welcome Internet - goodbye, conflicts law"?[176]

II. Selbstregulierung als Alternative?

Zieht man die Fähigkeit des IPR zur Lösung der „genuin-internationalen" Sachverhalte im Internet in Zweifel, stellt sich sogleich die Frage, welche Alternativen bestehen. Dabei fällt der Blick auf einen Bereich, in dem das IPR ebenfalls stark unter Druck geraten ist: das (klassische) internationale Handelsrecht.

1. *Der Anknüpfungspunkt: Die Entwicklungen im internationalen Handel*

Die internationalen Verflechtungen, die den internationalen Handel prägen und kollisionsrechtlich eine Vielzahl gleichwertiger Anknüpfungsmöglichkeiten mit sich bringen, haben die traditionelle Methode des IPR in seine bisher schwerste Krise gestürzt. Weder die Zuweisung des Sachverhalts ohne eindeutige nationale Lokalisation noch die Beurteilung des internationalen Sachverhalts nach nationalen Maßstäben gelten noch als den Bedürfnissen des internationalen Handels angemessen. Hauptkritikpunkte der strukturel-

---

172 *Mankowski*, Das Internet im Internationalen Vertrags- und Deliktsrecht, RabelsZ 63 (1999) 203, 207.

173 Vgl. stellvertretend *Burnstein*, Conflicts on the Net: Choice of Law in Transnational Cyberspace, Vanderbildt Journal of Transnational Law 29 (1996) 75, 87ff.

174 *Schack*, Internationale Urheber-, Marken- und Wettbewerbsrechtsverletzungen im Internet: Internationales Privatrecht, MMR 2000, 59. Ähnlich *Perritt*, Cyberspace Self-Government - Town Hall Democracy or Recovered Royalism?, Berkeley Technology L. J. 12 (1997) 413, 423.

175 *Hoeren*, Kreditinstitute im Internet - Eine digitale Odyssee im juristischen Weltraum, WM 1996, 2006.

176 So die pointierte Problemfassung von *Mankowski*, Das Internet im Internationalen Vertrags- und Deliktsrecht, RabelsZ 63 (1999) 203, 207.

len Unzulänglichkeit des kollisionsrechtlichen Systems sind die fehlenden Sicherheit und Vorhersehbarkeit einerseits und der Vorwurf der Willkür andererseits.[177]

Versuche, das IPR den Bedürfnissen des internationalen Handels anzupassen, sind fehlgeschlagen.[178] Insbesondere der von *Steindorff* entwickelte Ansatz, Kollisionsnormen durch Sachnormen zu ersetzen und internationale Sachverhalte mit Mehrfachanknüpfungen einer materiellrechtlichen Sonderregelung zuzuführen[179], hat zwar in der rechtswissenschaftlichen Literatur viel Beachtung gefunden. Er hat sich aufgrund seiner begrifflichen Unschärfen und methodischen Unklarheiten aber letztlich nicht durchsetzen können.[180] Statt dessen hat die private Rechtsgestaltung an Bedeutung gewonnen. Im internationalen Handel hat man sich zunehmend darauf verlegt, die Unzulänglichkeiten der geltenden Rechtsstrukturen zu bekämpfen, indem man sich auf der Grundlage der weltweit anerkannten Privatautonomie sein eigenes Recht schaffte: die *lex mercatoria*.

An diese Entwicklung wollen manche heute für den Bereich des Internets anknüpfen.[181] Da ein Ausweg aus der kollisionsrechtlichen Problematik über eine internationale Rechtsvereinheitlichung illusionär erscheint[182], ist auf der

---

177 Vgl. *Stein*, Lex mercatoria: Realität und Theorie, S. 19ff; *Schurig*, Kollisionsnormen und Sachrecht, S. 18ff; *Leible*, Außenhandel und Rechtssicherheit, ZVglRWiss 97 (1998) 286, 307f.

178 Vgl. stel lvertretend für eine kaum noch überschaubare Flut an Literatur zu diesem Themenkreis *Neuhaus*, Neue Wege im Europäischen IPR?, RabelsZ 35 (1971), 401, 407ff. Zum Einfluß der amerikanischen „Conflicts Revolution" auf das kontinentaleuropäische Recht: *Jayme*, The American Conflicts Revolution and ist Impact on European Private International Law, in: Forty Years On: The Evolution of Postwar Private International Law in Europe, S. 15ff.

179 *Steindorff*, Sachnormen im internationalen Privatrecht. S. 276ff.

180 Vgl. *Berger*, Formalisierte oder schleichende „Kodifizierung" des transnationalen Wirtschaftsrechts, S. 19.

181 Vgl. stellvertretend: *Johnson/Post*, Law and Borders - The Rise of Law in Cyberspace, Stanford Law Rev. 48 (1996)1357, 1389; *Hardy*, The Proper Legal Regime for Cyberspace, U. Pittsburgh Law Rev. 55 (1993) 993, 1921; *Burnstein*, Conflicts on the Net: Choice of Law in Transnational Cyberspace, Vanderbildt Journal of Transnational Law 29 (1996) 75, 109.

182 Vgl. *Mankowski*, Wider ein transnationales Cyberlaw, AfP 1999, 138, 142 mit dem Hinweis, daß Einheitsrecht aufgrund der fehlenden Geschlossenheit der Materie Internet-Recht sachlich zu weit gehen würde und wegen der unterschiedlichen *policies*, die die

Suche nach einer Alternative zu der als unpassend kritisierten kollisionsrechtlichen Lösung der Ruf nach einer *lex internet* laut geworden.[183] Die Vorteile der Selbstregulierung liegen auf der Hand: Selbstregulierungsmaßnahmen wirken weltweit; sie haben ihren Ursprung im Kreis der von der Regulierung Betroffenen, die ihre Verhaltensmaßstäbe und Sanktionen im eigenen Interesse und auf der Basis hoher Sachkompetenz festsetzen und zeichnen sich zu guter Letzt auch durch eine hohe Flexibilität aus.[184]

Doch in dem Maße, in dem Selbstregulierungsmechanismen im Netz an Bedeutung zunehmen, gewinnt auch die Frage an Bedeutung, inwiefern diese dazu in der Lage sind, die klassischen Ordnungsfunktionen staatlichen Rechts im „Cyberspace" zu übernehmen. Die *lex mercatoria* hat in ihrem Anwendungsbereich staatliches Recht weitestgehend verdrängt. Die „Mercatoristen" nehmen für diese sogar den Status einer autonomen Rechtsordnung in Anspruch. Ob und inwieweit sich dies auf eine *lex internet* übertragen läßt, ist jedoch äußerst zweifelhaft. Denn das Internet und der sich auf dieser Plattform vollziehende elektronische Handel weisen eine Reihe von Besonderheiten auf, die die *lex internet* von ihrem Vorbild in wesentlichen Punkten unterscheiden.

2. *Das Vorbild: Die lex mercatoria*

Die *lex mercatoria* steht für die Idee eines privaten, nichtstaatlichen und deshalb übernationalen Rechts der internationalen Handels- und Wirtschaftsbeziehungen.[185] Sie drückt das Bestreben der international agierenden

---

nationalen Staaten in diesem Bereich verfolgen, Kompromisse verlangen, wie sie in der Rechtsvereinheitlichung bisher noch nie erzielt wurden.

183 Anstelle des Begriffs der „lex internet" wird oft auch von der „lex electronica" oder der „elektronischen lex mercatoria" gesprochen.

184 *Jung*, Die Netiquette - Grundlage eines globalen Rechts gegen den unlauteren Wettbewerb in internationalen Datennetzen?, in: Vernetzte Welt - Globales Recht, S. 153, 174. Ähnlich auch *Christiansen*, Selbstregulierung im Internet, MMR 2000, 123, 124.

185 Zur *lex mercatoria*, ihrer Entwicklung und Bedeutung, gibt es eine kaum noch überschaubare Masse an Literatur. Hervorgehoben seien – stellvertretend für viele andere – die Darstellungen von: *Berger*, Formalisierte oder „schleichende" Kodifizierung des transnationalen Wirtschaftsrechts (1996); *Stein*, Lex mercatoria: Realität und Theorie (1995); *Weise*, Lex mercatoria (1990); *Dasser*, Internationale Schiedsgerichte und lex mercatoria (1989); *Spickhoff*, Internationales Handelsrecht vor Schiedsgerichten und staatli-

Kaufleute aus, durch die Verwendung von Allgemeinen Geschäftsbedingungen, von Standardverträgen und sonstigen Klauselwerken die Geschäftsbeziehungen unabhängig von den staatlichen Gesetzgebern eigenständig und weitestgehend einheitlich zu regeln.[186] Grundlage ist die weltweit anerkannte Privatautonomie, die den Parteien die notwendigen Spielräume eröffnet, ihre vertraglichen Beziehungen den internationalen Bedürfnissen anzupassen. Sie öffnet der *lex mercatoria* den Eingang in die internationalen Verträge.[187] Nationales Recht wird dadurch weitgehend verdrängt. Die internationale Handelsschiedsgerichtsbarkeit übernimmt dabei die Rolle einer „Garantin der Funktionsfähigkeit der *lex mercatoria* als anationaler Rechtsordnung".[188] Denn in einer stattlichen Zahl von Rechtsordnungen wird dem Schiedsrichter das Recht gewährt, seiner Entscheidung einen Maßstab zugrunde zu legen, der nicht auf das nationale Recht beschränkt ist.[189] Auf diese Weise konnte sich die *lex mercatoria* eigenständig und unberührt von dem Geltungsanspruch des staatlichen Rechts entwickeln.

Die rechtstheoretische Einordnung der *lex mercatoria* ist eines der umstrittensten Themen im internationalen Wirtschaftsrecht.[190] Die These, die *lex*

---

chen Gerichten, RabelsZ 56 (1992) 116ff; *Blaurock*, Übernationales Recht des Internationalen Handels, ZEuP 1993, 247ff und *Lando*, The Lex Mercatoria in International Commercial Arbitration, ICLQ 34 (1985) 747ff.

186 Zur lex mercatoria gehören z.B.: die von der Internationalen Handelskammer in Paris geschaffenen International Commercial Terms, internationale Regeln für die Auslegung der handelsüblichen Vertragsformeln („Incoterms"), die ebenfalls von der IHK konzipierten Einheitlichen Richtlinien und Gebräuche für Dokumentenakkreditive, die Einheitlichen Richtlinien für Vertragsgarantien, die Einheitlichen Richtlinien für die Anfordern zahlbare Garantien sowie die Allgemeinen Lieferbedingungen für den Export von Maschinen und Anlagen, die die Wirtschaftskommission der Vereinten Nationen für Europa (Economic Commission for Europe) für Exporte in Entwicklungsländer aufstellte und die deshalb häufig „ECE-Bedingungen" genannt werden. Vgl. Staudinger-*Sturm/Sturm*, Einl. zum IPR, Rn. 106 m.w.N.

187 *Blaurock*, Übernationales Recht des Internationalen Handels, ZEuP 1993, 247, 262.

188 *Stein*, Lex mercatoria: Realität und Theorie, S. 193.

189 Vgl. *Berger*, Internationale Wirtschaftsschiedsgerichtsbarkeit, S. 385ff; *Schlosser*, Das Recht der internationalen privaten Schiedsgerichtsbarkeit, Rn. 732; *von Hoffmann*, Grundsätzliches zur Anwendung der „lex mercatoria" durch internationale Schiedsgerichte, in: Festschrift für Kegel, S. 215, 226ff.

190 Vgl. *Stein*, Lex mercatoria: Realität und Theorie, S. 6: „In der Rechtswissenschaft dagegen ist die lex mercatoria zu einem postmodernen Ideologiestreit par excellence geraten; angesichts der martialischen und emotionsgeladenen Sprache, die sich in der Diskussion

mercatoria sei eine „neben" dem staatlichen Recht stehende autonome Rechtsordnung[191], wurde von Anfang an vehement kritisiert. Die Kritik beruht auf dem Einwand, daß nur der Staat Recht setzen und nur er allein eine lückenlose Rechtsordnung gewährleisten könne. Der *lex mercatoria* fehle es daher an einer hinreichenden Legitimationsbasis. Sie diene lediglich als Mittel zur Relativierung des kodifizierten Rechts, könne dieses modifizieren, aber nicht ersetzen.[192] So sehr sich die Protagonisten der *lex mercatoria* gegenüber diesen Angriffen auch zur Wehr zu setzen versuchten, sich auf die „Duldung der Staaten", die „allgemeinen Rechtsgrundsätze", den „Handelsbrauch" sowie die „Bedürfnisse des Verkehrs" beriefen und eine „société extra-étatique" zum Ersatzgesetzgeber ernannten[193] - der Gedanke eines autonomen Rechts des Welthandels stieß vor allem im deutschen Schrifttum als „begrifflich verschwommen und rechtlich verfehlt" lange Zeit auf entschiedene Ablehnung.[194] Angesichts der Akzeptanz, die die *lex mercatoria* nicht nur in den betroffenen Handelskreisen erlangt hat, sondern auch bei den nationalen Gerichten, die mit der Anerkennung der auf der Grundlage der *lex mercatoria* gefällten Schiedssprüche befaßt sind[195], ist die *lex mercatoria* inzwischen aber zumindest als Sonderrecht der internationalen Schiedsgerichtsbarkeit anerkannt.[196]

---

bei Befürwortern wie bei Gegner auffallender Beliebtheit freut, erscheint es nicht überzogen, von einem Glaubenskrieg zu sprechen."

191 U.a. vertreten von *Goldstajn*, The New Law Merchant, Journal of Business Law 1961, 11ff; *Schmitthoff*, Das neue Recht des Welthandels, RabelsZ 28 (1964) 47ff; *Goldman*, Frontières du droit et lex mercatoria, Archives de Philosophie du Droit 9 (1964) 177ff und *Langen*, Vom internationalen Privatrecht zum Transnationalen Handelsrecht, NJW 1969, 358ff.

192 Vgl. *Stein*, Lex mercatoria: Realität und Theorie, S. 211ff.

193 Vgl. *Stein*, Lex mercatoria: Realität und Theorie, S. 187ff.

194 So insbesondere *v. Bar*, Internationales Privatrecht, Bd. I, Rn. 104. Ähnlich: *Kegel/Schurig*, IPR, S. 110f.

195 Reithmann/Martiny-*Martiny*, Internationales Vertragsrecht, Rn. 62. Zur tatsächlichen Verbreitung der lex mercatoria in der Praxis der internationalen Schiedsgerichte und ihrer Anerkennung durch die staatliche Gerichtsbarkeit vgl. *Weise*, Lex mercatoria, S. 146ff.

196 Vgl. Reithmann/Martiny-*Martiny*, Internationales Vertragsrecht, Rn. 62; Staudinger-*Magnus*, Art. 27 EGBGB, Rn. 50; *Blaurock*, Übernationales Recht des Internationalen Handels, ZEuP 1993, 247, 267; *Leible*, Außenhandel und Rechtssicherheit, ZVglRWiss 97 (1998) 286, 312.

3. *Die neue Variante: Lex internet*

Die These einer autonomen Rechtsordnung, die in ihrem Anwendungsbereich staatliches Recht verdrängt, hat mit dem Aufkommen der Regulierungsfrage im Internet viele neue Anhänger gefunden.[197] Sie fasziniert besonders diejenigen, die dem Eingriff des Staates in die „Welt des Internets" ohnehin skeptisch gegenüber stehen und in den selbstregulativen Ansätzen im Internet Vorläufer eines „Cyberlaws" nach Art der *lex mercatoria* sehen.

a) *Selbstregulative Ansätze im Internet*

Angefangen hat die Entwicklung selbstregulativer Strukturen im Internet mit der sogenannten *Netiquette* (Network Etiquette). Diese umfaßt Verhaltensmaßstäbe, Gebräuche und Ratschläge, die sich seit Bestehen des Internets für dessen Benutzung herausgebildet haben und denen sich ein Großteil der Internet-Benutzer ohne staatlichen Zwang unterworfen hat.[198] Ziel dieser

---

[197] Die Grenzenlosigkeit des Mediums scheint sich in juristischer Kreativität niedergeschlagen zu haben: Eine Flut von Aufsätzen beschäftigt sich mit der Entwicklung alternativer Regulierungskonzepte für das Internet, dominiert von dem Gedanken einer autonomen, neben den staatlichen Rechten bestehenden *lex internet*. Vgl. *Johnson/Post*, Law and Borders - The Rise of Law in Cyberspace, Stanford Law Rev. 48 (1996) 1367ff; *Hardy*, The Proper Legal Regime for "Cyberspace", U. Pittsburgh Law Rev. 55 (1994) 993ff; *Flaming*, The Rules of Cyberspace: Informal Law in a New Jurisdiction, Illinois Bar Journal, 85 (1997) 174ff; *Goldsmith*, Against Cyberanarchy, U. Chicago Law Rev. 65 (1998) 1199; *Perritt*, Hybrid International Institutions für Regulating Electronic Commerce and Political Discourse on the Internet, MMR Beilage 7/2000, 1ff; *Reidenberg*, Governing Networks and Rule-Making in Cyberspace, Emory Law Journal 45 (1996) 911ff; *Grewlich*, Governance im Cyberspace - Regulierung globaler Netze im Systemwettbewerb?, RIW 2000, 337ff; *Kaiser*, Das Recht im Cyberspace, in: Festschrift Winkler, S. 397ff; *Mayer*, Recht und Cyberspace, NJW 1996, 1782, 1798ff; *Engel*, Das Internet und der Nationalstaat, BerDGesVöR 39 (2000) 353ff; *Kilian*, Verkehrsregeln für Datenautobahnen?, in: Festschrift für Pieper, S. 263ff; *Christiansen*, Selbstregulierung, regulatorischer Wettbewerb und staatliche Eingriffe im Internet, MMR 2000, 123ff; *Brömmelmeyer*, Internet Governance: Recht als Steuerungsinstrument für ein globales Kommunikationsforum, ARSP Beiheft 79 (2001) 81ff u.v.m.

[198] So die Definition bei *Jung*, Die Netiquette - Grundlage eines globalen Rechts gegen den unlauteren Wettbewerb in internationalen Datennetzen?, in: Vernetzte Welt - globales Recht, S. 153, 155. Ähnlich *Hoeren*, Internationale Netze und das Wettbewerbsrecht, in: Rechtsprobleme internationaler Datennetze, S. 35, 36; *Flechsig*, Rechtsprobleme internationaler Datennetze im Lichte des Persönlichkeits- und Äußerungsrechts, in: Rechtsprobleme internationaler Datennetze, S. 57, 63f.

auch als „Cybermanners"[199] bezeichneten Regeln ist die Aufrechterhaltung der Funktionsfähigkeit des Internets: Belästigende, die Nutzung des Internets behindernde kommerzielle Maßnahmen sollen verhindert oder zumindest eingeschränkt werden.[200]

Der Schwerpunkt der *Netiquette*-Regeln ist lauterkeitsrechtlicher Natur: Neben dem *spamming*, dem unaufgeforderten Versenden von Werbung per E-Mail, zählen die Beachtung des Themenbezugs bei Werbung in sogenannten „Public Messaging Systems", das Gebot der Trennung von Sachaussage und Werbung, die Begrenzung der Werbedatenmenge, das Verbot der Herabsetzung eines Mitbewerbers in seiner Geschäftsehre sowie die Zustimmungsbedürftigkeit von *hyperlinks* im *world wide web* zum heutigen Kernbestand der *Netiquette*.[201] Er findet sich in vielen Benutzerordnungen privater Netzbetreiber und Diensteanbieter wieder[202]. Mehr als einen Indikator für das geltende lauterkeitsrechtliche Empfinden im Internet stellen diese providerabhängigen Regeln dennoch nicht dar, zumal es für sie auch bis heute keine autorisierte Quelle und keine einheitliche Formulierung gibt.[203]

---

199 *Hoeren*, Cybermanners und Wettbewerbsrechts: Einige Überlegungen zum Lauterkeitsrecht im Internet, WRP 1997, 993.

200 Ein anschauliches Beispiel für die Anwendung und Durchsetzung der *Netiquette* liefert der Fall der amerikanische Anwaltskanzlei *Canter & Siegel*, die 1994 „Newsgroups" mit insgesamt 1,2 Millionen elektronischer Werbebotschaften überflutete und dafür postwendend ca. 600.000 Schmähbriefe, sogenannte „flames", von empörten „usern" erhielt. Dadurch wurde der Internetzugang der Anwälte über Wochen blockiert. Den Anwälten wurde von der „Cyber-Community" zur Last gelegt, durch ihr Verhalten gegen die Netiquette verstoßen zu haben.

201 Ausführlich hierzu *Jung*, Die Netiquette - Grundlage eines globalen Rechts gegen den unlauteren Wettbewerb in internationalen Datennetzen?, in: Vernetzte Welt - globales Recht, S. 153, 156ff sowie *Hoeren*, Internationale Netze und das Wettbewerbsrecht, in: Rechtsprobleme internationaler Datennetze, S. 35, 42ff.

202 Nachweise bei *Jung*, Die Netiquette - Grundlage eines globalen Rechts gegen den unlauteren Wettbewerb in internationalen Datennetzen?, in: Vernetzte Welt - globales Recht, S. 153, 159.

203 *Jung*, Die Netiquette - Grundlage eines globalen Rechts gegen den unlauteren Wettbewerb in internationalen Datennetzen?, in: Vernetzte Welt - globales Recht, S.153, 155f; *Peschel-Mehner*, in: Schwarz, Recht im Internet, Bd. I, 5-2.2, S. 34; *Hoeren*, Internationale Netze und das Wettbewerbsrecht, in: Rechtsprobleme internationaler Datennetze, S. 35, 36; *Dethloff*, Europäisierung des Wettbewerbsrechts, S. 37f, 112f; *Brömmelmeyer*, Internet Governance: Recht als Steuerungsinstrument für ein globales Kommunikationsforum, ARSP Beiheft 79 (2001) 81, 84.

Für das Wettbewerbsrecht beweisen aber vor allem der von der Internationalen Liga für Wettbewerbsrecht verabschiedete „Verhaltenskodex für Online Marketing“[204] sowie die von der Internationalen Handelskammer in Paris herausgegebenen „Guidelines on Advertisement and Marketing on the Internet“[205], daß die Selbstregulierungsbestrebungen im Internet inzwischen Fuß gefaßt haben. In anderen Bereichen finden sich ähnliche Ansätze privater Regelungsvorschläge und Musterrichtlinien.[206] Vor allem auf dem Gebiet des Verbraucherschutzes sind eine Reihe von nationalen und internationalen Institutionen tätig geworden.[207] Diese freiwilligen, für sich unverbindlichen Richtlinien und Verhaltenskodizes ist das Bestreben gemein, in Ergänzung zu den bestehenden rechtlichen Rahmenbedingungen international konsensfähige Regeln für den elektronischen Geschäftsverkehr zu entwickeln.[208]

Dabei wird regelmäßig auch die Notwendigkeit alternativer Streitschlichtungsmechanismen hervorgehoben. *Online-dispute-resolution* ist zu einem großen Thema geworden.[209] Die Pionierarbeit wurde mit dem „Virtual Ma-

---

204 abgedruckt in MMR 2000, S. IX - XII.

205 http://www.iccwbo.org/home/statements_rules/rules/1998/internet_guidelines.asp (Stand 25.8.2002). Dazu auch *Boehme-Neßler*, CyberLaw, S. 319.

206 Vgl. *Boele-Woelki*, Internet und IPR: Wo geht jemand ins Netz? BerDGesVöR 39 (2000) 307, 310 mit einer Reihe von Beispielen sowie *Caprioli/Sorieul*, Le commerce international électronique: vers l'émergence de règles juridiques transnationales, Journal du Droit International (Clunet) 1997, 323ff.

207 Vgl. z.B. die „OECD Guidelines for Consumer Protection in the Context of Electronic Commerce“ (http://www1.oecd.org/dsti/sti/it/consumer/prod/guidelines.htm) sowie das von der Federal Trade Commission herausgebrachte Papier „Consumer Protection in the Global Electronic Marketplace - Looking Ahead“, http://www.ftc.gov/bcp/icpw/lookingahead/lookingahead.htm (Stand 25.8.2002).

208 Vgl. z.B. Section 1 [Scope] des von der Internationalen Liga für Wettbewerbsrecht verabschiedete Verhaltenskodex für Online Marketing:

> „This regulatory framework applies to commercial communications taken place on the internet. It is aimed solely at fair competition in the context of electronic commerce and is to be regarded as a voluntary, self-restrictive addition to existing legal requirements.“

209 Vgl. *Jung*, Rechtsfragen der Online-Schiedsgerichtsbarkeit, K&R 1999, 64ff; *Niedermeier/Damm/Splittgerber*, Cybercourt: Schieds- und Schlichtungsverfahren im Internet, K&R 2000, 431ff; Schneider, Streitbeilegung auf dem Information Highway - Probleme und Lösungsansätze, in: Information Highway (1996), 625ff; *Cona*, Application of Online Systems in Alternative Dispute Resolution, Buffalo Law Rev. 45 (1997) 975ff; *Katsh*, Dispute Resolution in Cyberspace, Connecticut Law Rev. 28 (1996) 953ff.

gistrate Project" geleistet, einem im März 1996 in den USA gegründeten privaten Schiedsgericht, zu dessen Aufgabe die weltweite Erledigung von Streitsachen im Zusammenhang mit der Nutzung von Computernetzen erklärt wurde.[210] Inzwischen sind weitere alternative Online-Streitschlichtungs-projekte in der Entstehung begriffen oder auch schon über dieses Stadium hinaus gelangt.[211] Sie verfolgen das ehrgeizige Ziel, zum Äquivalent der Internationalen Handelsschiedsgerichtsbarkeit im Bereich des E-Commerce zu avancieren.[212] Als besonders erfolgreich hat sich der „WIPO Arbitration and Mediation Centre" erwiesen, der zur Regelung von Konflikten zwischen Marken- und Domainnamen-Inhabern nach Maßgabe der Streitbeilegungsregeln der ICANN[213] eingerichtet worden ist.[214] Er soll daher

---

210 Dazu *Jung*, Rechtsfragen der Online-Schiedsgerichtsbarkeit, K&R 1999, 63ff.

211 So hat zum Beispiel die Europäische Kommission am 1. Februar 2001 ein Netzwerk ins Leben gerufen, mit dessen Hilfe Streitigkeiten zwischen Anbietern und Verbrauchern im Zusammenhang mit der Bereitstellung von Finanzdienstleistungen im Binnenmarkt nach Möglichkeit außergerichtlich beigelegt werden sollen, um langwierige und kostspielige Gerichtsverfahren zu vermeiden. Das Netzwerk - kurz FIN-NET genannt - soll insbesondere die Lösung solcher Fälle erleichtern, bei denen der Diensteanbieter in einem anderen Mitgliedstaat als dem Wohnsitzland des Verbrauchers niedergelassen ist. Vgl. http://europa.eu.int/comm/internal_market/en/finances/consumer/mou-de.pdf (Stand 25.8.2002). Eine Zusammenstellung weiterer „ADR-Resources" und „Online Dispute Resolution Administrative Organizations" findet sich als Anhang zu *Fagan*, Overcoming Impass: Are there limits to online mediation?", Beitrag im Rahmen der von der WIPO veranstalteten „International Conference on Dispute Resolution in Electronic Commerce" in Genf am 6./7. November 2000, ARB/ECOM/00/15; http://arbiter.wipo.int/events/conferences/2000/presentations/fagan.html (Stand 25.8.2002).

212 Im November 2000 fand in Genf die „WIPO Conference on Dispute Resolution in Electronic Commerce" statt, auf der – nicht zuletzt unter dem Eindruck des sehr erfolgreichen Streitschlichtungsverfahrens der WIPO zu den Domain-Name Streitigkeiten – die Möglichkeiten und Grenzen einer Online-Schiedsgerichtsbarkeit für den elektronischen Handel diskutiert wurden. Die Beteiligten waren sich einig, daß die Etablierung einer Online-Schiedsgerichtsbarkeit wesentliche Voraussetzung für einen florierenden elektronischen Handel ist. Vgl. stellvertretend *Slate*, Challenges and Opportunities for Dispute Resolutuion in the Era of Electronic Commerce, Beitrag im Rahmen der von der WIPO veranstalteten „International Conference on Dispute Resolution in Electronic Commerce" in Genf am 6./7. November 2000, ARB/ECOM/00/7; http://arbiter.wipo.int/events/conferences/2000/presentations/slate.html (Stand 25.8.2002).

213 „Internet Corporation for Assigned Names and Numbers" (ICANN). Die Verfahrensregeln finden sich im Internet unter http://www.icann.org/udrp/udrp-rules-24oct99.htm (Stand 25.8.2002).

als Modell für weitere alternative Streitschlichtungsmechanismen im Internet dienen.[215]

b) *Perspektiven einer autonomen Internet-Rechtsordnung*

Trotz all dieser Ansätze bleiben die Perspektiven einer autonomen Internet-Rechtsordnung, die sich nach dem Muster der *lex mercatoria* ohne hoheitliche Beteiligung entwickeln soll, fraglich. Denn sobald man den Anwendungsbereich der *lex mercatoria* dem einer - wie auch immer gearteten - *lex internet* gegenüberstellt, wird deutlich, daß ein solches „Cyberlaw" eine Reihe von spezifischen Problemen aufweist, die den Vergleich mit der *lex mercatoria* hinken lassen. Entscheidender Unterschied ist, daß es bei der *lex mercatoria* im wesentlichen um die vertragliche Gestaltung der Austauschbeziehungen international agierender Unternehmen geht. Ihre Geltung beschränkt sich also auf ein Gebiet, wo das staatliche Schutzinteresse gegenüber den Parteien nicht besonders ausgeprägt ist und die Privatautonomie entsprechend große Gestaltungsfreiheiten läßt. Der vorprogrammierte Konflikt der selbstgeschaffenen Normen des internationalen Handels mit den zwingenden Normen einer staatlichen Rechtsordnung bleibt aus.

Anders verhält es sich im Bereich des elektronischen Geschäftsverkehrs. Durch die Öffnung des Internets für die kommerzielle Nutzung ist die Zutrittsschwelle zu den ausländischen Märkten enorm gesunken: Nicht mehr nur die großen internationalen Unternehmen beherrschen den grenzüberschreitenden Handel, kleine und mittelständische Unternehmen und Verbraucher nehmen inzwischen ebenso daran teil.[216] Auch wenn der ökonomische Schwerpunkt im sogenannten „Business-to-Business"-Bereich

---

214 Vgl. *Renck*, WIPO Arbitration and Mediation Center, MMR 2000, 586 sowie *Pfeiffer*, Cyberwar gegen Cybersquatter, GRUR 2001, 92ff.

215 *Bernstein*, Domain Name Dispute Resolution: A Model for the Future, Beitrag im Rahmen der „WIPO International Conference on Dispute Resolution and Electronic Commerce" in Genf am 6./7. Nov. 2000, ARB/ECOM/00/22; http://arbiter.wipo.int/events/conferences/2000/presentations/bernstein/doc.html (Stand 25.8.2002).

216 *Perritt*, Hybrid International Institutions for Regulating Electronic Commerce and Political Discourse on the Internet, MMR Beilage 7/2000, 1; *Calliess*, Globale Kommunikation - staatenloses Recht, ARSP Beiheft 79 (2001) 61, 64; Vgl. auch *Diedrich*, Internationales Einheitsrecht - Internationalisierung der Rechtswissenschaft?, in: Vernetzte Welt - globales Recht, S. 45, 49: „[...] das Internet hat die Informationsgesellschaft auf eine neue

nomische Schwerpunkt im sogenannten „Business-to-Business"-Bereich („B2B") liegt[217], ist es das sogenannte „Business-to-Consumer"-Geschäft („B2C"), durch das der elektronische Geschäftsverkehr in den vergangenen Jahren für soviel Furore gesorgt hat, das aber auch die staatlichen Regulierungsinteressen ungleich stärker berührt. Während der staatliche Rechtssetzungsvorbehalt bei der *lex mercatoria* nur in der rechtswissenschaftlichen Diskussion über ihre Anerkennung als autonome Rechtsordnung eine Rolle spielt, kommt er im Bereich des „B2C"-Geschäfts voll zum Tragen: Denn die Staaten erkennen die Privatautonomie nicht grenzenlos an, sondern behalten sich deren Einschränkung vor, wenn dies zur Gewährleistung eines angemessenen Interessenausgleichs zwischen den Parteien oder aus anderen übergeordneten öffentlichen Interessen erforderlich ist.[218] Dies gilt insbesondere für das Verbraucherschutzrecht, das schon als „Waterloo" der *lex mercatoria* bezeichnet wurde, bevor sich die ausländischen Märkte über das Internet für den Verbraucher geöffnet haben.[219] Jedenfalls im Bereich des „B2C" ist private Selbstregulierung daher nur in sehr beschränktem Umfang möglich. Die staatlichen Schutzinteressen führen hier zu einer so starken Rückkoppelung an die nationalen Rechtsordnungen, daß der Gedanke eines au-

---

Ebene katapultiert, auf der der Verbraucher ebenso alltäglich und leicht internationale Kaufverträge über komplexe Industriegüter (z.B. Software) wie nebenan beim Bäcker Brötchen kauft."

217 Beim „B2B"-Geschäft nutzen die Unternehmen die elektronische Plattform dazu, die Effizienz ihrer Austauschbeziehungen durch die Bündelung der Nachfragemacht zu steigern. Es wird davon ausgegangen, daß die „B2B"-Umsätze in Deutschland bis 2004 voraussichtlich auf ca. 850 Mrd. Mark ansteigen. Die Prognosen für das „B2C"-Geschäft bleiben mit 150 Mrd. Mark Umsatz weit dahinter zurück. Vgl. *Gassner*, Internet-Handelsplattformen im Spiegel des Kartellrechts, MMR 2001, 140. Zu den kartellrechtlichen Problemen, die mit dem „B2B"-Geschäft verbunden sind, vgl. *Gassner*, Internet-Handelsplattformen im Spiegel des Kartellrechts, MMR 2001, 140ff; *Immenga/Lange*, Elektronische Marktplätze: Wettbewerbsbeschränkende Verhaltensweisen im Internet?, RIW 2000, 733ff; *Jestaedt*, Funktionalität, Effizienz und Wettbewerb: B2B-Marktplätze und das Kartellrecht, BB 2001, 581ff; *Köhler*, Gründung und Nutzung von Internet-Marketplaces - die Rahmenbedingungen des deutschen und europäischen Kartellrechts, K&R 2000, 571ff sowie *Lange*, Unternehmenskooperationen im Internet und EG-Kartellrecht, EWS 2000, 291ff.

218 *Blaurock*, Übernationales Recht des Internationalen Handels, ZEuP 1993, 247, 262.

219 *Karnell*, Will the Consumer Law Field be the Waterloo of the New Lex mercatoria?, SvenskJT 1981, 427ff. Ähnlich *Juenger*, Lex mercatoria und Eingriffsnormen, in.: Festschrift für Rittner, 233, 249.

tonomen, neben den staatlichen Rechten bestehenden „Cyberlaws" schon aus diesem Grunde völlig unrealistisch ist.[220]

Hinzu kommt, daß sich eine *lex internet* anders als ihr Vorbild nicht auf das Vertragsrecht beschränken würde, sondern gemäß ihrem Anspruch, staatliche Regulierung umfassend aus dem Netz zu verdrängen, auch Überschneidungen zum außervertraglichen Bereich aufweisen würde. Die Geltung eines „Cyberlaws" ließe sich bei Rechtsverletzungen im außervertraglichen Bereich zwar möglicherweise durch eine in den Providerverträgen verankerte Rechtswahl begründen[221]; auch eine nachträgliche Vereinbarung innerhalb einer Schiedsabrede ist denkbar[222]. Doch auch bei der Rechtswahl gilt, daß der „Flucht aus den Fesseln staatlichen Rechts" dort Grenzen gesetzt sind, wo zwingende staatliche Vorschriften den Schutz bestimmter Allgemeininteressen gewährleisten sollen.[223]

Deshalb bleibt es dabei: Der Staat wird seine Rolle als Gestalter der rechtlichen Rahmenbedingungen auch im Internet behalten. So faszinierend der Gedanke einer autonomen, neben den staatlichen Rechten bestehenden Rechtsordnung auch sein mag – für das Internet wird er sich nicht durchset-

---

220 So im Ergebnis auch *Osthaus*, Die Renaissance des Privatrechts im Cyberspace, AfP 2001, 13, 16; *Mankowski*, Wider ein transnationales Cyberlaw, AfP 1999, 138, 139; *Diedrich*, Internationales Einheitsrecht – Internationalisierung der Rechtswissenschaft?, in: Vernetzte Welt – Globales Recht, S. 45, 54; *Kilian*, Verkehrsregeln für Datenautobahnen?, in: Festschrift für Pieper, S. 263, 274f; *Schack*, Internationale Urheber-, Marken- und Wettbewerbsrechtsverletzungen im Internet, MMR 2000, 59, 60.

221 Vorgeschlagen wird, den Zugang zum Internet oder zu einer bestimmten Internet-Seite von der Zustimmung zu der Geltung bestimmter Regeln nichtnationalen Ursprungs abhängig zu machen; vgl. *Burnstein*, A Global Network in a Compartmentalised Legal Environment, in: Boele-Woelki/Kessedjian, Which Court Decides? Which Law Applies?, S. 23, 31f; ähnlich auch *Jung*, Rechtsfragen der Online-Schiedsgerichtsbarkeit, K&R 1999, 61, 65. Skeptisch: *Osthaus*, Die Renaissance des Privatrechts im Cyberspace, AfP 2001, 13, 16.

222 *Mankowski*, Wider ein transnationales Cyberlaw, AfP 99, 138, 139.

223 So zum Beispiel im Wettbewerbsrecht. Hier vertritt die herrschende Meinung, daß der Schutzzweck des Gesetzes, der auch die an dem konkreten Rechtsverhältnis nicht beteiligten Interessen der Verbraucher und der Allgemeinheit erfaßt, einer Abwahl der an sich einschlägigen Rechtsordnungen durch die Parteien entgegensteht. Vgl. *Reichert-Facilides*, Parteiautonomie im Internationalen Privatrecht des unlauteren Wettbewerbsrechts?, in: Festschrift für Hartmann, S. 205ff sowie Staudinger-*Fezer*, Internationales Wirtschaftsrecht, Rn. 470 – jeweils m.w.N.

zen lassen. Die staatlichen Regulierungsinteressen sind besonders im Bereich des „B2C" zu präsent, als daß sich ein der *lex mercatoria* entsprechendes, außerhalb des staatlichen Einflusses stehendes „Off Shore"-Recht[224] entwickeln könnte. Staatlich gesetztes Recht ist und bleibt der Maßstab, an dem sich internet-bezogene Sachverhalte werden messen lassen müssen. Auch im Zeitalter der Informationsgesellschaft hat der Staat für den Schutz der Rechtsgüter zu sorgen, für die ihm durch die Verfassung eine Verantwortung aufgegeben worden ist.[225] Wo es zum Schutz der ihm anvertrauten Rechtsgüter erforderlich ist, wird er autonome Regulierung durch zwingendes staatliches Recht in ihre Grenzen weisen.

4. *Selbstregulierung im Rahmen staatlichen Rechts*

Allerdings gilt es zu berücksichtigen, daß nationale Regulierungsbestrebungen angesichts der im Internet zu beobachtenden „Entgrenzungserscheinungen" für sich allein nur begrenzt effektiv sind.[226] Das weltweite, dezentral organisierte Netz macht es den Normadressaten einfacher denn je, sich dem Zugriff einer nationalen Rechtsordnung zu entziehen.[227] Die nationale Rechtsordnung wird somit nur in dem Maße erfolgreich sein können, in dem sie nicht die Abwanderung der Normadressaten in andere Rechtsordnungen fördert. Sie wird international koordiniert sein müssen, und sie wird vor allem auch die bestehenden und sich weiter entwickelnden Selbstregulierungsmechanismen stärker zu berücksichtigen haben. Nur durch eine Abstimmung der Regulierungsziele mit anderen nationalen und supranationalen, staatlichen und privaten Akteuren wird es gelingen, adäquate rechtlichen Rahmenbedingungen für das Internet zu gewährleisten.[228]

---

224 Diese Bezeichnung findet sich bei *Blaurock,* Übernationales Recht des Internationalen Handels, ZEuP 1993, 247, 262.

225 *Schoch,* Öffentlich-rechtliche Rahmenbedingungen einer Informationsordnung, in: Der Grundrechtseingriff, S. 160, 212.

226 *Schoch,* Öffentlich-rechtliche Rahmenbedingungen einer Informationsordnung, in: Der Grundrechtseingriff, S. 160, 181 (dort auch das Zitat).

227 *Roßnagel,* Globale Datennetze: Ohnmacht des Staates - Selbstschutz der Bürger, ZRP 1997, 26, 27 („In der Netzwelt wird sich der demokratische Rechtsstaat an Ohnmachtserfahrungen gewöhnen müssen").

228 *Trute,* Öffentlich-rechtliche Rahmenbedingungen einer Informationsordnung, in: Der Grundrechtseingriff, S. 216, 248; *Brömmelmeyer,* Internet Governance: Recht als Steue-

Staatlich und privat gesetztes Recht sollten deshalb nicht als Alternative gesehen, sondern in Wechselwirkung gesetzt werden. Erstrebenswert ist die Nutzung und Stärkung der Selbstregulierungsmechanismen im Rahmen der staatlichen Rechtsordnungen.[229] Durch eine - angesichts der Globalität des Mediums möglichst international abgestimmte - Konzentration der staatlichen Regulierungsbestrebungen auf bestimmte Mindestschutzniveaus könnten Freiräume für die Selbstregulierung geöffnet und die damit verknüpften Vorteile genutzt werden, ohne daß dadurch der hoheitliche Regulierungsanspruch verlorenginge.[230] Dem Subsidiaritätsgrundsatz entsprechend würde es sich vielmehr um eine sachlich angemessene Zurückhaltung handeln, die dort enden und zum Wiederaufleben des staatlichen Regulierungsanspruchs führen würde, wo die Voraussetzungen für die Gewährung der Regulierungsfreiräume durch die privaten Akteure mißachtet werden.[231]

---

rungsinstrument für ein globales Kommunikationsforum, ARSP 79 (2001) 81, 95; *Boehme-Neßler*, Europäisches Internetrecht, EWS 2001, 149.

229 Ein in diese Richtung zielender Ansatz ist das von *Henry H. Perritt* vorgeschlagene Konzept einer hybriden Regulierung aus international-staatlicher Rahmen-Rechtsordnung und privaten Detail-Rechtsordnungen. Vgl. *Perritt*, Hybrid International Institutions for Regulating Electronic commerce and Political Discourse on the Internet, MMR-Beilage 7/2000, 1ff. Das von ihm favorisierte „safe-harbor"-Konzept findet sich bereits im US-amerikanischen Urheber- und Datenschutzrecht: Der „Digital Millenium Copyright Act" (Public Law 105-304 vom 28.10.1998, http://frwebgate.access.gpo.gov/cgi-bin/getdoc.cgi?dbname=105_cong_bills&docid=f:h2281enr.txt.pdf (Stand 25.8.2002) schließt urheberrechtliche Schadensersatzansprüche gegen Internet Service Provider in bestimmten Leistungssegmenten aus. Ein Provider, der einen „safe harbor" urheberrechtlicher Immunität für sich beansprucht, muß seinerseits allerdings Kunden bei wiederholter Urheberrechtsverletzung ausschließen und technische Maßnahmen unterstützen, mit deren Hilfe Urheberrechtsverletzungen aufgespürt werden können. Vgl. auch *Brömmelmeyer*, Internet Governance: Recht als Steuerungsinstrument für ein globales Kommunikationsforum, ARSP Beiheft 79 (2001) 81, 92ff, der den Gedanken von *Perritt* aufgreift und weiterentwickelt. Ähnlich auch *Goldsmith*, Against Cyberanarchy, U. Chicago L. Rev. 65 (1998) 1199, 1245. Allgemein zum Zusammenspiel von staatlichem und privatem Recht bei der Rechtsetzung: *Kirchner*, in: Handbuch der Wirtschaftsethik, Bd. 2, S. 177f.

230 *Perritt*, Hybrid International Institutions for Regulating Electronic commerce and Political Discourse on the Internet, MMR-Beilage 7/2000, 1f. Vgl. auch *Calliess*, Globale Kommunikation - staatenloses Recht, ARSP Beiheft 79 (2001) 61, 77, 78 („normatives Konzept der Steuerung von Selbststeuerung").

231 Konsequenterweise geht *Perritt* (Fn. 229) insofern von der Vorhaltung eines „back up enforcement" durch staatliches Recht aus.

In der E-Commerce-Richtlinie finden sich erste Ansätze, ein solches „Duales System"[232] auf der europäischen Ebene umzusetzen: In den Vorschriften aus dem Umsetzungskapitel der Richtlinie werden Verbände und Organisationen zur Aufstellung von Verhaltenskodizes unter Einbeziehung der Verbraucherverbände und -organisationen ermutigt.[233] Gleichzeitig wird darauf gedrängt, daß bei den Einrichtungen zur außergerichtlichen Streitbeilegung vor allem in Fragen des Verbraucherrechts so vorgegangen wird, daß angemessene Verfahrensgarantien für die Beteiligten gegeben sind.[234] Denn nur wenn bestimmte materiell-rechtliche und prozessuale Mindeststandards gewährleistet sind, ist es realistisch, daß der Staat seinen Regelungsanspruch im Hinblick auf private Regelungssysteme zurücknimmt und dadurch einen begrenzten, staatlich nicht kontrollierten Handlungsspielraum eröffnet, auf den Internetnutzer zumindest alternativ zurückgreifen können.[235]

III. Ergebnis

„Welcome Internet - goodbye, conflicts law?"[236] - Die Antwort lautet nein. Der Ruf nach einer *lex internet* hilft nicht, sich der kollisionsrechtlichen Problematik im Internet zu entledigen. Auch im Zeitalter der Informationsgesellschaft wird der Staat die maßgeblichen rechtlichen Rahmenbedingungen setzen. Die technischen und wirtschaftlichen Entwicklungen stellen ihn nicht von der Aufgabe frei, weiterhin für den Schutz der Rechtsgüter zu sorgen, für die ihm durch die Verfassung eine Verantwortung aufgegeben worden ist. Die Zukunft der Selbstregulierung wird daher im Rahmen des staatlich gesetzten Rechts liegen; an Stelle des staatlichen Rechts wird die *lex internet* dagegen nicht treten. Die Grenzenlosigkeit des Internets wird die staatlichen Akteure zwar zu einer Abstimmung der Regulierungsziele mit anderen staatlichen und nichtstaatlichen Akteuren zwingen; solange und soweit die

---

232 *Brömmelmeyer*, Internet Governance: Recht als Steuerungsinstrument für ein globales Kommunikationsforum, ARSP Beiheft 79 (2001) 81, 92ff.

233 Art. 16 Abs. 1 der E-Commerce-Richtlinie.

234 Art. 16 Abs. 2 der E-Commerce-Richtlinie.

235 *Brömmelmeyer*, Internet Governance: Recht als Steuerungsinstrument für ein globales Kommunikationsforum, ARSP Beiheft 79 (2001) 81, 94.

236 *Mankowski*, Das Internet im Internationalen Vertrags- und Deliktsrecht, RabelsZ 63 (1999) 203, 207.

nationalen Rechtsordnungen den rechtlichen Rahmen des Internets bilden, wird die Koordinierung der staatlichen Regulierungsinteressen aber die Aufgabe des Kollisionsrechts bleiben.

B. DER GRUNDSATZ DER MARKTORTANKNÜPFUNG UND SEINE GELTUNG IM EUROPÄISCHEN RECHTSRAUM

Das Internationale Privatrecht ist - anders als sein Name es vermuten läßt - weitgehend nationales Recht. Jede nationale Rechtsordnung bestimmt, wann sie zur Anwendung gelangt und wann sie ausländischen Rechtsordnungen Raum gibt. Anderes gilt nur dann, wenn die Unterschiede des nationalen Rechts durch internationale Rechtsvereinheitlichung behoben worden sind und sich die kollisionsrechtliche Fragestellung dadurch auf die Koordinierung der vom Einheitsrecht nicht erfaßten Bereiche verlagert, oder aber das Kollisionsrecht selbst zum Gegenstand internationaler Rechtsvereinheitlichung wird. Letzteres ist in den vergangenen Jahren vor allem auf der europäischen Ebene in den Vordergrund gerückt.[237] Bisher konzentrierte man sich dabei jedoch im wesentlichen auf Regelungsbereiche des Zivilverfahrensrechts[238] und des Schuldvertragsrechts[239]. Die Bestimmung des auf außervertragliche Schuldverhältnisse anwendbaren Rechts liegt - abgesehen von einigen wenigen Spezialfragen - nach wie vor in der Hand der nationalen Rechtsordnungen.[240] Das gilt insbesondere auch für das Internationale Wettbewerbsrecht.

---

[237] Vgl. *Taupitz*, Privatrechtsvereinheitlichung durch die EG: Sachrechts- oder Kollisionsrechtsvereinheitlichung?, JZ 1993, 533ff; *ders.*, Europäische Privatrechtsvereinheitlichung heute und morgen, S. 60f; *Kohler*, Einheit, Vielheit und Relativität im Kollisionsrecht der EG-Mitgliedstaaten, IPRax 1992, 277ff; *Roth*, Angleichung des IPR durch sekundäres Gemeinschaftsrecht, IPRax 1994, 165.

[238] Brüsseler Übereinkommen über die gerichtliche Zuständigkeit und die Vollstreckung gerichtlicher Entscheidungen in Zivil- und Handelssachen vom 27.9.1968 i.d.F. des 3. Beitrittsübereinkommens vom 26.5.1989, BGBl. 1994 II, S. 519.

[239] Römisches Übereinkommen über das auf vertragliche Schuldverhältnisse anzuwendende Recht vom 19. Juni 1980, BGBl. 1986 II, S. 810.

[240] Der aus dem Jahr 1972 stammende Vorentwurf des Rom-Abkommens erfaßte noch sowohl das auf vertragliche als auch auf außervertragliche Schuldverhältnisse anwendbare Recht. Dieser Entwurf konnte sich allerdings - was das außervertragliche Recht anbelangt - nicht durchsetzen.

Im nationalen Recht werden grenzüberschreitende Wettbewerbsverstöße grundsätzlich als unerlaubte Handlungen qualifiziert; nur wenige Länder kennen eine besondere Wettbewerbskollisionsnorm.[241] Doch läßt die sachrechtliche Entwicklung des Lauterkeitsrechts zu einem modernen Marktordnungsrecht das Kollisionsrecht nicht unberührt.[242] Auch als Anknüpfungspunkt kommt dem Marktort als Ort der wettbewerblichen Interessenkollision zunehmende Bedeutung zu, und zwar sowohl auf der nationalen, als auch auf der europäischen Ebene.[243]

I. Die nationale Ebene

1. *Wettbewerbsspezifische Anknüpfung*

Bisher haben nur die Schweiz, Österreich, Spanien und die Niederlande spezielle Anknüpfungsvorschriften für unlauteren Wettbewerb geschaffen. Alle vier Rechtsordnungen haben sich dabei für den Marktort als Anknüpfungspunkt entschieden: So bestimmt § 48 Abs. 2 des österreichischen IPRG[244], daß Ansprüche aus dem unlauteren Wettbewerb nach dem Recht des Staates zu beurteilen sind, auf dessen Markt sich der Wettbewerb auswirkt. Ähnlich lautet die Formulierung des Art. 136 Abs. 1 des schweizerischen IPRG[245], wonach Ansprüche aus Wettbewerbsbehinderung dem Recht des Staates unterstehen, auf dessen Markt die unlautere Handlung ihre Wirkung entfaltet. Das spanische Recht enthält in Art. 4 *ley de competencia desleal*[246] eine einseitige Kollisionsnorm, der zufolge das Gesetz über unlauteren

---

241 *Dethloff*, Europäisierung des Wettbewerbsrechts, S. 59.

242 Zur Entwicklung nationaler Wettbewerbsrechte zu einem eigenständigen Marktordnungsrechts siehe oben Seite 18.

243 So auch *Duintjer-Tebbens*, Les conflits de lois en matières de publicité déloyale à l'épreuve du droit communautaire, RCDIP 83 (1994) 451, 457.

244 Bundesgesetz vom 15.6.1978 über das Internationale Privatrecht (IPR-Gesetz). Zu der vor Inkrafttreten des § 48 Abs. 2 IPRG geltenden Rechtslage vgl. stellvertretend *Wiltschek*, Die Beurteilung grenzüberschreitender Werbe- und Absatztätigkeit nach österreichischem Wettbewerbsrecht. GRUR Int. 1988, 299, 299f.

245 Bundesgesetz über das Internationale Privatrecht (IPR-Gesetz) vom 18.12.1987, in Kraft getreten am 1.1.1989. Zur Rechtslage in der Schweiz vor Inkrafttreten dieses Gesetzes: *Baudenbacher*, Die wettbewerbsrechtliche Beurteilung grenzüberschreitender Werbe- und Absatztätigkeit nach schweizerischem Recht, GRUR 1988, 310, 315f.

246 Ley 3/1991, B.O.E. N° 10 vom 11.1.1991.

Wettbewerb auf unlautere Wettbewerbshandlungen anwendbar ist, die wesentliche Auswirkungen auf den spanischen Markt haben oder haben können. Und auch in den Niederlanden gilt nach Art. 4 Abs. 1 des jüngst in Kraft getretenen *wet conflictenrecht onrechtmatige daad*[247], daß unlautere Wettbewerbshandlungen nach dem Recht desjenigen Staates zu beurteilen sind, auf dessen Gebiet die Wettbewerbshandlung das Marktgeschehen beeinflußt.

In Deutschland beruht die Anknüpfung wettbewerbsrechtlicher Sachverhalte dagegen nach wie vor auf den Grundsätzen, die der BGH seit Anfang der 60er Jahre unter maßgeblichem Einfluß der Literatur entwickelt hat.[248] Er brach damals mit einer jahrzehntelangen Rechtsprechung des Reichsgerichts, die das auf unlauteren Wettbewerb anzuwendende Recht nach Maßgabe der deliktischen *lex-loci*-Regel bestimmte. Wendepunkt war die sogenannte *Kindersaugflaschen*-Entscheidung.[249] Dieser Entscheidung lag die Klage eines amerikanischen Herstellers von Kindersaugflaschen gegen einen deutschen Nachahmer seiner Produkte zugrunde, der diese Saugflaschen zwar im Inland herstellte, jedoch ausschließlich im Ausland auf den Markt brachte. Entgegen seiner bisherigen Rechtsprechung gelangte der BGH zu dem Ergebnis, daß nicht deutsches Recht, sondern das Recht der ausländischen Märkte anzuwenden sei, auf denen das nachgeahmte Produkt mit dem des Klägers in Wettbewerb trete. Dabei gingen die Richter zwar nach wie vor von einer Anknüpfung an den Begehungsort aus, bestimmten den Begriff dann aber nach rein wettbewerbsspezifischen Gesichtspunkten:

> „Unlauterer Wettbewerb kann [...] in der Regel nur dort begangen werden, wo wettbewerbliche Interessen aufeinanderstoßen, denn nur an dem Ort

---

[247] Wet van 11 april 2001, houdende regeling van het conflictenrecht met betrekking to verbintenissen uit onrechtmatige daad (Wet conflictenrecht onrechtmatige daad), Staatsblad van het Koninkrijk der Nederlanden 2001, Nr. 190.

[248] Zur Rechtsentwicklung in Deutschland vgl. *Baumbach/Hefermehl*, Wettbewerbsrecht, Einl. UWG Rn. 175, 180f; *Wilde*, in: Gloy, Handbuch des Wettbewerbsrechts, § 6 Rn. 4ff; Staudinger-*von Hoffmann*, Art. 38 EGBGB, Rn. 507; UWGGroßKomm-*Schricker*, Einl. F 176ff; ausführlich: *Wirner*, Wettbewerbsrecht und Internationales Privatrecht, S. 51ff; *Weber*, Die kollisionsrechtliche Behandlung von Wettbewerbsverstößen mit Auslandsbezug, S. 35ff; *Vianello*, Das internationale Privatrecht des unlauteren Wettbewerbs in Deutschland und Italien, S. 157ff.

[249] BGH vom 30.6.1961, BGHZ 35, 329 – *Kindersaugflasche.*

der wettbewerblichen Interessenüberschneidung wird das Anliegen der Verhinderung unlauterer Wettbewerbshandlungen berührt."[250]

Zusammen mit der wenig später ergangenen *Stahlexport*-Entscheidung[251], die die Marktortanknüpfung um Regeln für die Anwendung des gemeinsamen Personalstatuts ergänzt[252], bestimmt die *Kindersaugflaschen*-Entscheidung noch heute die Anknüpfung im Internationalen Wettbewerbsrecht.[253] Sie war die notwendige kollisionsrechtliche Konsequenz aus der sachrechtlichen Emanzipation des Lauterkeitsrechts von seinen deliktsrechtlichen Wurzeln. Denn längst war anerkannt, daß das Lauterkeit nicht mehr nur dem (deliktsrechtlichen) Schutz individueller Konkurrenteninteressen dient, sondern darüber hinaus auch dem Schutz der Marktgegenseite einschließlich der Institution des Wettbewerbs als solcher.[254] Diese gegenüber dem allgemeinen Deliktsrecht „gleichsam überschießende materielle Zielsetzung" des Lauterkeitsrechts verlangte nach einer differenzierenden kollisionsrechtlichen Beurteilung des allgemeinen Deliktsrechts einerseits und des

---

250 BGH vom 30.6.1961, BGHZ 35, 329, 334 - *Kindersaugflasche.*

251 BGH vom 20.12.1963, BGHZ 40, 391 - *Stahlexport.*

252 Zur Anwendbarkeit des deutschen Rechts führt der BGH in dieser Entscheidung aus, daß bei Wettbewerb von Inländern auf ausländischen Märkten deutsches Recht anwendbar sei, wenn entweder auf diesem ausländischen Markt nur inländische Unternehmen tätig seien oder wenn sich eine Wettbewerbsmaßnahme eines inländischen Konkurrenten direkt und gezielt gegen einen deutschen Konkurrenten richtet (a.a.O. 397). Vgl. dazu: *Vianello,* Das internationale Privatrecht des unlauteren Wettbewerbs in Deutschland und Italien, S. 166ff m.w.N.

253 Vgl. BGH vom 23.10.1970, GRUR 1971, 153 - *Tampax,* BGH vom 13.5.1977, GRUR 1977, 672 - *Weltweit-Club;* BGH vom 9.5.1980, GRUR Int. 1980, 668 - *Asbest;* BGH vom 11.3.1982, GRUR 1982, 495 - *Domgarten-Brand;* BGH vom 14.7.1988, GRUR 1988, 916 - *PKW-Schleichbezug;* BGH vom 15.11.1990, WM 1991, 380 - *Gran-Canaria;* BGH vom 24.2.1994, GRUR 1994, 447 - *Sistierung von Aufträgen;* BGH vom 23.2.1995, NJW-RR 1995, 810 - *Kupplungsvorrichtungen;* BGH vom 26.11.1997, GRUR 1998, 419 - *Gewinnspiel im Ausland;* einen ausführlichen Überblick über die Entwicklung der BGH-Rechtsprechung seit der Kindersaugflaschenentscheidung findet sich bei: *Vianello,* Das internationale Privatrecht des unlauteren Wettbewerbs in Deutschland und Italien, S. 170ff; vgl. auch *Sack,* Die kollisions- und wettbewerbsrechtliche Beurteilung grenzüberschreitender Werbe- und Absatztätigkeit nach deutschem Recht, GRUR Int. 1988, 320, 322; Staudinger-*von Hoffmann,* Art. 38 EGBGB, 508; *Wilde,* in: Handbuch des Wettbewerbsrechts, § 6 Rn. 7ff; *Baumbach/Hefermehl,* Wettbewerbsrecht, Einl. UWG Rn. 184, UWGGroßKomm-*Schricker,* Einl. F 183ff.

254 Zum marktordnungsrechtlichen Charakter des Wettbewerbsrechts siehe oben Seite 18.

Lauterkeitsrechts andererseits.[255] Nur eine wettbewerbsspezifische Anknüpfung an den Marktort spiegelt die abweichende Interessenlage hinreichend wieder. Denn nur am Marktort kann sowohl die Chancengleichheit der Wettbewerber als auch die Interessen der Marktgegenseite angemessen gewährleistet werden.[256]

Zwischenzeitlich sah es danach aus, als wolle der Gesetzgeber die beabsichtigte Neuregelung des Internationalen Privatrechts für außervertragliche Schuldverhältnisse und Sachen dazu nutzen, die Markortregel gesetzlich zu fixieren. Der Referentenentwurf des Bundesjustizministers aus dem Jahr 1984[257] schlug für Ansprüche aus unlauterem Wettbewerb in Art. 40 Abs. 2 Nr. 2 EGBGB eine Anknüpfung an das Recht des Staates vor, auf dessen Markt die Wettbewerbsmaßnahme einwirkt. In dem am 1.6.1999 in Kraft getretenen Gesetz[258] tauchte eine eigenständige Regelung des Internationalen Wettbewerbsrecht jedoch nicht mehr auf. Statt dessen beschränkte man sich im Rahmen der Gesetzesbegründung auf den Hinweis, es sei sowohl über die Tatortregel selbst als auch über die Ausweichklausel des Art. 41 EGBGB ein hohes Maß an Flexibilität gegeben, daß auf eine gesetzliche Fixierung von Sonderanknüpfungen aus dem Bereich des außervertraglichen Schuldrechts verzichtet werden könne.[259] Daher wird in der Literatur nur die Frage disku-

[255] Staudinger-*Fezer*, Internationales Wirtschaftsrecht, Rn. 325 (dort auch das Zitat).

[256] Zu der der Anknüpfung an den Marktort zugrunde liegenden Interessenlage vgl. *Baumbach/Hefermehl*, Wettbewerbsrecht, Einl. UWG, Rn. 184; MünchKomm-*Kreuzer*, Art. 38, Rn. 234; *v. Bar*, Internationales Privatrecht, Bd. I, Rn. 695; *Lindacher*, Zum Internationalen Privatrecht des unlauteren Wettbewerbs, WRP 1996, 645, 646; *Kreuzer*, Wettbewerbsverstöße und Beeinträchtigung geschäftlicher Interessen, in: Vorschläge und Gutachten zur Reform des deutschen Internationalen Privatrechts der außervertraglichen Schuldverhältnisse, S. 232, 274ff; *Bornkamm*, Gerichtsstand und anwendbares Recht bei Kennzeichen- und Wettbewerbsverstößen im Internet, in: Neues Recht für Neue Medien, S. 99, 107 sowie *Martiny*, Die Anknüpfung an den Markt, in: Festschrift für Drobnig, S. 389, 396f .

[257] Abgedruckt im Rahmen der Stellungnahme des Max-Planck-Instituts für ausländisches und internationales Patent-, Urheber- und Wettbewerbsrecht zum Entwurf eines Gesetzes zur Ergänzung des internationalen Privatrechts (außervertragliche Schuldverhältnisse und Sachen), GRUR Int. 1985, S. 104, 105.

[258] Gesetz zum Internationalen Privatrecht für außervertragliche Schuldverhältnisse und Sachen vom 21.5.1999, BGBl. 1999 I, S. 1026.

[259] Vgl. die Begründung des Gesetzentwurf der Bundesregierung zum Internationalen Privatrecht für außervertragliche Schuldverhältnisse und für Sachen, BT-Drs. 14/343 vom 01.02.1999, S. 10.

tiert, in welche der genannten Vorschriften die Marktortregel einzugliedern ist. Die Meinungen sind geteilt und eine überzeugende Lösung schwer zu finden. Sowohl eine wettbewerbsspezifische Auslegung der Grundregel des Art. 40 EGBGB als auch die Herleitung über die Ausweichklausel des Art. 41 EGBGB stoßen auf Bedenken: Dem Weg über Art. 41 EGBGB läßt sich aus methodischer Sicht entgegenhalten, daß Ausweichklauseln nicht dazu dienen, eine von der Grundregel abweichende Sonderanknüpfung zu ermöglichen. Sie sollen nur eine Korrektur von Anknüpfungen im Einzelfall zulassen.[260] Aber auch eine korrigierende Auslegung des Art. 40 Abs. 1 EGBGB ist angesichts des Vorrangs der Handlungsortanknüpfung nicht unproblematisch[261], weil Handlungs- und Erfolgsort bei der Marktortanknüpfung zusammenfallen und sich die Marktortanknüpfung daher nicht sauber in die Systematik des Art. 40 EGBGB einfügen läßt.[262] Der Gesetzgeber hat die Frage wohl zu Recht offen gelassen.

2. *Allgemeine deliktsrechtliche Anknüpfung*

Während in Ländern wie Deutschland, Österreich, der Schweiz, Spanien und den Niederlanden die Marktortregel gilt[263], bleiben andere Rechtsord-

---

260 *Dethloff*, Europäisierung des Wettbewerbsrechts, S. 64; *Mankowski*, Internet und Internationales Wettbewerbsrecht, GRUR Int. 1999, 909, 910. A.A.: *Thünken*, Die EG-Richtlinie über den elektronischen Geschäftsverkehr und das IPR des unlauteren Wettbewerbs, IPRax 2001, 15, 16.

261 Vgl. Art. 40 Abs. 1 EGBGB:

> „Ansprüche aus unerlaubter Handlung unterliegen dem Recht des Staates, in dem der Ersatzpflichtige gehandelt hat. Der Verletzte kann verlangen, daß anstelle dieses Rechts das Recht des Staates angewandt wird, in dem der Erfolg eingetreten ist. Das Bestimmungsrecht kann nur im ersten Rechtszug bis zum Ende des frühen ersten Termins oder dem Ende des schriftlichen Vorverfahrens ausgeübt werden."

262 *Dethloff*, Europäisierung des Wettbewerbsrechts, S. 64; *Mankowski*, Internet und Internationales Wettbewerbsrecht, GRUR Int. 1999, 909, 910; *Sack*, Das Internationale Wettbewerbs- und Immaterialgüterrecht nach der EGBGB-Novelle, WRP 2000, 269, 270.

263 Die Geltung der Marktortregel wird auch für Dänemark behauptet. Vgl. *Bernhard*, Das Internationale Privatrecht des unlauteren Wettbewerbs in den Mitgliedstaaten der EG, S. 175 sowie *Schricker*, Recht der Werbung in Europa, Bd. 1, Rn. 110, jeweils unter Verweisung auf *Reinel*, Dänemark (Dokumentation der „Besonderheiten" des Wettbewerbsrechts in Europa), WRP 1990, 92, 97. Dort findet sich allerdings nur die nicht weiter belegte Aussage, daß bei der kollisionsrechtlichen Wertung die dänische Rechtsprechung

nungen - ihrer sachrechtlichen Ausrichtung entsprechend - auch kollisionsrechtlich eng mit dem Deliktsrecht verbunden. Insbesondere Frankreich und Italien, aber auch Großbritannien und Irland bestimmen den Tatort grenzüberschreitender Wettbewerbsverstöße nach deliktsrechtlichen Kriterien. Im Detail erfolgt die Anknüpfung unlauterer Wettbewerbshandlungen dabei uneinheitlich, mehr von pragmatischen als von dogmatischen Gesichtspunkten gesteuert.[264] Die Praxis scheint vor allem in Frankreich und Italien auf die kollisionsrechtliche Erörterung wenig Wert zu legen und läßt in der ganz überwiegenden Anzahl der Fälle die *lex fori* entscheiden.[265] Sofern aber eine Auseinandersetzung mit der kollisionsrechtlichen Problematik stattfindet, werden lauterkeitsrechtliche Sachverhalte in beiden Ländern nach der *lex-loci*-Regel angeknüpft.[266] Eine der deutschen Rechtsprechung vergleichbare wettbewerbsspezifische Bestimmung des Tatortes findet grundsätzlich nicht statt.[267]

---

eindeutig der auch im deutschen Wettbewerbs-IPR vorherrschenden Marktortregel folge.

264 Ein Überblick zu der in diesen Ländern herrschenden Anknüpfungspraxis findet sich bei *Bernhard*, Das Internationale Privatrecht des unlauteren Wettbewerbs in den Mitgliedstaaten der EG, S. 179ff (Frankreich), 212ff (Italien), 194ff (Großbritannien und Irland). Zum italienischen Recht vgl. auch *Vianello*, Das internationale Privatrecht des unlauteren Wettbewerbs in Deutschland und Italien, S. 196ff.

265 So die Einschätzung von *Hohloch*, Das Deliktsstatut, S. 113 zum französischen Recht; zu der vergleichbaren Situation in Italien vgl. *Vianello*, Das internationale Privatrecht des unlauteren Wettbewerbs in Deutschland und Italien, S. 209 Fn. 287.

266 In Frankreich ist die *lex-loci*-Regel noch immer ungeschriebenes Recht, hergeleitet aus Art. 3 Abs. 1 C.C. Vgl. *Bernhard*, Das Internationale Privatrecht des unlauteren Wettbewerbs in den Mitgliedstaaten der EG, S. 177. In Italien ist sie dagegen inzwischen gesetzlich verankert worden. Vgl. *Vianello*, Das internationale Privatrecht des unlauteren Wettbewerbs in Deutschland und Italien, S. 147.

267 Zur Rechtslage in Italien vgl. *Vianello*, Das internationale Privatrecht des unlauteren Wettbewerbs in Deutschland und Italien, S. 142ff, 196ff; zur Rechtslage in Frankreich: *Bernhard*, Das Internationale Privatrecht des unlauteren Wettbewerbs in den Mitgliedstaaten der EG, S. 180ff - jeweils m.w.N. Wenn in Einzelfällen wettbewerbsspezifische Gesichtspunkte zumindest mitherangezogen werden, dann nur unter Berücksichtigung der Interessen der Konkurrenten, da sowohl das französische als auch das italienische Lauterkeitsrecht den Wandel zum Marktrecht nicht vollzogen haben, sondern die Interessen der Verbraucher und der Allgemeinheit an einem funktionierenden Wettbewerb einer Reihe spezieller Einzelgesetze überlassen haben. Beispiele marktbezogener italienischer Rechtsprechung finden sich bei *Vianello*, Das internationale Privatrecht des unlauteren Wettbewerbs in Deutschland und Italien, S. 156, 209ff. Zur französischen Recht-

Großbritannien und Irland gingen lange Zeit einen von den kontinentaleuropäischen Anknüpfungsmaximen getrennten Weg: Im Ausland begangene Delikte wurden grundsätzlich nach englischem Recht beurteilt. Nach der sogenannten *rule of double actionability* konnten deliktsrechtliche Ansprüche jedoch nur dann erfolgreich geltend gemacht werden, wenn sie sowohl nach der *lex fori* als auch nach der *lex loci* begründet waren.[268] 1995 wurde diese Regel des *common law* durch eine Kodifizierung der Tatortregel ersetzt.[269] Ihr unterliegen fortan auch solche Ansprüche, die nach kontinentaleuropäischem Verständnis zum Wettbewerbsrecht zu zählen sind.[270]

II. Die europäische Ebene

1. *Entwurf einer Verordnung des Rates über das auf außervertragliche Schuldverhältnisse anwendbare Recht*

Auf der europäischen Ebene drängt man in letzter Zeit zunehmend auf die Angleichung der kollisionsrechtlichen Regeln für außervertragliche Schuldverhältnisse.[271] Nachdem sich der Vorentwurf eines Abkommens über das auf vertragliche und außervertragliche Schuldverhältnisse anwendbare

---

sprechung vgl. *Bernhard,* Das Internationale Privatrecht des unlauteren Wettbewerbs in den Mitgliedstaaten der EG, S. 180.

268 Diese Regel des *Common Law* wurde erstmals in der aus dem Jahr 1870 stammenden Entscheidung *Phillips v. Eyre,* L.R. 6 Q.B.1, S. 28f, formuliert. Näher: *North/Fawcett,* Cheshire and North's Private International Law, S. 609ff; *Hohloch,* Das Deliktsstatut, 66ff; *Bernhard,* Das Internationale Privatrecht des unlauteren Wettbewerbs in den Mitgliedstaaten der EG, S. 194ff.

269 Die Kodifizierung erfolgte durch „Part III of the International Private International Law (miscellaeous Provisions) Act 1995. Die Tatortregel findet sich in Section 11 (1):

> „The general rule is that the applicable law is the law of the country in which the events constituting the tort or delict in question occur."

Section 11 (2) regelt die Anknüpfung von Distanzdelikten:

> „Where elements of those events occur in different countries, the applicable law unter the general rule ist to be taken as being [...] the law of the country in which the most significant element or elements of those events occur."

270 *Fawcett/Torremans,* Intellectual Property and Private International Law, S. 683.

271 Vgl. die Entschließung des Rates vom 14.6.1996 zur Festlegung der Prioritäten für die Zusammenarbeit im Bereich Justiz und Inneres, ABl. EG Nr. C 319 vom 26.10.1996, S. 2. (dazu *Dethloff,* Europäisierung des Wettbewerbsrechts, S. 48f) sowie die Stellungnahme im Rahmen des Aktionsplans „Raum der Freiheit, der Sicherheit und des Rechts" (Teil II

auf vertragliche und außervertragliche Schuldverhältnisse anwendbare Recht von 1972 nicht hatte durchsetzen können[272] und es nur zu einer Vereinheitlichung des auf vertragliche Schuldverhältnisse anwendbaren Rechts kam[273], wird in Brüssel inzwischen über den Entwurf einer Verordnung des Rates über das auf außervertragliche Schuldverhältnisse anwendbare Recht verhandelt („Rom II").[274] Der Entwurf geht in seiner jetzigen Fassung auch auf das Lauterkeitsrecht ein: Der in Art. 3 Abs. 1 verankerte Grundsatz der engsten Verbindung[275] wird in Abs. 6 durch die Vermutung konkretisiert, daß in diesem Bereich die engste Verbindung zu demjenigen Staat besteht, in dem sich die schädigende Handlung auswirkt.[276] Es zeichnet sich also auch

---

– Prioritäten und Maßnahmen, Tz. 10), ABl. EG Nr. C 19 vom 23.1.1999, http://europa.eu.int/scadplus/leg/de/lvb/l33080.htm (Stand 25.8.2002).

272 Zum Scheitern des aus dem Jahr 1972 stammenden „Vorentwurf eines Abkommens über das auf vertragliche und außervertragliche Schuldverhältnisse anwendbare Recht" (abgedruckt in RabelsZ 38 (1974) 211) vgl. *Bernhard*, Das Internationale Privatrecht des unlauteren Wettbewerbs in den Mitgliedstaaten der EG, S. 135; *Overbeck/Volken*, Das Internationale Deliktsrecht im Vorentwurf der EWG, RabelsZ 38 (1974) 56ff; *Foyer*, L'avant- projet de Convention CEE sur la loi applicable aux obligations contractuelles et non-contractuelles, Clunet 1976, 55ff.

273 Römisches Übereinkommen über das auf vertragliche Schuldverhältnisse anzuwendende Recht vom 19. Juni 1980, BGBl. 1986 II, S. 810.

274 Entwurf einer Verordnung des Rates über das auf außervertragliche Schuldverhältnisse anwendbare Rechte vom 21.6.1999 (unveröffentlicht). Dazu *Vianello*, Das internationale Privatrecht des unlauteren Wettbewerbs in Deutschland und Italien, S. 67f; *Dethloff*, Europäisierung des Wettbewerbsrechts, S. 49f; *dies.*, Europäisches Kollisionsrecht des unlauteren Wettbewerbs, JZ 2000, 179, 180; *Wagner*, Ein neuer Anlauf zur Vereinheitlichung des IPR für außervertragliche Schuldverhältnisse, EuZW 1999, 709ff; *Tettenborn*, E-Commerce-Richtlinie: Politische Einigung in Brüssel erzielt, K&R 2000, 59, 60. Ein früherer Entwurf, der die Vereinheitlichung des auf außervertragliche Schuldverhältnisse anzuwendenden Rechts noch auf staatsvertraglicher Ebene vorsah und auf der Tagung für Internationales Privatrecht in Luxemburg vom 25.-27.9.1998 vorgelegt wurde, ist in IPRax 1999, 286-288 abgedruckt, vgl. dazu *Jayme*, Entwurf eines EU-Übereinkommens über das auf außervertragliche Schuldverhältnisse anwendbare Recht, IPRax 1998, 140; *ders.*, Entwurf eines EU-Übereinkommen über das auf außervertragliche Schuldverhältnisse anwendbare Recht, IPRax 1999, 298.

275 Art. 3 Abs. 1:

> „L'obligation non contractuelle dérivant d'un fait dommageable est régie par la loi du pays avec lequel elle présente les liens les plus étroits."

276 Art. 3 Abs. 6:

> „En cas de concurrence déloyale ou de pratique commerciale restrictive, le dommage est présumé survenir dans le pays où le fait dommageable produit ses effets."

auf der europäischen Ebene die Durchsetzung einer wettbewerbsspezifische Anknüpfung an den Marktort ab. Der zeitliche Rahmen ist allerdings unklar und hängt vom Erfolg der noch laufenden Beratungen über den Verordnungsentwurf ab. Doch die Einführung der Gemeinschaftskompetenz für das Internationale Privat- und Verfahrensrecht in Art. 65 EGV[277] und die Annäherung der englischen Position an das kontinentaleuropäische Kollisionsrecht[278] dürfte die Erfolgsaussichten gegenüber dem 1972 gescheiterten Versuch gesteigert haben.[279]

2. *Richtlinien*

Die Angleichung mitgliedstaatlicher Kollisionsrechte durch Richtlinien ist eher die Ausnahme.[280] Bei der Herausbildung eines europäischen Wettbewerbskollisionsrechts spielen sie aufgrund ihres bereichsspezifischen Ansatzes grundsätzlich nur eine untergeordnete Rolle. In der Regel bestätigen die Richtlinien aber, soweit sie kollisionsrechtlich signifikant sind, die kollisionsrechtliche Maßgeblichkeit des Marktortes. So verweist eine Reihe von Richtlinien hinsichtlich der Werbung für Dienstleistungen auf das Recht des „Werbestaates".[281] Dies gilt zum Beispiel für die Dienstleistungsrichtlinie für

---

277 Vgl. dazu *Jayme/Kohler*, Europäisches Kollisionsrecht 1997 - Vergemeinschaftung durch „Säulenwechsel"?, IPRax 1997, 385ff; *dies.*, Europäisches Kollisionsrecht 1999 - Die Abendstunde der Staatsverträge, IPRax 1999, 401f; *Sandrock*, Neue Herausforderungen an das Internationale Wirtschaftsrecht, ZVglRWiss 98 (1999) 227, 242ff; *Deckert/Lilienthal*, Die Rechtssetzungskompetenzen der EG im Privatrecht, EWS 1999, 121, 132f; *Schack*, Die EG-Kommission auf dem Holzweg von Amsterdam, ZEuP 1999, 805ff.

278 Der Beitritt Großbritanniens hatte wesentlich zum Scheitern des Vorentwurfs eines Abkommens über das auf vertragliche und außervertragliche Schuldverhältnisse anwendbare Recht von 1972 geführt. Vgl. *Bernhard*, Das Internationale Privatrecht des unlauteren Wettbewerbs in den Mitgliedstaaten der EG, S. 135 m.w.N.

279 *Wagner*, Ein neuer Anlauf zur Vereinheitlichung des IPR auf außervertragliche Schuldverhältnisse und für Sachen, EuZW 1999, 709, 710.

280 In erster Linie geht es bei den in Richtlinien enthaltenen Kollisionsvorschriften darum, den Anwendungsbereich angeglichenen Sachrechts zu bestimmen. Vgl. *Sonnenberger*, Europarecht und Internationales Privatrecht, ZVglRWiss 95 (1996) 3, 32; *Kreuzer*, Die Europäisierung des internationalen Privatrechts, in: Gemeinsames Privatrecht in der Europäischen Gemeinschaft, S. 429f.

281 Vgl. Staudinger-*Fezer*, Internationales Wirtschaftsrecht, Rn. 341; *Roth*, Angleichung des IPR durch sekundäres Gemeinschaftsrecht, IPRax 1994, 165, 170f; *Basedow*, Materielle

Rechtsanwälte, nach deren Art. 4 Abs. 4 das Recht des Aufnahmestaates für beachtlich erklärt wird.[282] Auch Art. 21 Abs. 11 der Zweiten Bankenrichtlinie[283] stellt für die Werbetätigkeit auf den Ort der Markttransaktion bzw. den Ort der Dienstleistung ab. Nach Art. 41 der Dritten Richtlinie Schadensversicherung[284] und der Dritten Richtlinie Lebensversicherung[285] gelten für Form und Inhalt der Werbung die aus Gründen des Allgemeinwohls gerechtfertigten Bestimmungen des Mitgliedstaates der Zweigniederlassung bzw. der Dienstleistung. Art. 44 Abs. 2 der Richtlinie betreffend bestimmte Organismen für gemeinsame Anlagen in Wertpapieren (OGAW)[286] räumt einem OGAW schließlich zwar das Recht ein, im Vertriebsstaat Werbung zu betreiben, bestimmt aber ebenfalls, daß er die hierfür in diesem Staat geltenden Bestimmungen zu beachten habe.

Besonderheiten weisen allein die medienbezogenen Richtlinien auf: Nach Art. 2 Abs. 1 der Fernsehrichtlinie[287] hat jeder Mitgliedstaat dafür zu sorgen,

---

Rechtsangleichung und Kollisionsrecht, in: Internationales Verbraucherschutzrecht, S. 11, 26f; *Dethloff*, Europäisierung des Wettbewerbsrechts, S. 57.

282 Richtlinie 77/249/EWG des Rates vom 22. März 1977 zur Erleichterung der tatsächlichen Ausübung des freien Dienstleistungsverkehrs der Rechtsanwälte, ABl. EG Nr. 78 vom 26.3.1977, S. 17.

283 Richtlinie 89/646/EWG des Rates vom 15. Dezember 1989 zur Koordinierung der Rechts- und Verwaltungsvorschriften über die Aufnahme und Ausübung der Kreditinstitute und zur Änderung der Richtlinie 77/780/EWG, ABl. EG vom 30.12.1989, Nr. L 386, S. 1.

284 Richtlinie 92/49/EWG des Rates vom 18. Juni 1992 zur Koordinierung der Rechts- und Verwaltungsvorschriften für die Direktversicherung (mit Ausnahme der Lebensversicherung) sowie zur Änderung der Richtlinien 73/239/EWG und 88/357/EWG (Dritte Richtlinie Schadenversicherung), ABl. EG vom 11.08.1992, Nr. L 228, S. 1.

285 Richtlinie 92/96/EWG des Rates vom 10.11.1992 zur Koordinierung der Rechts- und Verwaltungsvorschriften für die Direktversicherung (Lebensversicherung) sowie zur Änderung der Richtlinie 79/267/EWG und 90/619/EWG (Dritte Richtlinie Schadensversicherung), ABl. EG vom 9.12.1992, Nr. L 360, S. 1.

286 Richtlinie 85/611/EWG des Rates vom 20. Dezember 1985 zur Koordinierung der Rechts- und Verwaltungsvorschriften betreffend bestimmte Organismen für gemeinsame Anlagen in Wertpapieren (OGAW), ABl. EG vom 31.12.1985, S. 3.

287 Richtlinie 89/552/EWG des Rates vom 3. Oktober 1989 zur Koordinierung bestimmter Rechts- und Verwaltungsvorschriften der Mitgliedstaaten über die Ausübung der Fernsehtätigkeit, ABl. EG vom 17.10.1989, Nr. L 298, S. 23ff; Richtlinie 97/36/EG des Europäischen Parlaments und des Rates zur Koordinierung bestimmter Rechts- und Verwaltungsvorschriften der Mitgliedstaaten über die Ausübung von Fernsehtätigkeit, ABl. EG vom 30.7.1997, Nr. L 202, S. 60.

daß die von seinem Hoheitsgebiet ausgehenden Fernsehsendungen dem Recht entsprechen, das auf Sendungen für die Allgemeinheit anwendbar ist. Andere Mitgliedstaaten dürfen die Weiterverbreitung von Sendungen nicht aus Gründen behindern, die in die von der Richtlinie erfaßten Bereiche fallen (Art. 2a Abs. 1 Fernsehrichtlinie).[288] Der alleinigen Kontrolle im Sendestaat unterliegen damit insbesondere das Gebot der Erkennbarkeit der Werbung und ihrer Trennung vom Programm einschließlich des Verbots der Schleichwerbung (Art. 10 Fernsehrichtlinie), Regelungen zum Sponsoring (Art. 17 Fernsehrichtlinie) und ein allgemeines Verbot von Werbung, die gegen grundlegende Rechtsgüter verstößt (Art. 12 Fernsehrichtlinie). Allgemeine nationale Lauterkeitsvorschriften, die nicht Gegenstand der Richtlinie sind, können in den Empfangsstaaten dagegen weiterhin uneingeschränkt auf Sendungen angewandt werden, da sie von dem Beschränkungsverbot des Art. 2a Fernsehrichtlinie nicht erfaßt sind.[289] Hier bleibt alles beim Alten. In den von der Richtlinie „koordinierten" Bereichen hat das sogenannte „Sendestaatsprinzip" dagegen eine Veränderung des kollisionsrechtlichen Anknüpfungspunktes zur Folge: Die Marktortregel ist in diesem Bereich durch eine Anknüpfung an das Herkunftsland zu ersetzen. Denn nur so kann die ausschließliche Konzentration der rechtlichen Kontrolle im Sendeland internationalprivatrechtlich umgesetzt werden.[290]

---

[288] Zu diesem sogenannten „Sendestaatsprinzip" der Fernsehrichtlinie vgl. *Dethloff*, Europäisierung des Wettbewerbsrechts, S. 50ff; *Vianello*, Das internationale Privatrecht des unlauteren Wettbewerbs in Deutschland und Italien, S. 85ff; Staudinger-*von Hoffmann*, Art. 38 EGBGB, Rn. 505a; Staudinger-*Fezer*, Internationales Wirtschaftsrecht, Rn. 341; MünchKomm-*Kreuzer*, Art. 38 EGBGB, Rn. 227a; UWGGroßKomm-*Schricker*, Einl. F 159; *Schricker*, Die europäische Angleichung des Rechts des unlauteren Wettbewerbs - ein aussichtsloses Unterfangen?, GRUR Int. 1990, 771, 774f; *Kort*, Zur „*Multistate*"-Problematik grenzüberschreitender Fernsehwerbung, GRUR Int. 1994, 594.

[289] EuGH vom 9.7.1997, Rs. C-34/95, C-35/94, C-36/94, Slg. 1997 I-3843, 3888ff - *De Agostini*.

[290] Vgl. *Dethloff*, Europäisierung des Wettbewerbsrechts, S. 51f; *Vianello*, Das internationale Privatrecht des unlauteren Wettbewerbs in Deutschland und Italien, S. 85; Staudinger-*von Hoffmann*, Art. 38 EGBGB, Rn. 505a; MünchKomm-*Kreuzer*, Art. 38 EGBGB, Rn. 227a; UWGGroßKomm-*Schricker*, Einl. F 159; *Sack*, Angleichung des IPR durch sekundäres Gemeinschaftsrecht, IPRax 1994, 165, 171; *Schack*, Internationale Urheber-, Marken- und Wettbewerbsrechtsverletzungen im Internet, MMR 2000, 59, 62; zurückhaltend: Staudinger-*Fezer*, Internationales Wirtschaftsrecht, Rn. 341; *Halfmeier*, Vom Cassislikör zur E-Commerce-Richtlinie, ZEuP 2001, 837, 857.

Auch die E-Commerce-Richtlinie geht in Art. 3 davon aus, daß Dienste der Informationsgesellschaft den von der Richtlinie erfaßten Vorschriften des Staates entsprechen müssen, in dem der Diensteanbieter seinen Sitz hat. Und auch hier dürfen die Mitgliedstaaten den freien Verkehr von Diensten der Informationsgesellschaft grundsätzlich nicht aus Gründen der Informationsgesellschaft einschränken, die in den von der Richtlinie „koordinierten" Bereich fallen (Art. 3 Abs. 2 E-Commerce-Richtlinie). Ein wesentlicher Unterschied zur Fernsehrichtlinie besteht allerdings darin, daß sich der koordinierte Bereich der E-Commerce-Richtlinie nicht nur auf den eigenen Regelungsbestand der Richtlinie beschränkt, sondern sich vielmehr auf sämtliche Anforderungen erstreckt, die in den Rechtsordnungen der Mitgliedstaaten für Dienste der Informationsgesellschaft gelten, und damit auch nicht harmonisierte Regelungen erfaßt.[291] Eine weitere Eigenart dieser Richtlinie im Vergleich zur Fernsehrichtlinie ist es, daß in Art. 1 Abs. 4 erklärt wird, daß die Richtlinie keine zusätzlichen Regelungen im Bereich des Internationalen Privatrechts schafft. Der naheliegende Annahme, daß das in Art. 3 verankerte „Herkunftslandprinzip" zu einer gemeinschaftsrechtlich bedingten Anknüpfung an den Sitz des Diensteanbieters führt, wird damit eine klare Absage erteilt. Aber: „Welchen Sinn und welche Bedeutung soll ein Herkunftslandprinzip im privatrechtlichen Bereich haben, wenn es keine kollisionsrechtliche Regel enthält?"[292] Diese Frage kann nicht an dieser Stelle, sondern erst im Kontext der sich anschließenden kollisions- und gemeinschaftsrechtlichen Überlegungen beantwortet werden.

III. Ergebnis

Auch wenn von einer Durchsetzung des Marktortprinzips als geltende Kollisionsregel für unlauteren Wettbewerb zum gegenwärtigen Zeitpunkt

---

[291] Vgl. Art. 2 lit. h) der E-Commerce-Richtlinie:

> „Im Sinne dieser Richtlinie bezeichnet der Ausdruck [...] „koordinierter Bereich" die für die Anbieter von Diensten der Informationsgesellschaft und die Dienste der Informationsgesellschaft in den Rechtssystemen der Mitgliedstaaten festgelegten Anforderungen, ungeachtet der Frage, ob sie allgemeiner Art oder speziell für sie bestimmt sind."

[292] *Mankowski*, Internet und Internationales Wettbewerbsrecht, GRUR Int. 1999, 909, 912. Vgl. auch *Dethloff*, Europäisierung des Wettbewerbsrechts, S. 55.

noch nicht die Rede sein kann, weist die Entwicklung der nationalen Kollisionsrechtssysteme doch eindeutig in diese Richtung. Immer mehr Rechtsordnungen tendieren inzwischen zu einer wettbewerbsspezifischen Anknüpfung an den Marktort. Der Entwurf einer Rom II-Verordnung, über den zur Zeit in Brüssel verhandelt wird, hat diesen nationalen Trend zur Anknüpfung an den Marktort aufgegriffen. Sollte sich der Entwurf durchsetzen, wäre bei unlauterem Wettbewerb europaweit zukünftig das Recht des Staates maßgeblich, in dem sich die schädigende Wettbewerbshandlung auswirkt. Die Richtlinien spielen dagegen bei der Herausbildung eines europäischen Wettbewerbskollisionsrechts nur eine untergeordnete Rolle. Soweit sie überhaupt kollisionsrechtlich relevante Vorschriften enthalten, bestätigen sie grundsätzlich die Marktortregel. Etwas anderes gilt allerdings für die Fernsehrichtlinie, aus deren Sendestaatsprinzip im Anwendungsbereich der Richtlinie statt der Marktortregel eine Anknüpfung an das Herkunftslandrecht folgt. Wie sich das Herkunftslandprinzip der E-Commerce-Richtlinie kollisionsrechtlich einordnen läßt, muß an dieser Stelle noch unklar bleiben. Eine Klärung erfolgt, nachdem die Richtlinie in den kollisions- und gemeinschaftsrechtlichen Rahmen gestellt worden ist, der Ursache ihrer Entstehung war.

C. Die Schwächen der Marktortanknüpfung bei Marketingmaßnahmen im Internet

I. Kollisionsrechtliches und wirtschaftliches Marktverständnis

Waren und Dienstleistungen werden heute nicht mehr nur im Inland, sondern zunehmend auch auf ausländischen Märkten vermarktet. Vor allem die Öffnung des Internets für die kommerzielle Nutzung hat in letzter Zeit dazu geführt, daß die Zutrittsschwellen für die ausländischen Märkte enorm gesunken und die nationalen Märkte nicht nur technisch, sondern auch wirtschaftlich enger denn je zusammengerückt sind.[293] Längst haben die mit dem Internet verbundenen Entgrenzungserscheinungen auch das Wirtschaftsleben erfaßt: Das herkömmliche territorial beschränkte und durch nationale Grenzen definierte Marktverständnis ist in der Auflösung begriffen.[294] Die Zeichen der Zeit sind auf Globalisierung ausgerichtet - zumindest in wirtschaftlicher Hinsicht. Denn kollisionsrechtlich wird nach wie vor an einem national geprägten Marktbegriff festgehalten. Grund ist, daß die Normen, die zum Schutz der Institution des Marktes und seiner Teilnehmer bestehen, ganz überwiegend nationaler Herkunft sind, die Anknüpfung an den Marktort aber nur dann ein taugliches kollisionsrechtliches Kriterium sein kann, wenn der Marktort auch mit einer anwendbaren Rechtsordnung kor-

---

293 Das Internet, so heißt es, sei „Faktor und Indikator für die Globalisierung zugleich". Vgl. *Engel*, Das Internet und der Nationalstaat, BerDGesVöR 39 (2000) 353, 355.

294 Der Begriff des Marktes entstammt der Volkswirtschaftslehre. Er dient als Erklärungsmodell für die Bildung von Preisen und die Verteilung von Gütern. Vereinfacht läßt er sich als der Ort definieren, an dem Angebot und Nachfrage aufeinandertreffen. In räumlicher Hinsicht umfaßt er das geographische Gebiet, in dem sich durch ungehinderten Handel die Preise unter Berücksichtigung der Transportkosten tendenziell einander angleichen. Dies kann, muß aber nicht mit dem nationalen Grenzen zusammenfallen. Auch im Rechtssinne wird unter dem Markt im allgemeinen der Ort verstanden, an dem Angebot und Nachfrage aufeinandertreffen. Dabei handelt es sich aber regelmäßig um den Markt eines bestimmten Landes. Vgl. *Martiny*, Die Anknüpfung an den Markt, in: Festschrift für Drobnig, S. 389, 390 m.w.N. sowie *Dethloff*, Europäisierung des Wettbewerbsrechts, S. 87 m.w.N.

respondiert.[295] Nur ein auf das Gebiet eines nationalen Staates beschränktes Marktverständnis ist imstande, dieser kollisionsrechtlichen Notwendigkeit gerecht zu werden.[296]

II. Zur Anwendung der Marktortregel im Internet

Je stärker die nationalen Märkte im Zuge der Globalisierung jedoch ihre Konturen verlieren, desto problematischer wird es, den Marktort als Anknüpfungspunkt für die Lokalisierung internationaler Sachverhalte heranzuziehen. Vor allem im Internet bereitet die Abgrenzung des kollisionsrechtlich relevanten Marktes Schwierigkeiten. Denn Online-Marketingmaßnahmen teilen die Eigenschaft ihres Mediums: Sie sind „genuin" international. Ihre Besonderheit ist es gerade, daß sie oftmals nicht auf einen bestimmten nationalen Markt abzielen, sondern globale Wirkung entfalten sollen.[297] Sie dennoch einem bestimmten nationalen Markt zuzuordnen, führt zu erheblichen Problemen. Als extremes Beispiel für den sogenannten *multistate*-Wettbewerb, bei dem eine einzige Wettbewerbshandlung Berührungspunkte zu multiplen Märkten aufweist, stellt das Online-Marketing die Angemessenheit der Marktortregel im Internet auf eine harte Probe.[298]

1. *Die Einführung einer kollisionsrechtlichen Spürbarkeitsschwelle*

Sich der *multistate*-Problematik im Internet durch ein Ausweichen auf den Standort des Servers zu entledigen, scheidet wegen dessen beliebiger Positionierbarkeit aus. Der Server stellt keinen tauglichen kollisionsrechtlichen Anknüpfungspunkt dar.[299] Ausgangspunkt der kollisionsrechtlichen Be-

---

295 *Martiny*, Die Anknüpfung an den Markt, in: Festschrift für Drobnig, S. 389, 391.

296 So auch *Dethloff*, Europäisierung des Wettbewerbsrechts, S. 87.

297 *Mankowski*, Internet und Internationales Wettbewerbsrecht, GRUR Int. 1999, 909, 911.

298 Vgl. Staudinger-*von Hoffmann*, Art. 38, Rn. 544 mit der Anmerkung, die kollisionsrechtliche Behandlung von Streudelikten sei im Rahmen des unlauteren Wettbewerbs bis heute weitgehend ungeklärt. Beipflichtend: *Glöckner*, Wettbewerbsverstöße im Internet – Grenzen einer kollisionsrechtlichen Problemlösung, ZVglRWiss 99 (2000) 278, 287.

299 Vgl. *Dethloff*, Europäisierung des Wettbewerbsrechts, S. 115; *Vianello*, Das internationale Privatrecht des unlauteren Wettbewerbs in Deutschland und Italien, S. 275; *Baumbach/Hefermehl*, Wettbewerbsrecht, Einl. UWG Rn. 187; *Mankowski*, Internet und Internationales Wettbewerbsrecht, GRUR Int. 1999, 909, 910; *Freitag*, in: Kröger/Gimmig,

trachtung ist der Marktort. Die entscheidende Frage ist, ob sich dieser den strukturellen Vorgaben des Internets so anpassen läßt, daß das anzuwendende Recht auch im Internet mit der erforderlichen Rechtssicherheit bestimmt werden kann.

Den Ansatzpunkt für eine solche Anpassung der Marktortregel liefert der Umstand, daß eine in das Netz gestellte Marketingmaßnahme zwar weltweit abgerufen werden kann, aber wahrscheinlich nicht oder nicht mit gleicher Häufigkeit weltweit abgerufen wird. Eine Online-Marketingmaßnahme wird somit nicht überall auf der Welt wettbewerbsrechtlich relevante Folgen auslösen. Kollisionsrechtlich bedeutsam sind daher nur solche Märkte, die von der Marketingmaßnahme tatsächlich auch beeinflußt werden. Auch bei der *multistate*-Werbung im Bereich der Printmedien sowie der Rundfunk- und Fernsehwerbung wird zur Präzisierung des Marktortes regelmäßig auf die Eignung der Marketingmaßnahme zur spürbaren Marktbeeinflussung abgestellt.[300] Denn weder der Schutz der Marktbeteiligten noch der Schutz des Marktes selbst gebieten unterhalb einer spürbaren Marktbeeinflussung die Anwendung des jeweiligen Marktrechts. Die Einführung einer Spürbarkeitsgrenze dient damit der erforderlichen Abgrenzung zwischen einer kollisionsrechtlich unbedeutenden, die Rechtsanwendungsinteressen der nationalen Rechtsordnung nicht tangierenden Wettbewerbshandlung und einer kollisionsrechtlich relevanten, nationale Rechtsanwendungsinteressen begründenden Wettbewerbshandlung.

Handbuch zum Internetrecht, S. 403; *Strömer*, Online-Recht, S. 153; *Diestelhorst*, Anwendbares Recht bei Internationalen Online-Diensten, ZUM 1998, 293, 294; *Kotthoff*, Die Anwendbarkeit des deutschen Wettbewerbsrechts auf Werbemaßnahmen im Internet, CR 1997, 676, 682.

300 Vgl. *Dethloff*, Europäisierung des Wettbewerbsrechts, S. 94ff, 102ff; *Vianello*, Das internationale Privatrecht des unlauteren Wettbewerbs in Deutschland und Italien, S. 270f, 271ff; *Schricker*, Recht der Werbung in Europa, Bd. 1, Rn. 97; UWGGroßKomm-*Schricker*, Einl. F 196; *Reese*, Grenzüberschreitende Werbung in der Europäischen Gemeinschaft, S. 11f; *Wilde*, in: Handbuch des Wettbewerbsrechts, § 6 Rn. 32f; *Baumbach/Hefermehl*, Einl. UWG Rn. 187; *Kort*, Zur „Multistate"-Problematik grenzüberschreitender Fernsehwerbung, GRUR Int. 1994, 594, 598f; *Schricker*, Die Durchsetzbarkeit deutscher Werberegelungen bei grenzüberschreitender Rundfunkwerbung, GRUR Int. 1982, 720, 724; *Sack*, Die kollisions- und wettbewerbsrechtliche Beurteilung grenzüberschreitender Werbe- und Absatztätigkeit nach deutschem Recht, GRUR Int. 1988, 320, 328f sowie *Möllering*, Das Recht des unlauteren Wettbewerbs in Europa: Eine neue Dimension, WRP 1990, 1, 7.

Ähnlich nimmt auch das Kartellrecht die Marktauswirkungen einer Wettbewerbshandlung in den Blick, wenn es um die Abgrenzung des kartellrechtlich relevanten Marktes geht.[301] Dennoch ist die Einführung einer Spürbarkeitsgrenze bei der Bestimmung des lauterkeitsrechtlich relevanten Marktes nicht mit dem kartellrechtlichen Auswirkungsprinzip gleichzustellen.[302] Das Kartellrecht bezweckt, den Markt von wettbewerbsverzerrenden und wettbewerbsbeschränkenden Faktoren freizuhalten. Es richtet sich gegen Wettbewerbsbeschränkungen, die von der Privatautonomie, insbesondere der Vertrags- und Vereinigungsfreiheit, ausgehen. Seine Aufgabe ist es, die Privatautonomie so zu begrenzen, daß sie sich nicht selbst aufhebt: Vereinbarungen der Wettbewerber sollen nicht zu Lasten der Wettbewerbsfreiheit gehen. Kartelle sollen vermieden, der Mißbrauch einer marktbeherrschenden Stellung verhindert werden.[303] Das Recht gegen unlauteren Wettbewerb richtet sich indessen in erster Linie gegen unlautere Verhaltensweisen im Wettbewerb. Im Kartellrecht geht es um die Freiheit des Wettbewerbs, im Lauterkeitsrecht um die Fairneß im Wettbewerb. Dieser entscheidende Unterschied äußert sich in der Rechtsanwendungsfrage darin, daß im Kartellrecht ausschließlich auf die marktrelevanten Folgen eines wettbewerbsfeindlichen Verhaltens abgestellt wird, während im Lauterkeitsrecht das marktrelevante Verhalten selbst im Vordergrund steht.[304] Unlautere Wettbewerbshandlungen sind abstrakte Gefährdungsdelikte.[305] Um die Anwendung des Lauterkeitsrechts zu rechtfertigen, ist es daher notwendig, aber auch hinreichend, daß die Wettbewerbshandlung potentiell geeignet ist, die Interessen der anderen Marktbeteiligten zu verletzen. Die konkreten Folgen der Wettbewerbshandlung bleiben außer Betracht.[306] Es kommt allein darauf an, ob eine

---

301 Zum kartellrechtlichen Auswirkungsprinzip vgl. die Kommentierung von *Rehbinder*, in: Immenga/Mestmäcker, Gesetz gegen Wettbewerbsbeschränkungen, §98 Abs. 2, Rn. 1ff.

302 *Mankowski*, Internet und Internationales Wettbewerbsrecht, GRUR Int. 1999, 909, 916.

303 Vgl. *Rittner*, Wettbewerbs- und Kartellrecht, § 5 Rn. 1f.

304 *Mankowski*, Internet und Internationales Wettbewerbsrecht, GRUR Int. 1999, 909, 916.

305 Vgl. *Kreuzer*, Wettbewerbsverstöße und Beeinträchtigung geschäftlicher Interessen (einschl. der Vorschriften kartellrechtlicher Schutzvorschriften), in: Vorschläge und Gutachten zur Reform des deutschen Internationalen Privatrechts der außervertraglichen Schuldverhältnisse, S. 232, 270; Staudinger-*von Hoffmann*, Art. 38 EGBGB, Rn. 513.

306 Es würde sich auch kaum feststellen lassen, welche konkreten Wirkungen eine Marketingmaßnahme auf den Markt erzielt hat. Vgl. *Mankowski*, Internet und Internationales Wettbewerbsrecht, GRUR Int. 1999, 909, 916 sowie *Kotthoff*, Die

spürbare Marktbeeinflussung möglich ist; wie sich die Marktsituation durch das unlautere Verhalten ändern wird, ist irrelevant. Auch Umsätze und Marktanteile der beteiligten Unternehmen spielen im Lauterkeitsrecht anders als im Kartellrecht keine Rolle. Lauterkeitsrechtlich ist es nicht von Bedeutung, welche Marktposition das Unternehmen einnimmt. Maßnahmen eines marktschwachen Unternehmens können genauso gegen die lauterkeitsrechtlichen Grundsätze verstoßen wie die eines marktbeherrschenden Unternehmens.[307] Entscheidend ist, daß das unlautere Verhalten die Marktinteressen der nationalen Rechtsordnung so zu berühren geeignet ist, daß diese zum Schutz der wettbewerbsrechtlichen Interessen ihr nationales Lauterkeitsrecht zur Anwendung bringen will.[308] Weist die Marketingmaßnahme die Eignung zur spürbaren Marktbeeinflussung auf, spielt es auch keine Rolle, ob das Verhalten vorhersehbar, beabsichtigt oder unbeabsichtigt war oder ob es gar in zumutbarer Weise hätte verhindert werden können[309]: Das nationale Lauterkeitsrecht bietet Schutz vor jeder unlauteren Wettbewerbshandlung, die einen spürbaren Bezug zu dem nationalen Markt aufweist.

2. *Kriterien spürbarer Marktbeeinflussung*

Die Einführung einer Spürbarkeitsgrenze setzt die Feststellbarkeit einer Eignung zur spürbaren Marktbeeinflussung voraus. In der Rechtsanwendung erweist sich diese bei Marketingmaßnahmen im Internet jedoch als nicht unproblematisch. Bei Printmedien und im Rundfunk- und Fernsehbereich indizieren die Auflagenstärke bzw. der Umfang des Sendegebiets eine spürbare Marktbeeinflussung.[310] Im Internet ist der Rückschluß von dem

---

Wettbewerbsrecht, GRUR Int. 1999, 909, 916 sowie *Kotthoff*, Die Anwendbarkeit des deutschen Wettbewerbsrechts auf Werbemaßnahmen im Internet, CR 1997, 676, 680.

307 *Mankowski*, Internet und Internationales Wettbewerbsrecht, GRUR Int. 1999, 909, 916.

308 *Waltl*, in: Lehmann, Internet und Multimediarecht, S. 191.

309 *Vianello*, Das internationale Privatrecht des unlauteren Wettbewerbs in Deutschland und Italien, S. 268.

310 Vgl. *Dethloff*, Europäisierung des Wettbewerbsrechts, S. 96ff, 106ff. Das Verbreitungsgebiet war auch Ausgangspunkt der bisher einzigen Entscheidung des BGH zu der Frage der *Multistate*-Werbung: In der *Tampax*-Entscheidung vom 23.10.1970 (GRUR 1971, 153) ging es um die wettbewerbsrechtliche Beurteilung von Werbeanzeigen einer englischen Firma für die von ihr in der Schweiz vertriebenen Tampons. Die Werbung erschien in deutschsprachigen Schweizer Zeitschriften, die in geringem Umfang auch in Deutsch-

Verbreitungsgebiet der Marketingmaßnahme auf den Grad der Marktbeeinflussung aber aus technischen Gründen nicht möglich: Das tatsächliche Verbreitungsgebiet ließe sich im Internet nur über die Zahl der individuellen Zugriffe ermitteln, die von einem bestimmten Land aus auf eine Seite im Internet erfolgen. Wie oft von wo aus eine bestimmte *website* abgerufen wurde, ist aber nicht mit hinreichender Genauigkeit zu bestimmen. Die Möglichkeit des anonymen Zugriffs und der Einsatz von *proxy*-Servern[311] stehen dem entgegen.[312] Somit ist nach anderen Kriterien zu suchen, die die Eignung der Wettbewerbshandlung zur spürbaren Marktbeeinflussung begründen können. Solche Kriterien lassen sich der Gestaltung der Marketingmaßnahme entnehmen.[313] Denn die Gestaltung gibt zu erkennen, auf welche nationalen Märkte die Marketingmaßnahme abzielt und für welche nationalen Märkte die Marketingmaßnahme attraktiv ist - beides wichtige Anhaltspunkte für die Lokalisation einer spürbaren Marktbeeinflussung.

Bei objektiv erkennbarer Ausrichtung auf bestimmte nationale Märkte ist die Eignung der Marketingmaßnahme zur Beeinflussung des dortigen Marktgeschehens evident. Eine finale Marktbeeinflussung ist ein eindeutiger Fall spürbarer Marktbeeinflussung.[314] Wenn ein Angebot gezielt auf einzelne Märkte in bestimmten Staaten gerichtet ist, ist das staatliche Rechtsanwendungsinteresse dieser Länder begründet.[315] Denn ein solches Verhalten löst den lauterkeitsrechtlichen Anspruch aus, den Wettbewerb vor unlauteren Einwirkungen zu schützen. Auch wenn sich Abrufe aus anderen Ländern

---

land verbreitet wurden. Der BGH stellte bei der Frage, ob deutsches Recht anwendbar sei, darauf ab, daß die beanstandete Anzeige zwar für den Schweizer Markt konzipiert worden sei, aufgrund der im regelmäßigen Geschäftsbetrieb vor sich gehenden Versendung der Zeitschrift nach Deutschland jedoch auch die deutsche Wettbewerbsordnung nicht nur am Rande und in einem Nebenpunkt berühre (a.a.O., S. 154f).

311 Auf *proxy*-Servern werden besonders häufig abgerufene Seiten zwischengespeichert, so daß nicht für jeden einzelnen Abruf einer Seite über das Internet auf den in der Regel entfernteren Server zurückgegriffen werden muß, auf dem die betreffende Seite originär abgelegt worden ist. Es läßt sich weder feststellen, ob eine bestimmte Seite überhaupt auf einem *proxy*-Server gespeichert worden ist, noch kann die Anzahl der Abrufe von solchen *proxy*-Servern ermittelt werden.

312 Vgl. *Dethloff*, Europäisierung des Wettbewerbsrechts, S. 114.

313 Vgl. *Rüßmann*, Wettbewerbshandlungen im Internet, K&R 1999, 422, 426.

314 *Mankowski*, Internet und Internationales Wettbewerbsrecht, GRUR Int. 1999, 909, 916.

315 *Mankowski*, Internet und Internationales Wettbewerbsrecht, GRUR Int. 1999, 909, 917.

technisch nicht abblocken lassen[316], kann man bei einer solchen Ausrichtung auf bestimmte Märkte zugleich davon ausgehen, daß die Marketingmaßnahme auf anderen Märkten keine lauterkeitsrechtliche Relevanz entfaltet – jedenfalls wenn der Anbieter diese Märkte nicht bedient und das bei seinem Internet-Auftritt auch deutlich macht.[317] Unter diesen Bedingungen stellen vor allem „Disclaimer", nach denen das Angebot nur für bestimmte Märkte gelten oder nicht gelten soll, ein starkes Indiz für die lauterkeitsrechtliche Bedeutung der Marketingmaßnahme auf den einzelnen Märkten dar.[318] Eine Rechtswahl können sie dagegen nicht begründen, weil das Wettbewerbsrecht als Marktordnungsrecht nicht zur Disposition der Beteiligten steht.[319]

---

316 Nach dem heutigen Stand der Technik bestehen keine Möglichkeiten, das Angebot technisch gegen den Zugriff aus bestimmten Staaten zu schützen oder die Reichweite des Angebots auf bestimmte Märkte zu begrenzen. Vgl. *Mankowski*, Internet und Internationales Wettbewerbsrecht, GRUR Int. 1999, 909, 916.

317 *Glöckner*, Wettbewerbsverstöße im Internet - Grenzen einer kollisionsrechtlichen Lösung, ZVglRWiss 99 (2000) 278, 296. Unternehmensinterne Weisungen reichen zur Eingrenzung des Absatzgebietes dagegen nicht aus. Denn eine Beschränkung der Werbung ist wie die Werbung selbst eine unternehmensexterne Maßnahme, die entsprechend kundgetan werden muß, um eine objektiv erkennbare Eingrenzung der Angebotsreichweite begründen zu können. Vgl. OLG Frankfurt a.M. vom 3.12.1998, K&R 1999, 138, 139; *Mankowski*, Kurzkommentar zum Beschluß des OLG Frankfurt vom 3.12.1998, EWiR § 1 UWG 7/99, 471, 472; *Ernst*, Anmerkung zum Beschluß des OLG Frankfurt vom 3.12.1998, NJW-CoR 1999, 302, 303.

318 So auch *Glöckner*, Wettbewerbsverstöße im Internet - Grenzen einer kollisionsrechtlichen Lösung, ZVglRWiss 99 (2000) 278, 296; *Mankowski*, Internet und Internationales Wettbewerbsrecht, GRUR Int. 1999, 909, 916; *Widmer/Bähler*, Rechtsfragen beim electronic commerce, S. 235; *Köhler/Arndt*, Recht des Internet, Rn. 536; *Weber*, E-Commerce und Recht, S. 55; *Freitag*, in: Kröger/Gimmy, Handbuch zum Internetrecht, S. 403. Ist der Anbieter nicht so konsequent, alle erkannten und erkennbaren Anträge abzulehnen, die außerhalb des von ihm angegebenen Vertriebsgebiets liegen, so führt dieses widersprüchliche Verhalten getreu dem Grundsatz des *venire contra factum proprium* dazu, daß er sich nicht auf seinen „Disclaimer" berufen kann. Vgl. *Mankowski*, Internet und Internationales Wettbewerbsrecht, GRUR Int. 1999, 909, 920.

319 Vgl. Staudinger-*Fezer*, Internationales Wirtschaftsrecht, Rn. 470ff; *Reichert-Facilides*, Parteiautonomie im Internationalen Privatrecht des unlauteren Wettbewerbsrechts?, in: Festschrift Hartmann, S. 205, 207; *Kreuzer*, Wettbewerbsverstöße und Beeinträchtigung geschäftlicher Interessen (einschl. der Vorschriften kartellrechtlicher Schutzvorschriften), in: Vorschläge und Gutachten zur Reform des deutschen Internationalen Privatrechts der außervertraglichen Schuldverhältnisse, S. 232, 279f; *Sack*, Die kollisions- und wettbewerbsrechtliche Beurteilung grenzüberschreitender Werbe- und Absatztätigkeit nach deutschem Recht, GRUR Int. 1988, 320, 329f; *v. Bar*, Internationales Privatrecht, Bd.

Aber auch wenn eine Ausrichtung der Marketingmaßnahme auf bestimmte nationale Märkte nicht gegeben ist, ermöglicht die Gestaltung der Marketingmaßnahme Rückschlüsse auf die kollisionsrechtlich relevanten Märkte. So wird sich nicht bestreiten lassen, daß sich die Marktauswirkungen der Internetseite eines lokalen Pizzabringdienstes allein auf den örtlichen Absatzraum beschränken werden, auch wenn die Internetseite selbst weltweit abrufbar ist. Entsprechendes gilt für eine Marketingmaßnahme, die in einer international nicht geläufigen Sprache verfaßt ist. Hier werden die kollisionsrechtlich relevanten Grenzen entlang der sprachlichen Grenzen verlaufen. Weitere Anhaltspunkte, mit deren Hilfe die für die Annahme einer spürbaren Marktbeeinflussung begründet werden kann, liefern etwa die Angabe nationaler Währungen und Bezugsadressen, der Zuschnitt und die Marktbedeutung des Anbieters sowie die Art und Weise und das Umfeld der Präsentation.[320]

3. *Grenzen der Marktortregel im Internet*

Probleme bei der Feststellbarkeit einer spürbaren Marktbeeinflussung entstehen dann, wenn sich eine Affinität der Marketingmaßnahme zu bestimmten Märkten nicht feststellen läßt. Dabei handelt es sich vor allem um solche Fälle, in denen der Werbende die Ubiquität des Netzes nicht ausschalten, sondern für sich in Anspruch nehmen will. Trotz aller Bestrebungen, das kollisionsrechtliche Problem der Ubiquität der Werbung im Netz zu entschärfen, bleibt das Internet das „genuin" internationale Medium, das Werbenden in bisher unbekanntem Ausmaß die Möglichkeit zu globalem Marketing ge-

---

II, Rn. 698; *Einsele*, Rechtswahlfreiheit im Internationalen Privatrecht, RabelsZ 60 (1996) 417, 427ff; differenzierend Staudinger-*von Hoffmann*, Art. 38, Rn. 549f.

320 Zu den einzelnen in Frage kommenden Kriterien vgl. *Mankowski*, Internet und Internationales Wettbewerbsrecht, GRUR Int. 1999, 909, 917ff; *ders.*, Wettbewerbsrechtliches Gerichtspflichtigkeits- und Rechtsanwendungsrisiko bei Werbung über Websites, CR 2000, 763, 764f; *Dethloff*, Marketing im Internet und Internationales Wettbewerbsrecht, NJW 1998, 1596, 1600; *Köhler/Arndt*, Recht des Internet, Rn. 536; *Hoeren*, in: Schwarz, Internet- und Multimediarecht, S. 111, 113; *Widmer/Bähler*, Rechtsfragen beim electronic commerce, S. 233.; *Peschel-Mehner*, in: Schwerdtfeger, Cyberlaw, S. 164; *Boehme-Neßler*, CyberLaw, S. 319.

währt.[321] Für Werbende ist gerade die weltumspannende Präsentation das besonders Interessante am Internet.[322] Je stärker sich Unternehmer die Vorteile des Internets durch einen globalen Marktauftritt aber zu eigen machen wollen, desto schwieriger wird die Bestimmung des anzuwendenden Rechts und desto unsicherer die Rechtslage.

Die Unzulänglichkeiten der Marktortregel zeigen sich bereits daran, daß die Indizien, die der Eingrenzung der kollisionsrechtlich relevanten Marktorte dienen sollen, selbst auch nur eine begrenzte Aussagekraft haben. Letztlich erlauben sie nur in ganz bestimmten Fällen eine zweifelsfreie Bestimmung des anzuwendenden Rechts. Sofern sich aus der Sprache, den angegebenen Zahlungsmodalitäten oder der Art des Marketingobjekts keine überzeugenden Argumente dafür herleiten lassen, daß nur ganz bestimmte Märkte als Absatzgebiet in Betracht kommen, fällt die Feststellung schwer, welchen nationalen Märkten eine kollisionsrechtliche Relevanz beizumessen ist und welchen nicht. So verliert zum Beispiel das Sprachkriterium seine Aussagekraft, wenn in einer international verbreiteten Sprache geworben wird. Englisch bietet sich als Sprache des Internets für das Online-Marketing geradezu an. Von einer durch die natürlichen Sprachbarrieren gekennzeichneten Begrenzung der Marketingmaßnahme kann dann aber keine Rede mehr sein. Gleiches gilt im Ergebnis für die indizierende Wirkung des angegebenen Zahlungsmittels oder der Art der beworbenen Ware oder Dienstleistung: Der Versuch, die Ausrichtung der Marketingmaßnahme auf bestimmte nationale Märkte anhand des angegebenen Zahlungsmittels feststellen zu wollen, wird in aller Regel daran scheitern, daß im Internet typischerweise über Kreditkarten gezahlt wird. Diese erlauben ebenso wenig Rückschlüsse wie die elektronischen Zahlungssysteme, von denen zu erwarten ist, daß sie sich auf Dauer als Zahlungsmittel im elektronischen Geschäftsverkehr durchsetzen werden.[323] Und was den Charakter der beworbenen Ware oder Dienstleistung

---

321 Zu Idee, Ursprung und Verbreitung des globalen Marketing vgl. *Paefgen*, Globales und Euro-Marketing, S. 29ff.

322 So *Freitag*, in: Handbuch zum Internetrecht, S. 404.

323 Vgl. *Blaurock*, Technik und Recht - Neue Regelungsfragen am Beispiel des elektronischen Zahlungsverkehrs, in: Festschrift Söllner, S. 153ff; *Blaurock/Münch*, Elektronisches Geld und Stored Value Cards, K&R 2000, 97ff; *Kümpel*, Rechtliche Aspekte des elektronischen Netzgeldes (Cybergeld), WM 1998, 365ff sowie *Escher*, Bankrechtsfragen des elektronischen Geldes im Internet, WM 1997, 1173ff.

anbelangt, so wird sich die Werbung für Angebote mit nur beschränkter Reichweite zwar in aller Regel auch nur auf diesen Absatzraum erstrecken. Doch muß dies nicht zwingend so sein: Selbst national oder regional begrenzte Angebote können heutzutage von internationalem Interesse sein.[324]

Vor allem aber im Bereich des direkten elektronischen Handels, bei dem sowohl das Stadium der Vertragsanbahnung und des Vertragsschlusses als auch die Vertragserfüllung online erfolgt, lassen sich die Grenzen der umworbenen Märkte kaum noch definieren - geschweige denn eine Ausrichtung auf bestimmte nationale Märkte erkennen. In dem Moment, in dem das Internet nicht mehr nur als Marketing-, sondern auch als Vertriebsinstrument eingesetzt wird, zeigt sich besonders deutlich, wie sehr die einzelnen Märkte durch das Internet ihre nationalen Konturen verlieren und auf der Ebene der elektronischen Plattform zu einem internationalen Markt zusammenwachsen. Der Marktortregel, die auf einem nationalem Marktverständnis basiert, wird dadurch die Grundlage entzogen. Je stärker die direkte Form des elektronischen Handels in den Vordergrund rückt, desto mehr wird die Marktortregel ihre Griffigkeit verlieren und desto weniger wird die Rechtssicherheit, insbesondere die Vorhersehbarkeit des anzuwendenden Rechts, gewährleistet werden können.[325] Bei der Bestimmung des auf Online-Marketingmaßnahmen anzuwendenden Rechts wird die Marktortregel in diesen Fällen zwangsläufig zur Anwendbarkeit einer nicht mehr überschaubaren Zahl von Marktrechten führen - ein Ergebnis, das mit der klassischen Aufgabe einer Anknüpfungsregel, das räumlich beste Recht zu ermitteln[326], nichts mehr gemein hat und das rechtliche Risiko, das einem nicht eingeschränkten Marketingauftritt im Internet anhaftet, untragbar werden läßt.[327]

---

324 Vgl. *Mankowski*, Internet und Internationales Wettbewerbsrecht, GRUR Int. 1999, 909, 918.

325 Vgl. auch *Dethloff*, Europäisierung des Wettbewerbsrechts, S. 121f.

326 Entscheidend ist nicht, welches Gesetz im Einzelfall materiellrechtlich, also seinem Inhalt nach, die beste sachliche Lösung anbietet. Denn das IPR geht von der Gleichwertigkeit aller in Betracht kommenden Regelungen aus. Es handelt sich also zunächst nur darum, welches Gesetz einem Fall durch sachliche oder persönliche (nicht räumliche) Verbindung am nächsten steht. Zu diesem tragenden kollisionsrechtlichen Prinzip der engsten Verbindung vgl. *Kropholler*, Internationales Privatrecht, S. 25f.

327 So auch *Vianello*, Das internationale Privatrecht des unlauteren Wettbewerbs in Deutschland und Italien, S. 280.

Denn eine solche Marketingmaßnahme wird immer Gefahr laufen, daß sich unter der Vielzahl anwendbarer Marktrechte ein Recht befindet, das der Marketingmaßnahme entgegensteht und Unterlassungsansprüche auslöst, die das gesamte Marketingkonzept zu Fall bringen können.

Grundsätzlich kann die Unterlassung einer unlauteren Marketingmaßnahme zwar nur für das Gebiet des Staates verlangt werden, auf dessen Marktrecht der jeweilige Anspruch gestützt wird.[328] In der Welt des Internets bleibt diese rechtlich gebotene territoriale Betrachtungsweise jedoch eine bloße Fiktion: Obwohl Online-Werbung und andere im Netz stattfindenden Absatzhandlungen mittlerweile durch den Einsatz entsprechender Software individualisiert werden können[329], ist eine länderspezifische Ein- und Ausblendung der Werbung nach dem heutigen Stand der Technik nicht effektiv umsetzbar.[330] Faktisch kann ein einheitliches Marketingkonzept, das sich einem nationalen Unterlassungsanspruch ausgesetzt sieht, daher nur insgesamt unterlassen werden. Dadurch erstreckt sich eine auf einen nationalen Markt beschränkte Untersagung faktisch auch auf die anderen von der Maßnahme berührten Märkte. Konkurrierenden Unternehmen und anderen Klagebefugten wird so die Möglichkeit eröffnet, durch Berufung auf das strengste Recht die gesamte Wettbewerbshandlung zu unterbinden.[331] Einzige Voraussetzung ist, daß der Anspruchsteller eine gewisse Beziehung zu dem Markt aufweisen muß, auf dessen Marktrecht er seinen Anspruch stützt. Denn andernfalls dürfte nicht nur die Annahme des Rechtsschutzbedürfnisses bedenklich, sondern auch die Aktivlegitimation des Anspruchstellers nach den meisten Wettbewerbsrechtsordnungen nicht gegeben sein.[332] Tritt der Kläger aber genauso international auf wie der Beklagte, steht der Durch-

---

328 Zu der territorialen Aufspaltung und Vielfalt der Rechtsfolgen bei *Multistate*-Wettbewerb vgl. *Dethloff*, Europäisierung des Wettbewerbsrechts, S. 122ff.

329 So ist es zum Beispiel möglich, für verschiedene Adressaten oder Adressatenkreise unterschiedliche Werbung auf *websites* einzublenden. Vgl. *Dethloff*, Europäisierung des Wettbewerbsrechts, S. 124.

330 Vgl. *Dethloff*, Europäisierung des Wettbewerbsrechts, S. 124.

331 Vgl. *Dethloff*, Europäisierung des Wettbewerbsrechts, S. 125.

332 So hält *Dethloff* (Europäisierung des Wettbewerbsrechts, S. 126) es für problematisch, wenn ein Anspruchsteller, der keinerlei Beziehung zum ausländischen Markt hat, dessen Recht die Maßnahme verbietet, faktisch auch für das Inland ein Verbot erwirken könnte. Ähnlich auch Staudinger-*von Hoffmann*, Art. 38 EGBGB, Rn. 546 („kein berechtigtes Interesse").

setzung des Klagebegehrens nichts im Wege: Vor allem Unternehmen, die auf mehreren Märkten tätig sind, können sich damit vor inländischen Gerichten auf das jeweils strengste Recht stützen, nach dem sich dann faktisch die ganze Wettbewerbshandlung zu richten hat.[333]

Durch ein geschicktes prozessuales Verhalten lassen sich die Erfolgsaussichten der Klage weiter steigern, indem der Anspruchsteller im Wege des *forum shoppings*[334] Einfluß auf das anwendbare Sachrecht nimmt. Zwar folgt aus der Annahme der internationalen Zuständigkeit nicht zwangsläufig auch die Anwendung der *lex fori*.[335] Welches nationale Sachrecht Anwendung findet, wird vielmehr selbständig durch die Regeln des nationalen Kollisionsrechts beantwortet. Dennoch hat die Wahl des *forums* oft genug auch entscheidende Bedeutung für den materiellen Erfolg oder Mißerfolg der Klage. Denn die unterschiedliche Ausgestaltung der nationalen Kollisionsrechte und die Praxis der Gerichte können bei demselben Sachverhalt durchaus zu unterschiedlichen Sachrechten und diese wiederum zu unterschiedlichen Ergebnissen führen. Damit fällt der Blick auf die internationale Zuständigkeit für Wettbewerbsverletzungen. Sie richtet sich in Europa nach Art. 5 Nr. 3 des Europäischen Gerichtsstands- und Vollstreckungsübereinkommens (EuGVÜ)[336]. Dieser eröffnet für alle Fälle der außervertraglichen Schadenshaftung den besonderen Gerichtsstand des Tatorts, der auch auf der verfahrensrecht-

---

333 Vgl. *Dethloff*, Europäisierung des Wettbewerbsrechts, S. 126f.

334 Der Ausdruck des *Forum Shoppings*, der sich im Anschluß an den englischen und amerikanischen Sprachgebrauch auch in der deutschen Rechtssprache eingebürgert hat, steht für das Verhalten eines Klägers, der das Forum für einen Rechtsstreit unter mehreren zuständigen Gerichten berechnend auswählt. Näher *Kropholler*, Internationales Privatrecht, S. 593f.

335 Zum Verhältnis von Internationaler Zuständigkeit und anwendbarem Recht vgl. *Geimer*, Internationales Zivilprozeßrecht, S. 290ff.

336 Übereinkommen über die gerichtliche Zuständigkeit und die Vollstreckung gerichtlicher Entscheidungen in Zivil- und Handelssachen vom 27. September 1968, das auf der Grundlage des Art. 220 EWGV (Art. 293 EGV n.F.) zunächst zwischen den damaligen sechs Mitgliedstaaten der Europäischen Gemeinschaft geschlossen wurde (BGBl. 1972 II, S. 774) und heute in der Fassung der Beitrittsübereinkommen vom 29. November 1996 (BGBl. 1998 III, S. 209) in Kraft ist. Ab 1.3.2002 wird es als auf Art. 61 lit. c und Art. 67 Abs. 1 EGV gestützte Verordnung in den gemeinschaftsrechtlichen Besitzstand überführt werden (Verordnung 2001/44/EG des Rates vom 22. Dezember 2000 über die gerichtliche Zuständigkeit und die Anerkennung und Vollstreckung von Entscheidungen in Zivil- und Handelssachen, ABl. EG vom 16.1.2001 Nr. L 12, S. 1ff).

lichen Ebene wettbewerbsspezifisch auszulegen ist.[337] Neben dem allgemeinen Gerichtsstand des Wohnsitzes des Beklagten kann gegen Wettbewerbsrechtsverletzungen im Internet also überall dort vorgegangen werden, wo die streitgegenständliche Maßnahme eine spürbare Marktbeeinflussung hervorzurufen in der Lage ist.[338] Auch auf der verfahrensrechtlichen Ebene werden die Grenzen der betroffenen Märkte dabei um so mehr verschwimmen, je globaler die Maßnahme ausgerichtet ist. Multiple Gerichtsstände und die Möglichkeit zum *forum shopping* in bedenklichem Ausmaß sind die Folge.[339]

Obwohl das *forum shopping* als Folge konkurrierender internationaler Zuständigkeiten grundsätzlich legitim ist[340], ist Skepsis angebracht, je weiter die Auswahlmöglichkeit des Klägers reicht. Das Wahlrecht des Klägers verliert spätestens dann seine Rechtfertigung, wenn der Kläger den Beklagten auch

---

337 Vgl. *Lindacher*, Internationale Zuständigkeit in Wettbewerbssachen, in: Festschrift für Nakamura, S. 321, 326ff. Obwohl die Ausführungen *Lindachers* den Gerichtsstand der Wettbewerbshandlung nach autonomen deutschem IZPR betreffen, lassen sich die marktbezogenen Gründe, die er für die Anknüpfung an den Ort der wettbewerblichen Interessenkollision anführt, angesichts des sich auch in Europa durchsetzenden Verständnisses des Wettbewerbsrechts als Marktrecht auf die Auslegung des Art. 5 Nr. 3 EuGVÜ übertragen. Vgl. auch *Dethloff*, Europäisierung des Wettbewerbsrechts, S. 134 sowie - etwas zurückhaltender - *Vianello*, Das internationale Privatrecht des unlauteren Wettbewerbs in Deutschland und Italien, S. 301f.

338 Zur internationalen Gerichtszuständigkeit bei Wettbewerbsrechtsverletzungen im Internet vgl. *Schack*, Internationale Urheber-, Marken- und Wettbewerbsrechtsverletzungen im Internet: Internationales Zivilprozeßrecht, MMR 2000, 135, 137f; *Pichler*, Internationale Gerichtszuständigkeit im Online-Bereich, in: Vernetzte Welt - globales Recht, S. 229, 248f; *Bachmann*, Der Gerichtsstand der unerlaubten Handlung im Internet, IPRax 1998, 179, 184ff; *Mankowski*, Wettbewerbsrechtliches Gerichtspflichtigkeits- und Rechtsanwendungsrisiko bei Werbung über Websites, CR 2000, 763, 764ff; *Niebler*, in: Loewenheim/Koch, Praxis des Online-Rechts, S. 249f; *Weber*, E-Commerce und Recht, S. 112; allgemein: *Kuner*, Internationale Zuständigkeitskonflikte im Internet, CR 1996, 453ff und *Koch*, Internationale Gerichtszuständigkeit und Internet, CR 1999, 121ff. Aus der Rechtsprechung: OLG Bremen, Urteil vom 17.1.2000, CR 2000, 770; OLG Frankfurt, Urteil vom 3.12.1998, K&R 1999, 138f; LG Frankfurt a.M., Urteil vom 9.11.2000, K&R 2001, 153; LG Karlsruhe, Urteil vom 23.11.1998, ZUM-RD 1999, 395, 396; KG Berlin, Urteil vom 25.3.1997, NJW 1997, 3321f.

339 Vgl. *Schack*, Internationale Urheber-, Marken- und Wettbewerbsrechtsverletzungen im Internet: Internationales Zivilprozeßrecht, MMR 2000, 135, 138.

340 Vgl. *Geimer*, Internationales Zivilprozeßrecht, Rn. 1096; *Schack*, Internationales Zivilverfahrensrecht, Rn. 222.

an Orten vor Gericht bringen kann, zu denen der Rechtsstreit kaum einen nennenswerten Bezug hat.[341] Deshalb überlegt man, ob bei Wettbewerbsrechtsverletzungen eine Einschränkung der Tatortzuständigkeit des Art. 5 Nr. 3 EuGVÜ nach dem Vorbild der *Fiona Shevill*-Entscheidung des EuGH[342] möglich ist.[343] Nach dieser Entscheidung hat der Kläger bei Ehrverletzungen zwar nach wie vor die im Deliktsrecht anerkannte Wahl zwischen den Gerichten am Handlungs- und den Erfolgsorten[344], an letzteren wird die Kognitionsbefugnis des Gerichtes aber stark begrenzt. An den Erfolgsorten soll nicht mehr der gesamte Schaden, sondern nur noch der in dem jeweiligen Staat entstandene Schaden geltend gemacht werden dürfen. Dem Kläger verbleibt also nur noch die Möglichkeit aufwendiger Mehrfachprozesse, wenn er seinen Gesamtschaden am Gerichtsstand des Erfolgsortes geltend machen will.[345] *Forum shopping* verliert dadurch deutlich an Attraktivität. Daß die Beurteilung der verschiedenen Gesichtspunkte ein und desselben Rechtsstreits durch unterschiedliche Gerichte gleichfalls nicht unproblematisch ist, erkennt der EuGH zwar an.[346] Doch hält er die Zersplitterung des

---

341 *Pichler*, Internationale Gerichtszuständigkeit im Online-Bereich, in: Vernetzte Welt - globales Recht, S. 229, 236.

342 EuGH vom 7. 3. 1995, Rs. C-68/93, Slg. 1995, I-415ff - *Fiona Shevill u.a./Presse Alliance SA*. Der Entscheidung des EuGH lag die Klage von Frau *Fiona Shevill* vor einem englischen Gericht zugrunde, mit der sie Schadensersatz für die in einem Artikel der Zeitschrift *France Soir* enthaltene ehrverletzende Behauptung forderte, die sie in Verbindung mit illegalen Drogengeschäften brachte.

343 Vgl. *Pichler*, Internationale Gerichtszuständigkeit im Online-Bereich, in: Vernetzte Welt - globales Recht, S. 229, 250f; *Schack*, Internationale Urheber-, Marken- und Wettbewerbsrechtsverletzungen im Internet, MMR 2000, 135, 139; *Dethloff*, Europäisierung des Wettbewerbsrechts, S. 133ff.

344 Basierend auf der Entscheidung des EuGH vom 30.11.1976, Rs. 21/76, Slg. 1976, 1735 - *Mines de Potasse*.

345 Vgl. *Dethloff*, Europäisierung des Wettbewerbsrechts, S. 133; ähnlich *Pichler*, Internationale Gerichtszuständigkeit im Online-Bereich, in: Vernetzte Welt - globales Recht, S. 229, 250 sowie *Kreuzer/Klötgen*, Die *Shevill*-Entscheidung des EuGH: Abschaffung des Deliktsortsgerichtsstands des Art. 3 Nr. 5 EuGVÜ für ehrverletzende Streudelikte, IPRax 1997, 90, 96.

346 Genau dies hat der Rechtsprechung auch massive Kritik aus der Literatur eingebracht. Vgl. nur *Schack*, Internationale Urheber-, Marken- und Wettbewerbsrechtsverletzungen im Internet: Internationales Zivilprozeßrecht, MMR 2000, 135, 139, der die Begrenzung der Kognitionsbefugnis als dogmatisch, praktisch und rechtspolitisch verfehlt brandmarkt. Ablehnend äußern sich auch: *Kreuzer/Klötgen*, Die *Shevill*-Entscheidung des

Rechtsstoffs am Erfolgsort für tragbar, da der Kläger stets die Möglichkeit habe, seinen gesamten Anspruch bei dem Gericht des Handlungsortes anhängig zu machen.[347]

Im Gegensatz zu Persönlichkeitsrechtsverletzungen besteht für Wettbewerbsrechtsverletzungen allerdings keine Wahlmöglichkeit des Klägers zwischen Handlungs- und Erfolgsort.[348] Aufgrund der wettbewerbsspezifischen Auslegung des Art. 5 Nr. 3 EuGVÜ ist allein das Gericht am Marktort international zuständig, von dem allgemeinen Gerichtsstand am Wohnsitz des Beklagten einmal abgesehen. Wenn der Kläger nicht auf diesen sachfernen und ihm fremden Gerichtsstand ausweichen will, wäre er bei einer Übertragung der *Fiona-Shevill*-Entscheidung auf wettbewerbsrechtliche Streitigkeiten zu einer großen Zahl paralleler Erkenntnis- und Vollstreckungsverfahren gezwungen. Ein anderer sachlich angemessener Gerichtsstand stünde ihm nicht zur Verfügung, an dem er den Gesamtschaden geltend machen könnte. Die Grenze des Zumutbaren würde dadurch eindeutig überschritten und der Marktort als internationaler Gerichtsstand in einer rechtspolitisch und dogmatisch nicht gerechtfertigten Weise entwertet werden. Im Ergebnis besteht deshalb kein Zweifel, daß eine Übertragung der *Shevill*-Entscheidung auf das Wettbewerbsrecht nicht in Frage kommt.[349] Wettbewerbsrechtliche Ansprüche können vielmehr in vollem Umfang vor den Gerichten des Staates geltend gemacht werden, deren Marktgeschehen durch die streitgegenständli-

---

EuGH: Abschaffung des Deliktsortsgerichtsstands des Art. 3 Nr. 5 EuGVÜ für ehrverletzende Streudelikte, IPRax 1997, 90, 93ff; *Kubis*, Internationale Zuständigkeit bei Persönlichkeits- und Immaterialgüterrechtsverletzungen, S. 134ff; *Boele-Woelki*, Internet und IPR: Wo geht jemand ins Netz? BerDGesVöR 39 (2000) 307, 343; *Schack*, Entscheidungszuständigkeiten in einem weltweiten Gerichtsstands- und Vollstreckungsübereinkommen, ZEuP 1998, 931, 948. Dem EuGH zustimmend: *Huber*, Persönlichkeitsschutz gegenüber Massenmedien im Rahmen des Europäischen Zivilprozeßrechts, ZEuP 1996, 294, 300, 306ff sowie *Wagner*, Ehrenschutz und Pressefreiheit im europäischen Zivilverfahrens- und Internationalem Privatrecht, RabelsZ 62 (1998) 243, 284f.

347 EuGH, 7. 3. 1995, Rs. C-68/93, Slg. 1995, I-415, 462, Tz. 32 – *Fiona Shevill u.a./Presse Alliance SA*.

348 Siehe Seite 81f.

349 Vgl. *Pichler*, Internationale Gerichtszuständigkeit im Online-Bereich, in: Vernetzte Welt – globales Recht, S. 229, 251; *Schack*, Internationale Urheber-, Marken- und Wettbewerbsrechtsverletzungen im Internet, MMR 2000, 135, 139; *Dethloff*, Europäisierung des Wettbewerbsrechts, S. 134.

che Marketingmaßnahme spürbar beeinflußt wird. Daß dies vor allem dann, wenn es im Internet an einer Ausrichtung der Marketingmaßnahme auf bestimmte nationale Märkte fehlt, zu Schwierigkeiten bei der Abgrenzung der internationalen Zuständigkeit führt und zum *forum shopping* geradezu einlädt, ist Folge der mediumsbedingten Schwächen der Marktortanknüpfung. Somit wird nur noch einmal auf der verfahrensrechtlichen Ebene demonstriert, was auch die Untersuchungen des Kollisionsrechts schon gezeigt haben: Je globaler die Ausrichtung der Marketingmaßnahme erfolgt, desto deutlicher werden die Grenzen der Anknüpfung an den Marktort im Internet.

III. Ergebnis

Selten wird das Auseinanderklaffen von wirtschaftlich und rechtlich relevanten Märkten so deutlich wie im Bereich des elektronischen Handels. Die Marktortanknüpfung stößt im Internet an ihre Grenzen. Sobald es an einer objektiv feststellbaren Affinität der Marketingmaßnahme zu bestimmten nationalen Märkte fehlt, kommen ihre Schwächen klar zum Vorschein. Vor allem im Bereich des direkten elektronischen Handels lassen sich die Grenzen der umworbenen Märkte kaum noch definieren – geschweige denn eine Ausrichtung auf bestimmte nationale Märkte erkennen. Die wettbewerbsrechtliche Haftung der Anbieter von Waren und Dienstleistungen im Internet wird daher oft nach einer großen, häufig schwer vorhersehbaren Zahl von Rechtsordnungen zu beurteilen sein. Dies führt zu einer eklatanten Rechtsunsicherheit im Internet und bringt für den Werbenden zugleich empfindliche Einbußen in der freien Gestaltung seines Marketingkonzepts mit sich. Besonders innovativ und offensiv ausgerichtete Marketingkonzepte laufen Gefahr, durch Klagen konkurrierender Unternehmen aus dem Netz verbannt zu werden. Je globaler die Ausrichtung der Marketingmaßnahme erfolgt, desto eher ist damit zu rechnen, daß sich ein Recht findet, auf dessen Grundlage ein rechtlich zwar beschränkter, faktisch aber umfassend wirkender Unterlassungsanspruch gestützt werden kann. Die Möglichkeit zum *forum shopping* trägt zur Steigerung der Erfolgsaussichten eines solchen Vorgehens weiter bei. Nicht zu Unrecht wird daher befürchtet, daß die geltenden rechtlichen Rahmenbedingungen geeignet sind, das ökonomische Potential des E-Commerce über Gebühr zu bremsen.

Teil 3

Online-Marketing im Lichte des Binnenmarktes

A. Die Bedeutung des E-Commerce für den europäischen Binnenmarkt und die Rolle des Online-Marketings

I. E-Commerce: Spiegel des europäischen Binnenmarktziels

Nach Art. 14 Abs. 2 EGV umfaßt der Binnenmarkt einen Raum ohne Binnengrenzen, in dem der freie Verkehr von Waren, Personen, Dienstleistungen und Kapital gemäß den Bestimmungen des Vertrages gewährleistet ist. Ziel ist, die Barrieren zu beseitigen, die aus der rechtlichen Zersplitterung des europäischen Wirtschaftsraums folgen, und durch ein Rechtsregime zu ersetzen, das zu möglichst gleichen Wettbewerbsbedingungen für alle Wirtschaftsteilnehmer führt.[350] Denn erst dann, wenn die Marktteilnehmer überall weitgehend gleiche Regeln vorfinden und verbleibende Differenzen ohne Einfluß auf ihre ökonomischen Entscheidungen sind, ist das europäische Integrationsziel erreicht.[351]

Anspruch und Realität sind jedoch noch weit voneinander entfernt; die Probleme des *multistate*-Wettbewerbs im Internet machen das deutlicher

---

350 Der EuGH beschreibt den Begriff „Gemeinsamer Markt" als „die Beseitigung aller Hemmnisse im innergemeinschaftlichen Handel mit dem Ziele der Verschmelzung der nationalen Märkte zu einem einheitlichen Markt, dessen Bedingungen denjenigen eines wirklichen Binnenmarktes möglichst nahe kommen" (EuGH vom 5.5.1982, Rs. 15/81, Slg. 1982, 1409, 1431f Tz. 33 - *Gaston Schul*). Das Verhältnis zwischen dem „Gemeinsamen Markt" und dem „Binnenmarkt" ist umstritten. Darstellung des Streitstandes bei *Hatje*, in: Schwarze, EU-Kommentar, Art. 14 Rn. 4ff m.w.N. Vgl. auch: *Kahl*, in: Calliess/Ruffert, EUV/EGV, Art. 14, Rn. 6ff; *Streinz*, Europarecht, Rn. 948ff; *Herdegen*, Europarecht, Rn. 274; *Zacker*, Binnenmarkt und Gemeinsamer Markt, RIW 1989, 489ff; *Dauses*, Die rechtliche Dimension des Binnenmarktes, EuZW 1990, 8, 9ff sowie *Mortelmans*, The common Market, the internal market and the single market, what´s in a market?, CMLR 35 (1998) 101, 107f.

351 *v. Bogdandy*, in: Grabitz/Hilf, EGV, Art. 14, Rn. 10.

denn je. Die Öffnung des Internets für die Kommerzialisierung mag in wirtschaftlicher Hinsicht zwar zu einer Auflösung der nationalen Grenzen geführt haben. Rechtlich aber bestehen diese Grenzen nach wie vor. Die kollisionsrechtliche Verknüpfung einer einheitlichen Marketingmaßnahme mit einer Vielzahl unterschiedlich ausgestalteter nationaler Wettbewerbsrechte läßt die rechtliche Zersplitterung des europäischen Wirtschaftsraums deutlich hervortreten. Rechtsunsicherheit und ein nicht unerheblicher Anstieg der Transaktionskosten sind die Folge und drohen das wirtschaftliche Potential des E-Commerce zu ersticken – ein Befund, der den Interessen der Europäischen Gemeinschaft in rechtlicher und wirtschaftlicher Hinsicht zuwiderläuft. Denn der elektronische Handel ist aufgrund seiner transnationalen Strukturen nicht nur Spiegelbild des europäischen Binnenmarktziels, sondern auch als wichtiger Faktor des europäischen Wirtschaftswachstums und Indikator für die Wettbewerbsfähigkeit der Europäischen Union auf der internationalen Ebene, vor allem im Vergleich zu den USA und Japan.[352]

II. Die Rolle des Marketings

Im Rahmen des wirtschaftlichen Wettbewerbs nimmt das Marketing eine entscheidende Position ein.[353] Seine Bedeutung für das Marktgeschehen läßt sich am Beispiel des elektronischen Handels gut veranschaulichen: Der Nutzer moderner Online-Dienste wird einer solchen Flut von Informationsangeboten ausgesetzt, daß das einzelne Angebot darin unterzugehen droht. Ohne ein offensives Anlocken der Kunden ist es dem Unternehmen im Internet daher kaum möglich, den maßgeblichen „Klick" auszulösen, der auf seine *website* führt. Marketing dient also dazu, den Kunden zu informieren und zum Kauf zu motivieren. In dieser Funktion als Brücke zwischen Angebot und Nachfrage ist es auch aus der Perspektive des Gemeinschaftsrechts

---

352 Vgl. Erwägungsgrund (2) der E-Commerce-Richtlinie sowie *Glöckner*, Wettbewerbsverstöße im Internet – Grenzen einer kollisionsrechtlichen Problemlösung, ZVglRWiss 99 (2000) 278, 287f, *Fritze/Hollerbach*, Die Electronic-Commerce-Richtlinie, WRP 2000, 872; *Lindholm/Maennel*, Directive on Electronic Commerce, CRi 2000, 65, 66.

353 Vgl. *Hatje*, Werbung und Grundrechtsschutz in rechtsvergleichender Betrachtung, in: Werbung und Werbeverbote im Lichte des europäischen Gemeinschaftsrechts, S. 37; ähnlich *Schwarze*, Werbung im Gemeinschaftsrecht – Rechtsbestand und Grundfrage, in: Werbung und Werbeverbote im Lichte des europäischen Gemeinschaftsrechts, S. 9, 11.

wichtig.[354] Denn der Anbieter von Waren und Dienstleistungen ist auf Werbung und andere absatzfördernde Maßnahmen angewiesen, wenn er auf ausländischen Märkten Fuß fassen will. Grenzüberschreitende Marketingmaßnahmen ermöglichen es ihm, den ausländischen Verbraucher über seine Produkte zu informieren und dadurch die grenzüberschreitende Nachfrage zu erzeugen, die die Märkte für die ausländischen Anbieter öffnet.[355] Marketing ist daher ein wichtiges Instrument der Binnenmarktintegration. Entsprechend bedenklich sind seine Beschränkungen durch nationale Wettbewerbsregeln. Denn diese neigen dazu, die inländischen Märkte zu protektionieren: Bestehende Nachfragestrukturen werden aufrechterhalten, eine „gegenseitige Durchdringung" der Märkte erschwert, wenn nicht sogar unmöglich gemacht.[356] Deshalb sind nationale Wettbewerbsregeln immer dann, wenn sie den Marktzutritt behindern, gemeinschaftsrechtlich begründeten Rechtfertigungszwängen unterworfen.

---

354 Vgl. *Schwarze*, Werbung im Gemeinschaftsrecht - Rechtsbestand und Grundfrage, in: Werbung und Werbeverbote im Lichte des europäischen Gemeinschaftsrechts, S. 9, 12f und *Keßler*, Wettbewerbsrechtliches Irreführungsverbot und Freiheit des Warenverkehrs, EuZW 1991, 107.

355 *Schwarze*, Werbung im Gemeinschaftsrecht - Rechtsbestand und Grundfrage, in: Werbung und Werbeverbote im Lichte des europäischen Gemeinschaftsrechts, S. 9, 12.

356 Vgl. die Ausführungen des Generalanwalts *F. G. Jacobs* in seinen Schlußanträgen vom 24.11.1994, Rs. C-142/93, Slg. 1995, I-179, 187 (dort auch das Zitat) - *Leclerc-Siplec*.

B. Die Reaktion des Gemeinschaftsrechts auf das Problem des *Multistate*-Wettbewerbs

I. Der Anwendungsbereich von Warenverkehrs- und Dienstleistungsfreiheit im Kontext des Online-Marketings

Werbung und andere Absatztätigkeiten unterliegen dem Anwendungsbereich der Grundfreiheiten grundsätzlich in doppelter Hinsicht.[357] Werden sie als selbständige Wirtschaftstätigkeit betrieben, handelt es sich in aller Regel um Dienstleistungen im Sinne des Art. 50 Abs. 1 EGV.[358] Nach dieser Vorschrift ist eine Leistung immer dann als Dienstleistung zu qualifizieren, wenn sie gegen Entgelt erbracht wird und nicht in den Anwendungsbereich einer der anderen Grundfreiheiten fällt. Es muß sich also um eine selbständige Tätigkeit handeln, die nur vorübergehender Natur ist und deren Ergebnis keine Art. 28 EGV zurechenbare Ware sein darf. Beispielhaft nennt Art. 50 Abs. 2 EGV gewerbliche, kaufmännische, handwerkliche und freiberufliche Tätigkeiten - eine Aufzählung, in die sich das Marketing ohne Schwierigkeiten einordnen läßt.[359] Desweiteren wird das Marketing aber auch in seiner Rolle als Instrument der Binnenmarktintegration und Wegbereiter des grenzüberschreitenden Handels von den Grundfreiheiten erfaßt.[360] Es wird von der Waren- und Dienstleistungsfreiheit genauso geschützt wie das Pro-

---

357 Vgl. *Timmermans*, Werbung und Grundfreiheiten, in: Werbung und Werbeverbote im Lichte des europäischen Gemeinschaftsrechts, S. 26f.

358 Zu den Entscheidungen des EuGH, in denen er sich mit dem Marketing als Dienstleistung auseinandersetzt und die Werbewirtschaft als Trägerin der Dienstleistungsfreiheit anerkennt, zählen: EuGH vom 26.4.1988, Rs. 352/85, Slg. 1988, 2085, 2131 Tz. 14 u. 16 - *Bond van Adverteerders*; EuGH vom 25.7.1991, Rs. C-288/89, Slg. 1991, I-4007, 4042 Tz. 17 - *Mediawet I* sowie EuGH vom 25.7.1991, Rs. C-353/89, Slg. 1991, I-4069, 4099 Tz. 38 - *Mediawet II*. Vgl. auch *Dethloff*, Europäisierung des Wettbewerbsrechts, S. 222ff; *Drasch*, Das Herkunftslandprinzip im internationalen Privatrecht, S. 183ff; *Reich*, Die Freiheit der Dienstleistungsfreiheit als Grundfreiheit, ZHR 153 (1989) 571, 579; *Reese*, Grenzüberschreitende Werbung in der Europäischen Gemeinschaft, S. 65.

359 Ausführlich zur Qualifikation des Marketings als Dienstleistung: *Dethloff*, Europäisierung des Wettbewerbsrechts, S. 220ff.

360 Zur Rolle des Marketings als Instrument der Binnenmarktintegration siehe Seite 88.

dukt selbst, das es zu vermarkten gilt: Handelt es sich bei dem vermarkteten Produkt um eine Ware, ist die Warenverkehrsfreiheit betroffen, handelt es sich um eine Dienstleistung, ist es die Dienstleistungsfreiheit.[361]

Diese klare akzessorische Zuordnung stößt im Internet jedoch an ihre Grenzen. Ursache ist, daß das in der Vermarktung von Waren und Dienstleistungen stets mitenthaltene Leistungselement im Online-Bereich aus dem Schatten des geleisteten Produkts heraustritt. Bei Dienstleistungen hat dies keine weiteren Folgen, da die Vermarktung von Dienstleistungen ohnehin der Dienstleistungsfreiheit zugeordnet wird. Auswirkungen zeigen sich aber bei der Frage, wie der Online-Vertrieb von Waren zu beurteilen ist, die zum elektronischen Abruf in das Netz gestellt worden sind. Denn in digitalisierter Form verlieren sie mit der Körperlichkeit zugleich die Eigenschaft, die üblicherweise als Kriterium zur Abgrenzung von Warenverkehrs- und Dienstleistungsfreiheit herangezogen wird.[362] Außerdem kommt der Leistung selbst wesentlich stärkeres Gewicht zu: Solange ein Produkt in verkörperter Form in den Verkehr gebracht wird, steht es gegenüber der zugrundeliegenden Leistung greifbar im Vordergrund; die Leistung liegt in der Lieferung der Ware, und die Warenverkehrsfreiheit ist einschlägig.[363] Die Bereitstellung digitalisierter Ware im Netz wird dagegen nicht nur von der Ware selbst, sondern ganz wesentlich auch von der Leistung, der Vorhaltung einer permanenten Abrufbarkeit, geprägt.

Wenn Warenlieferung und darauf bezogene Dienstleistung Bestandteile ein- und derselben Leistungsbeziehung sind, wird grundsätzlich zunächst eine mögliche Aufspaltung beider Bereiche geprüft[364]: So hat der EuGH in der Rechtssache *Sacchi* Fernsehsendungen als Dienstleistungen charakteri-

---

361 Vgl. *Timmermans*, Werbung und Grundfreiheiten, in: Werbung und Werbeverbote im Lichte des europäischen Gemeinschaftsrechts, S. 26, 27.

362 Auf die Schwierigkeiten der herkömmlichen Abgrenzung bei immateriellen Waren verweist bereits *Steindorff*, Dienstleistungsfreiheit im EG-Recht, RIW 1983, 831, 832 unter Bezugnahme auf *Hunnings*, Annotations on Case 54/79 und Case 62/79, CMLR 17 (1980) 564, 569. Zu der Problematik im Kontext des Internets vgl. *Apel/Grapperhaus*, Das Offline-Online-Chaos oder wie die Europäische Kommission den grenzüberschreitenden Werbemarkt zu harmonisieren droht, WRP 1999, 1247, 1255 sowie *Dethloff*, Europäisierung des Wettbewerbsrechts, S. 225.

363 Vgl. *Müller-Graff*, in: Groeben/Thiesing/Ehlermann, Art. 30 Rn. 274.

364 *Holoubek*, in: Schwarze, EU-Kommentar, Art. 50 Rn. 15.

siert; den Handel mit sämtlichen Materialien, Tonträgern, Filmen und sonstigen Erzeugnissen, die für die Ausstrahlung von Fernsehsendungen benutzt werden, dagegen der Warenverkehrsfreiheit zugerechnet.[365] Eine solch klare Trennung mit entsprechend eindeutigen Zuordnungsergebnisse läßt sich jedoch bei der Leistung digitalisierter Waren im Netz nicht nachvollziehen, da sich die digitalisierte Ware gerade nicht so klar von der ihr zugrunde liegenden Leistung abgrenzen läßt. Deshalb kommt es darauf an, welcher Bestandteil der Gesamtleistung im Vordergrund steht und der Leistungsbeziehung dadurch die maßgebende Prägung gibt.[366] Führt man sich dazu die permanenten Zugriffsmöglichkeiten auf literarische Datenbanken, Musik und wissenschaftliche Publikationen vor Augen, die durch das Netz ermöglicht werden, so legt das medienspezifische Leistungselement, das darin zum Ausdruck kommt, eine Einordnung in den Bereich der Dienstleistungsfreiheit nahe. Eine solche Einordnung harmonierte auch am besten mit der etablierten Qualifikation von Fernseh- und Rundfunksendungen als Dienstleistungen: Es erscheint wenig überzeugend, Rundfunk- und Fernsehsendungen als Dienstleistungen, Online-Presse dagegen wie Printmedien als Ware zu betrachten. Der zunehmenden Konvergenz der Medien entspricht vielmehr eine einheitliche rechtliche Beurteilung.[367]

Zeitschriften, Bücher, Videofilme und andere digitalisierbare Produkte sind in aller Regel jedoch nicht nur im Netz, sondern auch außerhalb des Netzes erhältlich. Dort aber unterliegen sie der Warenverkehrsfreiheit. Die Einordnung online vertriebener Waren als Dienstleistungen würde somit dazu führen, daß die Zuordnung ein- und desselben Produkts zum Waren- oder Dienstleistungsverkehr ausschließlich von dem gewählten Vertriebsmedium abhängt. Um dies zu vermeiden, wird erwogen, digitalisierbare Produkte unabhängig von der Art der Lieferung stets als Waren zu qualifizieren. Folge wäre, daß sowohl bei der Verkörperung der Leistung in einer beweglichen Ware als auch bei der elektronischen Übertragung die Warenverkehrsfreiheit einschlägig wäre.[368] Angesichts der etablierten Qualifikation

---

365 EuGH vom 30.4.1974, Rs. 155/73, Slg. 1974, 409, 428 Tz. 6 u. 7/8 - *Sacchi*.

366 Vgl. *Holoubek*, in: Schwarze, EU-Kommentar, Art. 50, Rn. 15.

367 *Dethloff*, Europäisierung des Wettbewerbsrechts, S. 227.

368 *Hunnings*, Annotations on Case 54/79 und Case 62/79, CMLR 17 (1980) 564, 568f.

von Rundfunk- und Fernsehsendungen als Dienstleistungen entstünden dann jedoch wiederum Schwierigkeiten, diese überzeugend von elektronisch übertragenen Waren abzugrenzen.[369]

Klarheit in das Auslegungsdilemma brachte die E-Commerce-Richtlinie: Sie knüpft bei der Definition dessen, was sie als „Dienst der Informationsgesellschaft"[370] dem Anwendungsbereich der Richtlinie unterwirft, ausschließlich an das Medium an: Der Online-Verkauf von Waren gilt als Dienst der Informationsgesellschaft, Tätigkeiten wie die Auslieferung der Waren als solche nicht.[371] Kritik blieb nicht aus.[372] Doch das „Online-Offline-Chaos"[373], das durch die medienabhängige Betrachtungsweise entsteht, verliert dadurch die strukturelle Annäherung der Grundfreiheiten seine Brisanz. Ob die Warenverkehrs- oder die Dienstleistungsfreiheit einschlägig ist, hat auf das Ergebnis in der Sache keine Auswirkung.

II. Die Geltung des Herkunftslandprinzips im Primärrecht

1. *Entwicklung*

Aufgabe der Grundfreiheiten ist die Umsetzung des Binnenmarktziels durch die Beseitigung der Hindernisse, die dem freien Waren-, Personen-,

---

369 *Dethloff*, Europäisierung des Wettbewerbsrechts, S. 227.

370 Zur Definition der Dienste der Informationsgesellschaft wird in Art. 2 lit. a der E-Commerce-Richtlinie Bezug genommen auf die Richtlinie 98/34/EG des Europäischen Parlaments und des Rates vom 22. Juni 1998 über ein Informationsverfahren auf dem Gebiet der technischen Vorschriften und der Vorschriften für die Dienste der Informationsgesellschaft (ABl. EG L 204 vom 21.7.1998, S. 37) und die Richtlinie 98/84/EG des Europäischen Parlaments und des Rates vom 20. November 1998 über den rechtlichen Schutz von zugangskontrollierten Diensten und von Zugangskontrolldiensten (ABl. EG L 320 vom 28.11.1998, S. 54). Danach umfassen die Dienste der Informationsgesellschaft „alle Dienstleistungen, die in der Regel gegen Entgelt im Fernabsatz mittels Geräten für die elektronische Verarbeitung (einschließlich digitaler Kompression) und Speicherung von Daten auf individuellen Abruf eines Empfängers erbracht werden".

371 Erwägungsgrund (18).

372 Vgl. *Spindler*, E-Commerce in Europa, MMR-Beilage 2000, 4, 7f („unselige Differenzierung"); *Apel/Grapperhaus*, Das Offline-Online-Chaos oder wie die Europäische Kommission den grenzüberschreitenden Werbemarkt zu harmonisieren droht, WRP 1999, 1247, 1255.

373 *Apel/Grapperhaus*, Das Offline-Online-Chaos oder wie die Europäische Kommission den grenzüberschreitenden Werbemarkt zu harmonisieren droht, WRP 1999, 1247, 1255.

Dienstleistungs- und Kapitalverkehr zwischen den Mitgliedstaaten entgegenstehen. Alle Grundfreiheiten enthalten dazu ein Diskriminierungsverbot: Ausländische Waren dürfen nicht anders behandelt werden als inländische[374], ausländische Arbeitnehmer[375] und Selbständige[376] müssen gleichen Bedingungen unterworfen werden, ausländische Dienstleistungen und ihre Erbringer dürfen gegenüber inländischen Dienstleistungen und ihren Erbringern nicht benachteiligt werden[377], und für ausländisches Kapital dürfen keine anderen Regeln gelten als für inländisches.[378]

Das Diskriminierungsverbot erstreckt sich sowohl auf „offene" als auch auf „versteckte" Diskriminierungen. Es betrifft Regelungen, die ausdrücklich an das Merkmal der ausländischen Herkunft, Staatsangehörigkeit oder Qualifikation anknüpfen genauso wie Regelungen, die zwar formal an ein anderes Merkmal anknüpfen, wegen der Gestaltung dieses Merkmals tatsächlich aber gleichfalls zu einer Diskriminierung führen.[379] Nicht erfaßt sind dagegen solche Handelshemmnisse, die sich aus der bloßen Unterschiedlichkeit der mitgliedstaatlichen Rechtsordnungen ergeben können.[380] Um diese Lücke im Schutz des freien Handelsverkehrs zu schließen, wurden die Grundfreiheiten im Laufe der Jahre von der Rechtsprechung des EuGH zu einem

---

[374] Vgl. z.B. EuGH vom 20.2.1975, Rs. 12/74, Slg. 1975, S. 181, 198 Tz. 14 – *Kommission/Deutschland*; EuGH vom 24.1.1978, Rs. 82/77, Slg. 1978, S. 25, 39 Tz. 16/20 – *van Tiggele*.

[375] Vgl. z.B. EuGH vom 28.3.1979, Rs. 175/78, Slg. 1979, 1129, 1135 Tz. 9 – *Saunders*; EuGH vom 15.10.1987, Rs. 222/86, Slg. 1987, 4097, 4115 Tz. 9 – *Heylens*.

[376] Vgl. z.B. EuGH vom 21.6.1974, Rs. 2/74, Slg. 1974, S. 631, 651 Tz. 16/20 – *Reyners*; EuGH vom 28.6.1977, Rs. 11/77, Slg. 1977, 1199, 1204, Tz. 9 – *Patrick*; EuGH vom 12.2.1987, Rs. 221/85, Slg. 1987, S. 719, 733 Tz. 10 – *Kommission/Belgien*; EuGH vom 20.4.1988, Rs. 204/87, Slg. 1988, 2029, 2039, Tz. 11 – *Bekaert*; EuGH vom 25.7.1991, Rs. C-221/89, Slg. 1991, I-3905, 3966, Tz. 28 – *Factortame*.

[377] Vgl. z.B. EuGH vom 17.12.1981, Rs. 279/80, Slg. 1981, 3305, 3324 Tz. 16 – *Webb*; EuGH vom 5.12.1989, Rs. C-3/88, Slg. 1989, 4035, 4059, Tz. 8 – *Kommission/Italien*.

[378] Vgl. *Classen*, Auf dem Weg zu einer einheitlichen Dogmatik der EG-Grundfreiheiten?, EWS 1995, 97.

[379] Beispiele bei *Holoubek*, in: Schwarze, EU-Kommentar, Art. 12, Rn. 39ff.

[380] *Eberhartinger*, Konvergenz und Neustrukturierung der Grundfreiheiten, EWS 1997, 43f; *Classen*, Auf dem Weg zu einer einheitlichen Dogmatik der EG-Grundfreiheiten?, EWS 1995, 97f.

umfassenden Beschränkungsverbot ausgebaut[381]: Heute gilt der allgemeine Satz, daß nationale Maßnahmen die Ausübung der durch den Vertrag garantierten grundlegenden Freiheiten nicht behindern oder weniger attraktiv machen dürfen, es sei denn, daß sie aus Gründen zwingenden Allgemeininteresses gerechtfertigt sind.[382]

a) *Warenverkehrsfreiheit*

Ausgangspunkt dieser Entwicklung war die Warenverkehrsfreiheit, die in Art. 28 EGV niedergelegte „Pionierfreiheit"[383] des EG-Vertrages. Danach sind mengenmäßige Einfuhrbeschränkungen sowie alle Maßnahmen gleicher Wirkung zwischen den Mitgliedstaaten verboten. Zu diesen im Vertragstext nicht näher definierten „Maßnahmen gleicher Wirkung" zählt der EuGH seit seiner *Dassonville*-Entscheidung

> „jede Handelsregelung der Mitgliedstaaten, die geeignet ist, den innergemeinschaftlichen Handel unmittelbar oder mittelbar, tatsächlich oder potentiell zu beschränken." [384]

Die besondere Bedeutung dieser „*Dassonville*-Formel" liegt darin, daß sie erstmals auch solche Beschränkungen in den Anwendungsbereich der Warenverkehrsfreiheit miteinbezieht, die nicht diskriminierend wirken, in- und ausländische Waren also gleichermaßen betreffen. Damit stand der Anerkennung eines über das bloße Diskriminierungsverbot hinausgehenden Verständnisses der Grundfreiheiten nichts mehr im Wege. Im Grunde war sogar schon in der *Dassonville*-Entscheidung angelegt, was das Gericht fünf Jahre später in dem *Cassis de Dijon*-Urteil bezogen auf den gleichnamigen französischen Johannisbeerlikör in aller Klarheit formulierte:

> „Es gibt [...] keinen stichhaltigen Grund dafür, zu verhindern, daß in einem Mitgliedstaat rechtmäßig hergestellte und in den Verkehr gebrachte alkoholische Getränke in die anderen Mitgliedstaaten eingeführt werden."[385]

---

381 Die Grundfreiheiten werden aufgrund dieser Entwicklung auch als Freiheitsrechte oder absolute Rechte bezeichnet. Vgl. *Classen*, Auf dem Weg zu einer einheitlichen Dogmatik der EG-Grundfreiheiten?, EWS 1995, 97, 98. Das in Art. 12 EGV niedergelegte, allgemeine Diskriminierungsverbot hat diese Entwicklung nicht mitvollzogen. Vgl. *Holoubek*, in: Schwarze, EU-Kommentar, Art. 12, Rn. 42.

382 Vgl. EuGH vom 20.6.1995, Rs. C-55/94, Slg. 1994, I-4165, 4197, Tz. 37 – *Gebhard*.

383 *Müller-Graff*, in: Groeben/Thiesing/Ehlermann, vor Art. 30 Rn. 8.

384 EuGH vom 11.7.1974, Rs. 8/74, Slg. 1974, 837, 852 Tz. 5 – *Dassonville*.

Allerdings machte der EuGH in dieser Entscheidung ebenso deutlich, daß das Beschränkungsverbot nicht unbegrenzt gilt, sondern Schranken unterworfen ist, um den Mitgliedstaaten notwendige Gestaltungsspielräume zu belassen:

> „Hemmnisse für den Binnenhandel der Gemeinschaft, die sich aus den Unterschieden der nationalen Regelungen über die Vermarktung dieser Erzeugnisse ergeben, müssen hingenommen werden, soweit diese Bestimmungen notwendig sind, um zwingenden Erfordernissen gerecht zu werden, insbesondere den Erfordernissen einer wirksamen steuerlichen Kontrolle, des Schutzes der öffentlichen Gesundheit, der Lauterkeit des Handelsverkehrs und des Verbraucherschutzes."[386]

Soweit sich der Einfuhrstaat aber nicht auf solche zwingenden Gründe berufen kann und auch der Ausnahmekatalog des Art. 30 EGV nicht zu seinen Gunsten eingreift, bleibt es dabei: Waren, die in ihrem Herkunftsland rechtmäßig vermarktet worden sind, dürfen in anderen Mitgliedstaten nicht von dem Verkehr ausgeschlossen werden.[387]

Das Herkunftslandprinzip wurde in den Folgeentscheidungen zu *Cassis de Dijon* in seiner Geltung gefestigt.[388] Auch die *Keck*-Entscheidung hat daran nichts geändert, obwohl sie für einigen Wirbel gesorgt hat[389]: Ein Straßburger

---

385 EuGH vom 20.2.1979, Rs. 120/78, Slg. 1979, 649, 664 Tz. 14 - *Rewe/Bundesmonopolverwaltung („Cassis de Dijon")*.

386 EuGH vom 20.2.1979, Rs. 120/78, Slg. 1979, 649 Tz. 8 - *Rewe/Bundesmonopolverwaltung („Cassis de Dijon")*.

387 Zur Geltung des Herkunftslandprinzips vgl. *Drasch*, Das Herkunftslandprinzip im Internationalen Privatrecht, S. 34; *Grandpierre*, Herkunftslandprinzip kontra Marktortanknüpfung, S. 57ff; *Weyer*, Freier Warenverkehr und nationale Regelungsgewalt in der Europäischen Union, S. 215ff; *Müller-Graff*, in: Groeben/Thiesing/Ehlermann, Art. 30 Rn. 190 („Ursprungslandprinzip"); *Dauses*, in: Handbuch des EU-Wirtschaftsrechts, C.I. Rn. 104; *Steindorff*, Gemeinsamer Markt als Binnenmarkt, ZHR 150 (1986) 687, 689ff; *Mestmäcker*, Staatliche Souveränität und offene Märkte, RabelsZ 52 (1988) 205, 236ff; *Reich*, Rechtsprobleme grenzüberschreitender irreführender Werbung im Binnenmarkt, RabelsZ 56 (1992) 444, 491.

388 Dargestellt bei *Drasch*, Das Herkunftslandprinzip im Internationalen Privatrecht, S. 35ff und *Grandpierre*, Herkunftslandprinzip kontra Marktortanknüpfung, S. 32ff.

389 Die zahlreichen Reaktionen in der Literatur verdeutlichen, wieviel Aufsehen diese Entscheidung erregt hat. Vgl. *Matthies*, Art. 30 EG-Vertrag nach Keck, in: FS Everling I, S. 803ff; *Basedow*, Keck on the facts, EuZW 1994, 225ff; *Roth*, Rückzug des Europäischen Gerichtshofs vom Binnenmarktkonzept?, in: Marktwirtschaft und Wettbewerb, S. 21ff; *Möschel*, Kehrtwende in der Rechtsprechung des EuGH zur Warenverkehrsfreiheit, NJW 1994, 429ff; *Ebenroth*, Neue Ansätze zur Warenverkehrsfreiheit im Binnenmarkt der Eu-

Gericht hatte dem EuGH die Frage vorgelegt, ob das französische Verbot des Verkaufs unter Einstandspreis mit der Warenverkehrsfreiheit vereinbar sei. Der Gerichtshof entschied daraufhin, daß

> „entgegen der bisherigen Rechtsprechung die Anwendung nationaler Vorschriften, die bestimmte Verkaufsmodalitäten beschränken oder verbieten, auf Erzeugnisse aus anderen Mitgliedstaaten nicht geeignet [sei], den Handel zwischen den Mitgliedstaaten im Sinne des Urteils Dassonville [...] unmittelbar oder mittelbar, tatsächlich oder potentiell zu behindern, sofern diese Bestimmungen für alle betroffenen Wirtschaftsteilnehmer gelten, die ihre Tätigkeit im Inland ausüben, und sofern sie den Absatz der inländischen Erzeugnisse und der Erzeugnisse aus anderen Mitgliedstaaten rechtlich wie tatsächlich in gleicher Weise berühren."[390]

Wie sich aus diesen Ausführungen des Gerichtshofs ergibt, zielt die sogenannte *Keck*-Doktrin auf die Einschränkung der *Dassonville*-Formel ab. Diese hatte in den Jahren eine über das gemeinschaftsrechtliche Ziel hinausschießende Dynamik entwickelt, da sich unter den Begriff der Maßnahmen gleicher Wirkung jede nationale Regelung fassen ließ, die zumindest mittelbar die Absatzmöglichkeiten für Waren betraf.[391] Eine erhebliche Belastung des EuGH[392], vor allem aber eine über das gemeinschaftsrechtlich Gebotene hinausgehende Verengung der rechtlichen Gestaltungsmöglichkeiten der Mitgliedstaaten waren die Folge.[393]

---

ropäischen Union, in: Festschrift Piper, S. 133ff; *Schwintowski*, Freier Warenverkehr im europäischen Binnenmarkt, RabelsZ 64 (2000) 38ff; *Chalmers*, Repackaging the Internal Market: The Remnifications of the Keck judgement, European Law Rev. 1994, 385ff; *Gormley*, Reasoning Renounced? The Remarcable Judgement in Keck and Mithouard, European Business Law Rev. 1994, 385ff; *Weatherhill*, After Keck: Some Thoughts on how to Clarify the Clarification, CMLR 1996, 885ff u.v.m..

390 EuGH vom 24.11.1993, verb. Rs. C-267/91 u. C-268/91, Slg. 1993, I-6097, 6104 Tz. 16 - *Keck und Mithouard*.

391 Vgl. *Ackermann*, Warenverkehrsfreiheit und „Verkaufsmodalitäten", RIW 1994, 188. Zur Vorgeschichte der *Keck*-Entscheidung auch *Leible*, in: Grabitz/Hilf, EGV, Art. 28 Rn. 27.

392 Der EuGH weist in der Entscheidung explizit darauf hin, daß sich die Wirtschaftsteilnehmer immer häufiger auf die Warenverkehrsfreiheit beriefen, um jedwede Regelung zu beanstanden, die sich als Beschränkung ihrer geschäftlichen Freiheit auswirkt, auch wenn sie nicht auf Erzeugnisse aus anderen Mitgliedstaaten gerichtet ist (EuGH vom 24.11.1993, verb. Rs. C-267/91 u. C-268/91, Slg. 1993, I-6097, 6102f Tz. 14 - *Keck und Mithouard)*. Auf diesen „hinsichtlich der Aufgabe der Justiz ungewöhnlichen Hinweis" macht auch *Fezer* (Europäisierung des Wettbewerbsrechts, JZ 1994, 317, 318) aufmerksam.

393 *Becker*, in: Schwarze, EU-Kommentar, Art. 28, Rn. 47.

Dieser Entwicklung hat der EuGH in seiner *Keck*-Entscheidung Einhalt geboten. Denn die Warenverkehrsfreiheit dient nicht der Beseitigung jedweder Beschränkung der kommerziellen Freiheit, die sich aus nationalen Vorschriften für den Wirtschaftsteilnehmer ergeben kann.[394] Ihr Ziel ist die Umsetzung des Binnenmarktes für den Warenverkehr. Dazu ist es notwendig, aber auch hinreichend, solche Beschränkungen zu beseitigen, die den grenzüberschreitenden Handel behindern. Entscheidend ist ein diskriminierungsfreier Marktzutritt: Im Interesse des Binnenmarktes gilt es zu gewährleisten, daß sich die Unterschiede in den nationalen Rechtsordnungen nicht zu Zutrittsschranken für die einzelnen Märkte entwickeln, die den ausländischen Anbieter von Waren gegenüber seinem inländischen Konkurrenten stärker belasten und dadurch benachteiligen.[395] Die Weiterentwicklung der Grundfreiheiten von Diskriminierungs- zu Beschränkungsverboten darf nicht darüber hinwegtäuschen, daß sowohl das Diskriminierungs- als auch das Beschränkungsverbot auf dem Grundgedanken aufbauen, daß eine nationale Regelung den Absatz ausländischer Waren nicht anders berühren darf als denjenigen inländischer Erzeugnisse.[396]

Bei vermarktungsbezogenen Regelungen kommt deutlich zum Ausdruck, daß es ohne eine solche Ungleichbehandlung an dem für die Anwendung des Gemeinschaftsrechts notwendigen Binnenmarktbezug fehlt. Wie der EuGH in der *Keck*-Entscheidung klarstellte, sind vermarktungsbezogene Regelungen dem Anwendungsbereich der Warenverkehrsfreiheit solange entzogen, wie sie „den Absatz der inländischen Erzeugnisse und der Erzeugnisse aus anderen Mitgliedstaaten rechtlich wie tatsächlich in gleicher Weise berühren."[397] Sie heben sich damit von den produktbezogenen Regelungen ab, die der EuGH von vornherein und ohne jede nähere Begründung der

---

[394] Sehr plakativ *Fezer*, Europäisierung des Wettbewerbsrechts, JZ 1994, 317, 318: „judikatives Bollwerk gegen eine Instrumentalisierung der Warenverkehrsfreiheit für mitgliedstaatliches Reformversagen".

[395] Zu der Marktzutrittsbehinderung als Anwendungsvoraussetzung für Art. 28 EGV vgl. insbesondere *Koos*, Europäischer Lauterkeitsmaßstab und globale Integration, S. 163, 165ff; *Becker*, Von „Dassonville" über „Cassis" zu „Keck", EuR 1994, 162, 172ff sowie *Becker*, in Schwarze, EU-Kommentar, Art. 28, Rn. 47 – jeweils m.w.N.

[396] Vgl. *Dethloff*, Europäisierung des Wettbewerbsrechts, S. 150ff.

[397] EuGH vom 24.11.1993, verb. Rs. C-267/91 u. C-268/91, Slg. 1993, I-6097, 6104 Tz. 16 – *Keck und Mithouard.*

Warenverkehrsfreiheit zuordnete.[398] Hintergrund dieser Unterscheidung ist, daß bei produkt- anders als bei vermarktungsbezogenen Regelungen in aller Regel von dem notwendigen Binnenmarktbezug ausgegangen werden kann. Produktbezogene Vorschriften zwingen den Anbieter dazu, die Waren in ihrer Aufmachung oder Zusammensetzung den Anforderungen des jeweiligen Einfuhrstaates anzupassen.[399] Bei ihnen bewirken Rechtsunterschiede daher typischerweise eine Benachteiligung eingeführter Erzeugnisse.[400] Vermarktungsbezogene Regelungen führen dagegen in aller Regel nicht zu marktzutrittsbedingten Anpassungspflichten und einer damit verbundenen Schlechterstellung ausländischer Waren. Daher bedarf es einer besonderen Begründung, warum vermarktungsbezogene Regelungen eine Marktzutrittsschranke darstellen sollen. Verfahrenstechnisch bedeutet dies nichts anderes als die Vermutung, daß eine Behinderung des innergemeinschaftlichen Handels mit einer Verkaufsmodalitätenregelung nicht verbunden ist.[401] Diese Vermutung läßt sich widerlegen. Die *Oosthook*-Entscheidung ist dafür ein Beispiel. Sie zeigt, daß auch vermarktungsbezogene Regelungen ein Einfuhrhindernis begründen können, das den Anwendungsbereich der Grundfreiheiten eröffnet.

In der *Oosthoek*-Entscheidung ging es um das niederländische Zugabeverbot, im Lichte der *Keck*-Rechtsprechung betrachtet also um eine typische vermarktungsbezogene Regelung.[402] Zwar stammt die Entscheidung aus der

---

398 EuGH vom 24.11.1993, verb. Rs. C-267/91 u. C-268/91, Slg. 1993, I-6097, 6103f Tz. 15- *Keck und Mithouard.*

399 Vgl. *Dethloff*, Europäisierung des Wettbewerbsrechts, S. 151; *Koos*, Europäischer Lauterkeitsmaßstab und globale Integration, S. 160, *Schilling*, Rechtsfragen zu Art. 30, EuR 1994, 50, 58f.

400 *Dethloff* (Europäisierung des Wettbewerbsrechts, S. 151, Fn. 54) weist darauf hin, daß dies lediglich dann nicht der Fall ist, wenn es ausnahmsweise an der Kausalität fehlt, zum Beispiel weil die Waren ohnehin für den Export umgepackt werden müssen.

401 Vgl. *Koos*, Europäischer Lauterkeitsmaßstab und globale Integration, S. 161; *Dethloff*, Europäisierung des Wettbewerbsrechts, S. 167; *Ackermann*, Warenverkehrsfreiheit und „Verkaufsmodalitäten", RIW 1994, 188, 193; *Reich*, Anmerkung zum Urteil des EuGH vom 24.11.1993 - Rs. C-267/91 u.268/91, ZIP 1993, 1815, 1818; *Micklitz*, Das Keck-Urteil des EuGH - vom Binnenmarkt zurück zum Freihandel?, IStR 1994, 86, 91; *Ebenroth*, Neue Ansätze zur Warenverkehrsfreiheit im Binnenmarkt der Europäischen Union, in: Festschrift Piper, S. 133, 137; zweifelnd *Schroeder/Federle*, Das Keck-Urteil: Tatsächlich eine Abkehr von „Yves Rocher"?, ZIP 1994, 1428, 1430.

402 EuGH vom 15.12.1982, Rs. 286/81, Slg. 1982, 4575 - *Oosthoek's Uitgeversmaatschappi.*

Zeit vor *Keck*, doch bleibt ihre Argumentation davon unberührt. Denn aus den Ausführungen,

> „daß der für den betroffenen Unternehmer bestehende Zwang, sich entweder für die einzelnen Mitgliedstaaten unterschiedlicher Systeme der Werbung und Absatzförderung zu bedienen oder ein System, das er für besonders wirkungsvoll hält aufzugeben, selbst dann ein Einfuhrhindernis darstellen kann, wenn eine solche Regelung unterschiedslos für inländische und eingeführte Erzeugnisse gilt"[403]

ergibt sich eindeutig, daß auch vermarktungsbezogene Regelungen den in der *Keck*-Rechtsprechung eingeforderten Binnenmarktbezug aufweisen können: Sobald die nationalen Unterschiede vermarktungsbezogener Vorschriften zur Folge haben, daß ein länderübergreifendes Marketingkonzept in seiner ursprünglichen Form nicht aufrechterhalten werden kann, sondern entweder aufgegeben oder zumindest den jeweiligen nationalen Besonderheiten angepaßt werden muß, weisen produkt- und vermarktungsbezogene Regelungen im Hinblick auf ihren marktzutrittsbeschränkenden Charakter keine gemeinschaftsrechtlich relevanten Unterschiede auf.[404] Schließlich gilt es gerade diese aus dem Marktzutritt folgende Doppelbelastung des Anbieters im Interesse des Binnenmarktes zu verhindern - und zwar unabhängig davon, durch was für eine nationale Regelung sie hervorgerufen wird.[405]

Fest steht damit, daß die in der *Keck*-Entscheidung getroffene Differenzierung zwischen produkt- und vermarktungsbezogenen Regelungen keinesfalls streng schematisch verstanden werden sollte.[406] Sicherlich liegt die Anwendbarkeit der Warenverkehrsfreiheit um so näher, je mehr die Regelung einen produktbezogenen Charakter hat oder sich nachteilig auf grenzüberschreitende Vermarktungsstrategien auswirkt.[407] Ausschlaggebend

---

403 EuGH vom 15.12.1982, Rs. 286/81, Slg. 1982, 4575, 4587f Tz. 15 - *Oosthoek's Uitgeversmaatschappi.*

404 Zu der marktzutrittsbeschränkenden Wirkung wettbewerbsrechtlicher Vorschriften im Kontext europaweiter Vermarktungsstrategien vgl. auch *Dethloff*, Europäisierung des Wettbewerbsrechts, S. 167ff; *Koos*, Europäischer Lauterkeitsmaßstab und globale Integration, S. 174; *Becker*, Von „Dassonville" über „Cassis" zu „Keck", EuR 1994, 162, 173; *Ackermann*, Warenverkehrsfreiheit und Verkaufsmodalitäten, RIW 1994, 189, 194; *Fezer*, Europäisierung des Wettbewerbsrechts, JZ 1994, 317, 323.

405 *Koos*, Europäischer Lauterkeitsmaßstab und globale Integration, S. 174.

406 Vgl. auch *Becker*, Von „Dassonville" über „Cassis" zu „Keck", EuR 1994, 162, 173; *Leible*, in: Grabitz/Hilf, EGV, Art. 28 Rn. 28.

schreitende Vermarktungsstrategien auswirkt.[407] Ausschlaggebend aber ist allein, ob eine nationale Regelung marktzutrittsbeschränkend wirkt und dadurch eine Ungleichbehandlung ausländischer und inländischer Produkte hervorruft.[408] Ist dies der Fall, ist die Warenverkehrsfreiheit weiterhin mit der Folge anwendbar, daß Waren, die in ihrem Herkunftsland rechtmäßig vermarktet worden sind, in anderen Mitgliedstaaten grundsätzlich nicht von dem Handelverkehr ausgeschlossen werden dürfen.[409]

b) *Dienstleistungsfreiheit*

Bei der Dienstleistungsfreiheit hat das Herkunftslandprinzip gleichfalls Anerkennung gefunden. Dabei verlief die Entwicklung jedoch genau entgegengesetzt zur Warenverkehrsfreiheit[410]: Während diese zunächst in der *Cassis de Dijon*-Entscheidung als Beschränkungsverbot ausgelegt, und dann in einem zweiten Schritt durch die *Dassonville*-Entscheidung eingeschränkt wurde, äußerte sich der EuGH in der Entscheidung *Van Binsbergen* zunächst nur zu den Grenzen der Dienstleistungsfreiheit:

> „In Anbetracht der Besonderheiten der Dienstleistungen dürfen jedoch diejenigen an den Leistungserbringer gestellten Anforderungen nicht als mit dem Vertrag unvereinbar angesehen werden, die sich aus der Anwendung durch das Allgemeininteresse gerechtfertigter Berufsregelungen [...] ergeben und die für alle im Gebiet des Staates, in dem die Leistung erbracht wird, ansässigen Personen verbindlich sind; dies insoweit, als der Leistende

---

407 Vgl. *Herdegen*, Europarecht, Rn. 292.

408 Dies ist auch dann der Fall, wenn sich werbe- oder absatzrechtliche Vorschriften aufgrund der geringeren Marktpräsenz ausländischer Unternehmer diskriminierend auf den Absatz eingeführter Produkte auswirken: So stellte der EuGH in der jüngst ergangenen *de Agostini*-Entscheidung fest, es lasse sich nicht ausschließen, daß das vollständige Verbot einer Form der Förderung des Absatzes stärkere Auswirkungen auf Erzeugnisse aus anderen Mitgliedstaaten habe; vgl. EuGH vom 9.7.1997, verb. Rs. C-34/95, C-35/95 und C-36/95, Slg. 1997, I-3875, 3890, Tz. 42 – *De Agostini und TV Shop*). Dahinter steht die Überlegung, daß dem Marketing vor allem bei der Einführung neuer Produkte eine entscheidende Bedeutung zukommen kann, so daß Vorschriften, die bestimmte Marketingmethoden verbieten oder wesentlich einschränken, bestehende Verbrauchsgewohnheiten begünstigen und dadurch zu einer dem innergemeinschaftlichen Handel nicht zuträglichen Verfestigung vorhandener Marktstrukturen führen. Vgl. *Dethloff*, Europäisierung des Wettbewerbsrechts, S. 173ff.

409 Vgl. auch *Steindorff*, Unvollkommener Binnenmarkt, ZHR 158 (1994) 149, 166.

410 Vgl. *Drasch*, Das Herkunftslandprinzip im internationalen Privatrecht, S. 123ff.

> dem Zugriff dieser Regelungen nur deshalb entgehen würde, weil er in einem anderen Mitgliedstaat ansässig ist."[411]

Im Ansatz war der für die Warenverkehrsfreiheit durch das *Cassis de Dijon*-Urteil begründete Mechanismus jedoch auch hier schon erkennbar: Die im Empfangsstaat an den Leistungserbringer gestellten Anforderungen können das Recht des Herkunftslandes nur insoweit verdrängen, als sie nichtdiskriminierend sind und aus Gründen des öffentlichen Wohls, sei es nun „zwingende Erfordernisse" wie bei der Warenverkehrsfreiheit oder aus Gründen des Allgemeininteresses, wie bei der Dienstleistungsfreiheit, gerechtfertigt sind.[412] Deshalb ging man eigentlich auch schon seit dieser Entscheidung davon aus, daß die Dienstleistungsfreiheit ein der Warenverkehrsfreiheit entsprechendes umfassendes Beschränkungsverbot enthält.[413] Bestätigt wurde dies jedoch erst 1991 durch die Entscheidung *Säger/Dennemeyer*, in der der EuGH ausdrücklich hervorhob, daß

> „Art. 59 EGV nicht nur die Beseitigung sämtlicher Diskriminierungen des Dienstleistungserbringers aufgrund seiner Staatsangehörigkeit, sondern auch die Aufhebung aller Beschränkungen - selbst wenn sie unterschiedslos für einheimische Dienstleistende wie für Dienstleistende anderer Mitgliedstaaten gelten - verlangt, wenn sie geeignet sind, die Tätigkeit des Dienstleistenden, der in einem anderen Mitgliedstaat ansässig ist und dort rechtmäßig ähnliche Dienstleistungen erbringt, zu unterbinden oder zu behindern."[414]

Mit dieser Entscheidung gehörte die Auffassung endgültig der Vergangenheit an, daß die Dienstleistungsfreiheit als Anhängsel der Niederlassungsfreiheit zu betrachten und ebenso wie diese als reines Diskriminierungsverbot zu interpretieren sei.[415] Heute ist die Dienstleistungsfreiheit vor

---

411 EuGH vom 3.12.1974, Rs. 33/74, Slg. 1974, 1299, 1309f, Tz. 10/12 - *Van Binsbergen*.

412 *Drasch*, Das Herkunftslandprinzip im internationalen Privatrecht, S. 124.

413 Vgl. *Eberhartinger*, Konvergenz und Neustrukturierung der Grundfreiheiten, EWS 1997, 43, 44.

414 EuGH vom 25.7.1991, Rs. C-76/90, Slg. 1991, I-4221, 4243 Tz. 12 - *Säger*; bestätigt in EuGH vom 24.3.1994, Rs. C-275/92, Slg. 1994, I-1039, 1093 Tz. 43 - Schindler; EuGH vom 9.8.19941, Rs. C-43/93, Slg. 1994, I-3803, 3823f Tz. 14 - *Vander Elst*.

415 Vgl. dazu *Steindorff*, Dienstleistungsfreiheit im EG-Recht, RIW 1983, 831ff; *Eberhartinger*, Konvergenz und Neustrukturierung der Grundfreiheiten, EWS 1997, 43, 44ff; *Classen*, Auf dem Weg zu einer einheitlichen Dogmatik der EG-Grundfreiheiten?, EWS 1995, 97, 101ff; *Weber*, Die Dienstleistungsfreiheit nach den Art. 59ff EG-Vertrag, EWS 1995, 292,

allem komplementäre Grundfreiheit der Warenverkehrsfreiheit - eine Entwicklung, zu der auch die Anerkennung ihres produktbezogenen Charakters maßgeblich beigetragen hat. Denn ursprünglich war man in enger Anknüpfung an den Wortlaut des Art. 49 Abs. 1 und 50 Abs. 3 EGV davon ausgegangen, daß die Dienstleistungsfreiheit allein die Freiheit der Erbringung von Dienstleistungen in einen anderen Mitgliedstaat erfasse. Erst später erfolgte die Erstreckung der Dienstleistungsfreiheit auf den Empfänger von Dienstleistungen und schließlich auch die Einbeziehung von „Korrespondenzdienstleistungen", bei denen nur die Dienstleistung, nicht aber der Dienstleistende die Grenze überschreitet.[416] Diese letzte und zugleich neueste Facette der Dienstleistungsfreiheit steht in unmittelbarem Zusammenhang mit der zunehmenden Verbreitung grenzüberschreitender Kommunikationsmittel, die es den beteiligten Personen erlauben, in ihrem jeweiligen Mitgliedstaat zu verbleiben.[417] Je öfter die modernen Medien zur Erbringung von Dienstleistungen verwendet werden, desto stärker rücken die Korrespondenzdienstleistungen in den Vordergrund der Dienstleistungsfreiheit. Sie weisen einen so starken Produktcharakter auf, daß in diesem Bereich mit gutem Grund von der Dienstleistungsfreiheit als einer Hand in Hand mit der Warenverkehrsfreiheit gehenden „Produktleistungsfreiheit" gesprochen wird. Konsequenz ist, daß die Frage, ob eine Regelung den freien Verkehr von Waren- und Dienstleistungen beschränkt, nach denselben Kriterien zu beurteilen ist.[418] Denn eine Ungleichbehandlung wäre angesichts der strukturellen Gemeinsamkeiten unangemessen.

Der Gleichlauf von Waren- und Dienstleistungsfreiheit erfaßt auch die *Keck*-Rechtsprechung.[419] Daß der EuGH eine der Warenverkehrsfreiheit ver-

---

293ff; *Basedow*, Der kollisionsrechtliche Gehalt der Produktfreiheiten im europäischen Binnenmarkt: favor offerentis, RabelsZ 59 (1995) 1, 10.

416 Zu den drei Grundtypen der Dienstleistungsfreiheit, ihrer Entwicklung, Abgrenzung und Begriffsentwicklung vgl. *Völker*, Passive Dienstleistungsfreiheit im Europäischen Gemeinschaftsrecht, S. 57ff.

417 *Dethloff*, Europäisierung des Wettbewerbsrechts, S. 235.

418 Vgl. *Troberg*, in: Groeben/Thiesing/Ehlermann, Vorbem. zu Art. 59-66, Rn. 22; *Seidel*, Die Dienstleistungsfreiheit in der neuesten Rechtsentwicklung, in: Der Gemeinsame Markt, S. 113, 116ff; *Weber*, Die Dienstleistungsfreiheit nach den Art. 59ff EG-Vertrag, EWS 1995, 292, 293, 295 sowie *Eberhartinger*, Konvergenz und Neustrukturierung der Grundfreiheiten, EWS 1997, 43, 45.

419 Siehe Seite 95ff.

gleichbare Einschränkung der Dienstleistungsfreiheit in der Entscheidung *Alpine Investment*[420] im Ergebnis abgelehnt hat, steht dem nicht entgegen. In diesem bisher einzigen Fall, der sich mit der Anwendung der *Keck*-Doktrin auf die Dienstleistungsfreiheit auseinandersetzte, ging es um das niederländische Verbot, Finanzdienstleistungen durch „Cold Callings" in- und außerhalb der Niederlande anzubahnen: Der Firma *Alpine Investments* mit Sitz in den Niederlanden wurde es untersagt, potentiellen Kunden telefonisch Finanzdienstleistungen anzubieten, wenn diese der telefonischen Kontaktaufnahme vorher nicht schriftlich zugestimmt hatten. Dieses Verbot löste einen Rechtsstreit aus, der in der Anrufung des EuGH gipfelte. Dem Gerichtshof wurde die Frage vorgelegt, ob sich die Dienstleistungsfreiheit auch auf Vorschriften beziehe, die in dem Mitgliedstaat, in dem der Leistungserbringer ansässig ist, die rechtmäßige Ausübung des betreffenden Berufes regeln, beim Anbieten der Leistungen in anderen Mitgliedstaaten zu Behinderungen führen, weil vergleichbare Regelungen in diesen Mitgliedstaaten nicht existieren.[421] Die Regierung der Niederlande vertrat die Auffassung, daß die Regelung dem Anwendungsbereich der Dienstleistungsfreiheit entzogen sei, und berief sich dazu auf die *Keck*-Rechtsprechung: Das Verbot des „Cold Callings" gelte unterschiedslos und bezwecke oder bewirke nicht, daß der nationale Markt einen Vorteil gegenüber den Dienstleistungserbringern aus anderen Mitgliedstaaten erlangt.[422] Im Ergebnis blieb diese Argumentation allerdings ohne Erfolg. Denn beschränkende Regelungen, die von dem Mitgliedstaat ausgehen, in dem der Dienstleistungserbringer ansässig ist, haben stets unmittelbaren Einfluß auf den Zugang zum Dienstleistungsmarkt anderer Mitgliedstaaten und sind daher auch geeignet, den innergemeinschaftlichen Handel zu behindern.[423] Auf die Beschränkung der Ausfuhrfreiheit läßt sich die *Keck*-Doktrin daher nicht übertragen.[424] Ihre Anwendung ist nur dann möglich, wenn es sich um eine Regelung des Staates handelt, in dem der Dienstleistungsempfänger seinen Sitz hat. In einer solchen Fallkonstellation ist sie dann aber auch geboten. Alles andere wäre im Hinblick auf die

---

[420] EuGH vom 10.Mai 1995, Rs. C-384/93, Slg. 1995, I-1141 – *Alpine Investments.*

[421] EuGH vom 10.Mai 1995, Rs. C-384/93, Slg. 1995, I-1141, 1171 Tz. 13 – *Alpine Investments.*

[422] EuGH vom 10.Mai 1995, Rs. C-384/93, Slg. 1995, I-1141, 1176 Tz. 33 – *Alpine Investments.*

[423] EuGH vom 10.Mai 1995, Rs. C-384/93, Slg. 1995, I-1141, 1177 Tz. 36 – *Alpine Investments.*

[424] *Dethloff*, Europäisierung des Wettbewerbsrechts, S. 236.

strukturellen Gemeinsamkeiten zwischen Warenverkehrs- und Dienstleistungsfreiheit nicht konsequent: Die Feststellung, ob sich eine nationale Regelung marktzutrittsbeschränkend auswirkt und dadurch zu einer Diskriminierung ausländischer Produkte und ihrer Anbieter führt, hat bei der Dienstleistungsfreiheit ebenso seine Berechtigung wie bei der Warenverkehrsfreiheit.

Die formale Unterscheidung zwischen produkt- und vermarktungsbezogenen Regelungen bringt bei Dienstleistungen wegen ihrer Unkörperlichkeit zwar mehr Schwierigkeiten mit sich als bei Waren, bei denen der Produktcharakter einer Vorschrift stets deutliche Auswirkungen hat. Gleichwohl lassen sich aber auch bei Dienstleistungen Regelungen ausmachen, die das „Produkt" Dienstleistung selbst betreffen, während andere lediglich die Modalitäten der Vermarktung einer Dienstleistung berühren.[425] So fallen auf jeden Fall all diejenigen wettbewerbsrechtlichen Regelungen in den Anwendungsbereich der Dienstleistungsfreiheit, die sich auf eine als Dienstleistung zu qualifizierende Werbe- oder Absatztätigkeit beziehen.[426] Denn solche „produktbezogenen" Regelungen sind auch bei Dienstleistungen unmittelbar mit den Anpassungspflichten des Dienstleistenden verbunden, die dem gemeinschaftsrechtlichen Interesse einer freien grenzüberschreitenden Vermarktung zuwider laufen.[427] Selbst bei individualisierten Dienstleistungen werden durch den ausländischen Marktzutritt regelmäßig zusätzliche Kosten verursacht. Dienstleister greifen auch in diesem Bereich immer öfter auf standardisierte Konzepte zurück, die sie für eine Vielzahl von Kunden verwenden.[428] Dagegen ist bei Regelungen, die das Marketing für eine Dienstleistung beschränken, die Vermutung der *Keck*-Rechtsprechung einschlägig, daß Konflikte mit dem Gemeinschaftsrecht eher die Ausnahme als die Regel sind. Bei solchen vermarktungsbezogenen Regelungen ist die marktzutritts-

---

[425] Vgl. *Dethloff*, Europäisierung des Wettbewerbsrechts, S. 237f; skeptisch: Staudinger-*Fezer*, Internationales Wirtschaftsrecht, Rn. 445; *Grandpierre*, Herkunftslandprinzip kontra Marktortanknüpfung, S. 69f; *Kort*, Schranken der Dienstleistungsfreiheit im europäischen Recht, JZ 1996, 132, 136; *Eberhartinger*, Konvergenz und Neustrukturierung der Grundfreiheiten, EWS 1997, 43, 49f.

[426] *Dethloff*, Europäisierung des Wettbewerbsrechts, S. 239.

[427] Vgl. dazu auch: *Dethloff*, Grenzüberschreitende Telefaxwerbung und Grundfreiheiten, IPRax 1999, 347, 348ff.

[428] *Dethloff*, Europäisierung des Wettbewerbsrechts, S. 242.

beschränkende Wirkung samt der daraus folgenden Ungleichbehandlung aus- und inländischer Dienstleistungen deshalb konkret nachzuweisen. Wie bei der Warenverkehrsfreiheit wird dieser Nachweis auch bei der Dienstleistungsfreiheit vor allem dann zu führen sein, wenn die Unterschiede der vermarktungsbezogenen Regelungen ein länderübergreifendes einheitliches Marketing verhindern.[429]

2. *Auswirkungen*

Das Herkunftslandprinzip unterwirft nationale Regelungen starken Rechtsfertigungszwängen, wenn sie Anforderungen an die Vermarktung von Waren und Dienstleistungen stellen, die über das Herkunftslandrecht hinausgehen. Es hat dadurch eine „rationalitätsstiftende" Wirkung auf das nationale Sachrecht[430], läßt aber auch das Kollisionsrecht nicht unberührt.[431] Der Vorrang des Gemeinschaftsrechts, der das Verhältnis zwischen nationalem Recht und Gemeinschaftsrecht beherrscht[432], erfaßt das Sach- und Kollisionsrecht gleichermaßen. Gerade im Wettbewerbsrecht wird deutlich, wie leicht nationales Kollisions- und Sachrecht in ein auflösungsbedürftiges Spannungsverhältnis zum Gemeinschaftsrecht geraten können: Die Einführung des Herkunftslandprinzips bedeutet nicht nur, daß die Position eines gegenüber dem Herkunftslandrecht vergleichsweise strengen Marktortrechts bei einer rechtmäßigen Vermarktung von Waren und Dienstleistungen im

---

[429] Vgl. *Dethloff*, Europäisierung des Wettbewerbsrechts, S. 244.

[430] Vgl. *Herdegen*, Europarecht, Rn. 303 (dort auch das Zitat).

[431] Vgl. *Brödermann*, Europäisches Gemeinschaftsrecht versus IPR: Einflüsse und Konformitätsgebot, MDR 1992, 89, 90; *Seif*, Das Spannungsverhältnis zwischen Kollisionsrecht und Europarecht, in: Europäisierung des Privatrechts, S. 225, 244f sowie *Kreuzer*, Die Europäisierung des internationalen Privatrechts, in: Gemeinsames Privatrecht in der Europäischen Gemeinschaft, S. 457, 503.

[432] Der Vorrang des Gemeinschaftsrechts wird vom EuGH unmittelbar aus dem Abschluß des Vertrages selbst abgeleitet, folgt aber auch aus dem Grundsatz der Gemeinschaftstreue und dem allgemeinen Diskriminierungsverbot. Das grundlegende Urteil des EuGH ist in der Rechtssache *Costa./.E.N.E.L.* (EuGH vom 15.7.1964, Rs. 6/64, Slg. 1964, 1251, 1269ff) ergangen. Zum Verhältnis von Gemeinschaftsrecht und nationalem Recht vgl. auch die Ausführungen bei *Schweizer/Hummer*, Europarecht, Rn. 852ff und *Oppermann*, Europarecht, Rn. 615.

Herkunftsland geschwächt wird. Sie konterkariert zugleich auch den auf das Marktortrecht gerichteten kollisionsrechtlichen Anwendungsbefehl.

a) *Kollisionsrechtlicher Gehalt des Herkunftslandprinzips?*

Verbietet das Herkunftslandprinzip die Anwendung des strengeren Marktortrechts, drängt sich die Frage auf, ob daraus nicht ein gemeinschaftsrechtliches Gebot zur Anwendung des günstigeren Herkunftslandrechts abzuleiten ist. Ausdrückliche Kollisionsnormen stellen die Grundfreiheiten zwar nicht dar, doch können Sachnormen (egal welchen Rangs) auch implizite kollisionsrechtliche Verweisungen enthalten.[433] Ist also durch die Entwicklung des Herkunftslandprinzips ein „EG-Kollisionsrecht des unlauteren Wettbewerbs"[434] entstanden? Eine solche Annahme hätte weitreichende Folgen. Denn sie würde dazu führen, daß das nationale Kollisionsrecht in seiner Ausrichtung auf den Marktort nicht mehr mit den Vorgaben des Gemeinschaftsrechts harmonierte[435]: Die Marktortregel wäre aufgrund des Vorrangs des Gemeinschaftsrechts in eine den gemeinschaftsrechtlichen Anforderungen entsprechende Herkunftslandregel umzugestalten und das Problem der *multistate*-Werbung in einem ganz neuen Licht zu betrachten.

---

433 *Dethloff*, Europäisierung des Wettbewerbsrechts, S. 269.

434 *Jayme/Kohler*, Das Internationale Privat- und Verfahrensrecht der EG 1991 – Harmonisierungsmodell oder Mehrspurigkeit des Kollisionsrechts, IPRax 1991, 361, 369.

435 Da die Warenverkehrs- und die Dienstleistungsfreiheit auf alle Gebiete des Gemeinschaftsrechts einwirken, die in den Anwendungsbereich des EG-Vertrages fallen, wären neben der Anknüpfung im Wettbewerbsrecht auch das Internationale Vertragsrecht, das Deliktsrecht und das Sachenrecht betroffen. Mittlerweile existieren verschiedenste Untersuchungen, die sowohl die Auswirkungen des Herkunftslandprinzips auf das Privatrecht im Allgemeinen (vgl. z.B. *Basedow*, Der kollisionsrechtliche Gehalt der Produktfreiheiten im europäischen Binnenmarkt: favor offerentis, RabelsZ 59 (1995) 1, 12ff; *Sonnenberger*, Europarecht und Internationales Privatrecht, ZVglRWiss 95 (1996) 3, 13ff und *Radicati di Brozolo*, L'influence sur les conflits de lois des principes de droit communautaire en matière de circulation, RCDIP 82 (1993) 401, 406ff) als auch auf einzelne Rechtsgebiete im Besonderen zum Gegenstand haben (z.B. *Dethloff*, Europäisierung des Wettbewerbsrechts, S. 265ff zum Wettbewerbsrecht; *Drasch*, Das Herkunftslandprinzip im Internationalen Privatrecht, S. 209, 244ff zum Vertrags- und Wettbewerbsrecht; *Höpping*, Auswirkungen der Warenverkehrsfreiheit auf das IPR, S. 132ff zum Produkthaftungs- und Vertragsrecht und *v. Wilmowsky*, Europäisches Kreditsicherungsrecht, S. 77ff zum Sachen- und Insolvenzrecht).

Im kollisionsrechtlichen Schrifttum wird seit Ende der 80er Jahre eine lebhafte Debatte über den Einfluß des Gemeinschaftsrechts auf das IPR geführt.[436] Den Mittelpunkt der Auseinandersetzungen bildeten zunächst die Auswirkungen des Gemeinschaftsrechts auf das Internationale Gesellschaftsrecht.[437] Nach wie vor ist umstritten, ob die im Internationalen Gesellschaftsrecht dominierende Sitztheorie mit der Niederlassungsfreiheit vereinbar ist.[438] Bald zogen aber auch die Warenverkehrs- und Dienstleistungsfreiheit das Interesse auf sich. Die Entscheidung des EuGH in der Rechtssache *GB-INNO-BM*[439] gab den Anstoß zu der These, daß sich hinter dem gemeinschaftsrechtlichen Herkunftslandprinzip eigentlich ein kollisionsrechtlicher Ansatz verstecke[440]: Eine belgische Gesellschaft hatte in Luxemburg Werbe-

---

436 Vgl. *Sonnenberger*, Europarecht und Internationales Privatrecht, ZVglRWiss 95 (1996) 1, der beklagt, daß es sich abgesehen von einigen wenigen Stellungnahmen im Schrifttum anderer EG-Staaten fast ausschließlich um eine deutsche Diskussion handelt.

437 *Dethloff*, Europäisierung des Wettbewerbsrechts, S. 266; *Roth*, Der Einfluß des Europäischen Gemeinschaftsrechts auf das Internationale Privatrecht, RabelsZ 55 (1991) 623, 640.

438 Zum Streitstand vgl. MünchKomm-*Kindler*, IntGesR, Rn. 358ff.

Der EuGH hat sich in der *Daily Mail*-Entscheidung vom 27.9.1988 (Rs. 81/97, Slg. 1988, 5483) gegen eine Auswirkung der Art. 43 und 48 EG-Vertrag auf die Sitztheorie gewendet. Äußerst umstritten ist, inwiefern das Urteil *Centros* (EuGH vom 9.3.1999, Rs. C-212/97, Slg. 1999, I-1459) eine Kehrtwende bedeutet und zu einer Abwendung von der Sitztheorie führen wird. Der EuGH hielt es in dieser Entscheidung für unvereinbar mit der Niederlassungsfreiheit, wenn ein Mitgliedstaat die Eintragung der Zweigniederlassung einer Gesellschaft verweigert, die in einem anderen Mitgliedstaat, in dem sie ihren Sitz hat, rechtmäßig errichtet worden ist, dort aber keine Geschäftstätigkeit entfaltet. Fest steht jedenfalls, daß die Entscheidung die Auseinandersetzung um die Auswirkung des Gemeinschaftsrechts auf das Kollisionsrecht erneut entfacht hat.

439 EuGH vom 7.3.1990, Rs. C-362/88, Slg. 1990, I-667 – *GB-INNO-BM/Conféderation du commerce luxemburgeois*. Dazu *Brödermann*, in: Europäisches Gemeinschaftsrecht und Internationales Privatrecht, Rn. 403ff. Dort auch (Fn. 822) weitere Angaben zu den umfangreichen Stellungnahmen aus der Literatur, die zu dieser Entscheidung des EuGH abgegeben worden sind.

440 Vgl. *Bernhard*, Cassis de Dijon und Kollisionsrecht – am Beispiel des unlauteren Wettbewerbs, EuZW 1992, 437; *Jayme-Kohler*, Das Internationale Privat- und Verfahrensrecht der EG 1991 – Harmonisierungsmodell oder Mehrspurigkeit des Kollisionsrechts, IPRax 1991, 361, 369; *Basedow*, Der kollisionsrechtliche Gehalt der Produktfreiheiten im europäischen Binnenmarkt: favor offerentis, RabelsZ 59 (1995) 1, 8; *Chrosziel*, Die eingeschränkte Geltung des Gesetzes gegen den Unlauteren Wettbewerb für EG-Ausländer, EWS 1991, 173, 178 und *Remien*, Einheit, Mehrstufigkeit und Flexibilität im europäischen Privat- und Wirtschaftsrecht, RabelsZ 62 (1998) 627, 635.

zettel verteilen lassen, deren Inhalt und Gestaltung nach belgischem Recht zulässig, nach luxemburgischen Recht dagegen unzulässig waren. Der EuGH entschied, daß die strengeren wettbewerbsrechtlichen Vorschriften des Marktortes Luxemburg nicht auf die vom Herkunftsland Belgien aus rechtmäßig durchgeführte Werbeaktion angewendet werden durften.[441]

Durch Fälle wie diesen, in denen die Verweisung auf das Marktortrecht zu einer „kollisionsrechtlichen ‚Hülse' ohne eigenen Regelungsgehalt" wird[442], sieht sich die Marktortregel in Frage gestellt. Da das ranghöhere Gemeinschaftsrecht nicht nur der Anwendung des strengeren Marktortrechts entgegensteht, sondern zugleich auch „seinen Vorrang zugunsten des Herkunftsrechts ausspielt"[443], wirkt die These einer den Grundfreiheiten immanenten Kollisionsregel auf den ersten Blick bestechend. Strukturelle Gemeinsamkeiten scheinen sie überdies zu bestätigen: Denn wie dem Kollisionsrecht liegt auch dem gemeinschaftsrechtlichen Herkunftslandprinzip die Pflicht einer Rechtsordnung zugrunde, die eigenen Rechtsanwendungsinteressen hinter einem als gleichwertig anzuerkennenden fremden Recht zurückzustellen.[444]

Allerdings hat das Herkunftslandprinzip seine Wurzeln im öffentlichen Wirtschaftsrecht.[445] Dort geht es um den Abbau von Mehrfachregulierungen, die bei grenzüberschreitenden Sachverhalten aus dem territorialen Denken des öffentlichen Rechts folgen.[446] Ziel ist eine Konzentration der rechtlichen Kontrolle im Herkunftsland, weil nur so die dem Binnenmarktideal entsprechende Verkehrsfähigkeit der einmal zugelassenen Waren und Dienstleis-

---

441 EuGH vom 7.3.1990, Rs. C-362/88, Slg. 1990, I-667, 689 Tz. 21 - *GB-INNO-BM/Conféderation du commerce luxemburgeois.*

442 So *Drasch*, Das Herkunftslandprinzip im internationalen Privatrecht, S. 315.

443 So *Basedow*, Der kollisionsrechtliche Gehalt der Produktfreiheiten im europäischen Binnenmarkt: favor offerentis, RabelsZ 59 (1995) 1, 13.

444 Vgl. *Martiny*, Gemeinschaftsrecht, ordre public, zwingende Bestimmungen und Exklusivnormen, in: Europäisches Gemeinschaftsrecht und Internationales Privatrecht, S. 211, 217; *Basedow*, Der kollisionsrechtliche Gehalt der Produktfreiheiten im europäischen Binnenmarkt: favor offerentis, RabelsZ 59 (1995) 1, 13; *Berhard*, Cassis de Dijon und Kollisionsrecht - am Beispiel des unlauteren Wettbewerbs, EuZW 1992, 437, 439f.

445 Vgl. *Basedow*, Der kollisionsrechtliche Gehalt der Produktfreiheiten im europäischen Binnenmarkt: favor offerentis, RabelsZ 59 (1995) 1, 14; *Mankowski*, Internet und Internationales Privatrecht, GRUR Int. 1999, 909, 913; *Dethloff*, Europäisierung des Wettbewerbsrechts, S. 267.

446 Vgl. *v. Bar*, Internationales Privatrecht, Bd. I, Rn. 244, 247ff.

tungen realisiert werden kann. Dabei setzt das Herkunftslandprinzip voraus, daß die nationalen Regulierungen durch die anderen Mitgliedstaaten als gleichwertig anerkannt werden. Denn nur dann, wenn wechselseitig anerkannt ist, daß der jeweils andere Mitgliedstaat in bereits hinreichendem Maß reguliert hat, läßt sich das Absehen von einer weiteren Regulierung des Sachverhalts rechtfertigen.[447]

Im Internationalen Privatrecht erfolgt die Anerkennung fremder Normen dagegen bereits im Rahmen des nationalen Rechtsanwendungsprozesses: Man erkennt fremdes Recht an, indem man es anwendet und zur Entscheidungsgrundlage des Sachverhalts beruft.[448] Im Gegensatz zu dem territorial geprägten öffentlichen Recht ist der Anwendungsanspruch des Privatrechts universell. Auf der internationalen Ebene kommt dies durch allseitige Kollisionsnormen zum Ausdruck. Sie verschaffen dem Privatrecht die Distanz zum Staat, die dem öffentlichen Recht fehlt.[449] Mehrfachregulierungen sind im Privatrecht daher kein Thema.[450] Folglich kann das Herkunftslandprinzip im Privatrecht auch nicht dem Abbau solcher Mehrfachregulierungen dienen. Vielmehr stellt sich die Frage, ob sich die Anerkennungspflicht bei privatrechtlichen Vorschriften in einen Anwendungsbefehl zugunsten des günstigeren Herkunftslandrechts transformiert.[451]

Ein kollisionsrechtlicher Gehalt der Grundfreiheiten setzte allerdings voraus, daß die Grundfreiheiten nicht nur die Standards des Herkunftslandrechts als Beurteilungsmaßstab berücksichtigen, sondern tatsächlich auch das Recht des Herkunftslandes zur Anwendung berufen.[452] Dagegen spricht, daß sich die Aufgabe des Herkunftslandprinzips in der Beseitigung von Handelshemmnissen erschöpft, die sich aus der Doppelbelastung eines Anbieters

---

[447] So bringt *Mankowski* (Internet und Internationales Wettbewerbsrecht, GRUR Int. 1999, 909, 913) den Anerkennungsgedanken auf den Punkt, auf dem das Herkunftslandprinzip beruht.

[448] *Mankowski*, Das Herkunftslandprinzip als Internationales Privatrecht der E-Commerce-Richtlinie, ZVglRWiss 100 (2001) 137, 150.

[449] *v. Bar*, IPR I, Rn. 247; *Mankowski*, Das Herkunftslandprinzip als Internationales Privatrecht der E-Commerce-Richtlinie, ZVglRWiss 100 (2001) 137, 148.

[450] *Mankowski*, Internet und Internationales Wettbewerbsrecht, GRUR Int. 1999, 909, 914.

[451] *Dethloff*, Europäisierung des Wettbewerbsrechts, S. 267f.

[452] *Dethloff*, Europäisierung des Wettbewerbsrechts, S. 271.

infolge des ausländischen Marktzutritts ergeben.[453] Wenn eine Ware oder Dienstleistung im Herkunftsland rechtmäßig in den Verkehr gebracht worden ist, verlangt das den Grundfreiheiten immanente Beschränkungsverbot, daß ihre Verkehrsfähigkeit über die nationalen Grenzen hinaus gewährleistet ist. Marktzutrittsschranken sind zu beseitigen; nationale Vorschriften, soweit sie über die im Herkunftsland geltenden Standards hinausgehen, nicht anzuwenden. Damit ist die Freiheit des grenzüberschreitenden Handels sichergestellt und das gemeinschaftsrechtliche Ziel erreicht. Auf diese Weise führt das Herkunftslandprinzip zwar dazu, daß sich die Standards des Herkunftslandes gegenüber dem beschränkenden Recht durchsetzen. Es wird aber nicht das Recht des Herkunftslandes angewendet, sondern nur die Anwendung beschränkenden Marktortrechts gemeinschaftsrechtlich blockiert.[454]

In terminologischer Anlehnung an das IPR läßt sich das Herkunftslandprinzip insofern als eine negativ-einseitige Kollisionsnorm beschreiben, die die Anwendung des Markortrechts ausschließt, soweit es der Ausdehnung des Vermarktungsgebiets über die Grenzen des Herkunftslandes hinaus entgegensteht.[455] Diese negativ-einseitige Kollisionsnorm in eine positive Verweisungsregel auf das Herkunftslandrecht umzudeuten, würde den gemeinschaftsrechtlichen Regelungsgehalt der Grundfreiheiten innerhalb der Normenhierarchie zwischen EG-Recht und nationalem Recht überbewerten.[456] Der gemeinschaftsrechtliche Nichtanwendungsbefehl setzt dem nationalen Recht Schranken, ersetzt es aber nicht. Seine Zielsetzung erschöpft sich in der Durchsetzung eines uneingeschränkten Handelsverkehrs. Die Art und Wei-

---

[453] *Koos*, Europäischer Lauterkeitsmaßstab und globale Integration, S. 174.

[454] *v. Wilmowski*, Europäisches Kreditsicherungsrecht, S. 69.

[455] Zum Herkunftslandprinzip als negativ-einseitige Kollisionsnorm vgl. *Brödermann*, in: Brödermann/Iversen, Europäisches Gemeinschaftsrecht und Internationales Privatrecht, Rn. 409. Im Ergebnis geht auch *Basedow* (Der kollisionsrechtliche Gehalt der Produktfreiheiten im europäischen Binnenmarkt: favor offerentis, RabelsZ 59 (1995) 1, 17) davon aus, daß es sich bei dem Herkunftslandprinzip „in Wirklichkeit um ein Konglomerat aus Elementen des Gemeinschaftsrechts und des nationalen Wirtschaftskollisionsrechts" handelt.

[456] Den normhierarchischen Aspekt betonen *Fezer/Koos*, Das gemeinschaftsrechtliche Herkunftslandprinzip und die e-commerce-Richtlinie, IPRax 2000, 349, 350.

se, wie diese gemeinschaftsrechtliche Vorgabe im nationalen Recht erreicht wird, bleibt den mitgliedstaatlichen Rechtsordnungen überlassen.[457]

b) Grundfreiheiten als Schranke des nationalen Rechtsanwendungsergebnisses

Bei der Anpassung des nationalen Rechts an die gemeinschaftsrechtlichen Zielvorgaben gilt es zu beachten, daß weder die Kollisions- noch die Sachnorm für sich allein im Stande ist, ein Hemmnis des grenzüberschreitenden Handels zu begründen: Kollisionsnormen legen nur fest, welches Recht anzuwenden ist. Sie enthalten selbst keine Einschränkungen des Waren- oder Dienstleistungsverkehrs.[458] Auslöser der Einschränkung ist die Sachnorm. Aber auch Sachnormen können für sich allein die Freiheit des grenzüberschreitenden Handels nicht beschränken. Denn jede Sachnorm setzt wiederum eine Rechtsanwendungsnorm voraus, die die räumlichen Kriterien ihrer Anwendbarkeit bestimmt. Abgesehen von den Ausnahmefällen, in denen Sachnormen ihren Anwendungsbefehl selbst in sich tragen[459], bedarf es zu ihrer Anwendung in grenzüberschreitenden Fällen daher erst der Berufung durch Kollisionsrecht.[460] Die Grundfreiheiten werden bei der Anwendung

---

457 So im Ergebnis auch *Kreuzer*, Die Europäisierung des internationalen Privatrechts, in: Gemeinsames Privatrecht in der Europäischen Gemeinschaft, S. 457, 513; *Sonnenberger*, Europarecht und Internationales Privatrecht, ZVglRWiss 95 (1996) 3, 11; Staudinger-*von Hoffmann*, Art. 38 EGBGB, Rn. 505a; Staudinger-*Fezer*, Internationales Wirtschaftsrecht, Rn. 433; *Sack*, Art. 30, 36 EG-Vertrag und das internationale Wettbewerbsrecht, WRP 1994, 281, 291f; *v. Wilmowsky*, Europäisches Kreditsicherungsrecht, S. 69; *Fezer/Koos*, Das gemeinschaftsrechtliche Herkunftslandprinzip und die e-commerce-Richtlinie, IPRax 2000, 349, 350ff; *Ohly*, Herkunftslandprinzip und Kollisionsrecht, GRUR Int. 2001, 899, 901; *Halfmeier*, Vom Cassislikör zur E-Commerce-Richtlinie, ZEuP 2001, 837, 853ff; *Dethloff*, Europäisierung des Wettbewerbsrechts, S. 275; *Jayme/Kohler*, Das Internationale Privat- und Verfahrensrecht der EG 1999, IPRax 1991, 361, 369 (unklar in IPRax 1993, 371, wo dieselben Autoren die Auffassung vertreten, es spreche viel dafür, daß die klassische Kollisionsregel, die an das Marktgeschehen anknüpft, nunmehr durch Art. 30 EGV in der Weise überlagert werde, daß im Konflikt zweier Rechte dasjenige maßgeblich ist, welches den freien Warenverkehr weniger beschneidet). Unklar auch *Gebauer*, Internationales Privatrecht und Warenverkehrsfreiheit in Europa, IPRax 1995, 152, 156.

458 *Sonnenberger*, Europarecht und Internationales Privatrecht, ZVglRWiss 95 (1996) 3, 22.

459 Vgl. *Kegel*, Die selbstgerechte Sachnorm, in: Gedächtnisschrift Ehrenzweig, S. 51ff.

460 *Dethloff*, Europäisierung des Wettbewerbsrechts, S. 275; *Basedow*, Der kollisionsrechtliche Gehalt der Produktfreiheiten im europäischen Binnenmarkt: favor offerentis, RabelsZ 59 (1995) 1, 12.

nationalen Rechts also immer nur durch das Zusammenwirken von Kollisions- und Sachrecht beschränkt.[461] Da das Gemeinschaftsrecht nur erfordert, daß am Ende ein gemeinschaftsrechtskonformes Rechtsanwendungsergebnis gewährleistet ist, ist die Art und Weise, wie dieser Beschränkung abgeholfen wird, eine Frage des nationalen Rechts. Nationales Recht darf dem Grundsatz der freien grenzüberschreitenden Vermarktung von Waren und Dienstleistungen nicht im Wege stehen - eine Vorgabe, die sich sowohl auf der kollisions- als auch auf der sachrechtlichen Ebene umsetzen läßt: Der nationale Gesetzgeber kann das Sachrecht in einer Weise modifizieren, daß Beschränkungen des Handelsverkehrs von vornherein vermieden werden[462]; denkbar ist aber auch eine Modifikation der kollisionsrechtlichen Anknüpfung.[463]

De lege lata bieten im Wettbewerbsrecht vor allem die Generalklauseln mit ihren unbestimmten Rechtsbegriffen und Interessenabwägungen geeignete Einbruchstellen für die gemeinschaftsrechtlich gebotene Berücksichtigung des Herkunftslandrechts.[464] Der BGH stellte in der *Stahlexport*-Entscheidung ausdrücklich fest, daß es bei der Anwendung inländischen Rechts wegen der Verweisung auf die Anschauungen der Allgemeinheit im Rahmen von § 1 UWG von Bedeutung sein könne, ob das zu beurteilende Verhalten mit der ausländischen Rechtsordnung und den dortigen Gebräuchen in Einklang stehe.[465] Dieses Bestreben der Rechtsprechung, das Rechtsanwendungsergebnis durch die Rücksichtnahme auf Wertungen der ausländischen Rechts-

---

461 *Dethloff*, Europäisierung des Wettbewerbsrechts, S. 275f; *Steindorff*, EG-Vertrag und Privatrecht, S. 83; *Sonnenberger*, Europarecht und Internationales Privatrecht, ZVglRWiss 95 (1996) 3, 23; *Basedow*, Der kollisionsrechtliche Gehalt der Produktfreiheiten im europäischen Binnenmarkt: favor offerentis, RabelsZ 59 (1995) 1, 12.

462 Ein Beispiel liefert die Abschaffung des § 6e UWG infolge der Entscheidungen des EuGH in den Rechtssachen GB-INNO (EuGH vom 7.3.1990, Slg. 1990, I-667) und *Yves Rocher* (EuGH vom 18.5.1993, Slg. 1993, I-2361).

463 *Dethloff*, Europäisierung des Wettbewerbsrechts, S. 276; *Sonnenberger*, Europarecht und Internationales Privatrecht, ZVglRWiss 95 (1996) 3, 23; *Steindorff*, EG-Vertrag und Privatrecht, S. 83.

464 Vgl. *Dethloff*, Europäisierung des Wettbewerbsrechts, S. 277ff; *Drasch*, Das Herkunftslandprinzip im internationalen Privatrecht, S. 309 m.w.N.; grundlegend *Ehrenzweig*, Local and Moral Data in the Conflict of Laws: Terra Incognita, Buffalo Law Review 16 (1966) 55ff; daran anknüpfend: *Jayme*, Ausländische Rechtsregeln und Tatbestand inländischer Sachnormen, in: Gedächtnisschrift Ehrenzweig, S. 35, 42ff; *Mülbert*, Ausländische Eingriffsnormen als Datum, IPRax 1986, 140, 141f.

465 BGH vom 20.12.1963, BGHZ 40, 391, 400 - *Stahlexport*.

ordnungen zu korrigieren[466], hat in der Literatur zwar Kritik einstecken müssen.[467] Doch so unbefriedigend es dogmatisch sein mag, daß ausländisches Recht, dessen Maßgeblichkeit auf der kollisionsrechtlichen Ebene abgelehnt wurde, mittelbar doch wieder zur Anwendung kommt: Geht es darum, das Rechtsanwendungsergebnis gemeinschaftsrechtskonform zu gestalten, sind solche dogmatischen Ungereimtheiten zwangsläufig in Kauf zu nehmen, so lange eine bessere Lösung *de lege lata* nicht möglich und *de lege ferenda* nicht in Sicht ist. Zwar ließe sich ein gemeinschaftsrechtskonformes Ergebnis auch durch eine Korrektur des Rechtsanwendungsergebnisses im Rahmen des *ordre public* erreichen. Doch auch diese Lösung ist dogmatisch nicht einwandfrei. Denn eigentlich ist nur das vom IPR berufene fremde Sachrecht einer inhaltlichen Überprüfung zu unterziehen. Eine gemeinschaftsrechtliche „Aufladung" des *ordre public* aber würde dazu führen, daß der nationale Richter seine *lex fori* auf ihre Gemeinschaftsrechtsverträglichkeit hin überprüfen und im Falle eines negativen Ergebnisses für nicht anwendbar erklären müßte.[468]

Darüber hinaus stellt sich aber vor allem *de lege ferenda* die Frage, wie das geltende Sach- bzw. Kollisionsrecht den gemeinschaftsrechtlichen Anforderungen angepaßt werden kann. Gerade durch das Problem des *multistate*-Wettbewerbs im Internet lastet ein nicht unerheblicher Anpassungsdruck auf den nationalen Rechtsordnungen. Denn die Vielzahl der kollisionsrechtlich zur Anwendung berufenen Marktortrechte machen es einem Unternehmen unmöglich, ein im Herkunftsland rechtmäßiges Marketingkonzept über das Internet auf weitere Märkte auszudehnen, ohne es an deren lauterkeitsrechtlichen Anforderungen anzupassen - ein Ergebnis, das sich mit dem gemeinschaftsrechtlichen Herkunftslandprinzip nicht vereinbaren läßt. In der *Oosthoek*-Entscheidung hat der EuGH deutlich zum Ausdruck gebracht,

---

466 Vgl. BGH vom 4.6.1987, NJW 1988, 644, 646 - *Ein Champagner unter den Mineralwässern*; OLG Frankfurt vom 25.10.1990, IPRspr. 1990, Nr. 155 - *Physikerzeitschrift*.

467 Vgl. UWGGroßKomm-*Schricker*, Einl. F 182; *Kotthoff*, Die Anwendbarkeit des deutschen Wettbewerbsrechts auf Werbemaßnahmen im Internet, CR 1997, 676, 679.

468 Vgl. *Brödermann*, in: Brödermann/Iversen, Europäisches Gemeinschaftsrecht und Internationales Privatrecht, Rn. 410, 415.

„daß der für den betroffenen Unternehmer bestehende Zwang, sich entweder für die einzelnen Mitgliedstaaten unterschiedlicher Systeme der Werbung oder Absatzförderung zu bedienen oder ein System, das er für besonders wirkungsvoll hält, aufzugeben, selbst dann ein Einfuhrhindernis darstellen kann, wenn eine solche Regelung unterschiedslos für inländische und eingeführte Erzeugnisse gilt."[469]

Das Auseinanderfallen des Binnenmarktes in einzelne nationale Marktorte mit unterschiedlichen Marktortrechten demonstriert somit nicht nur die rechtliche Zersplitterung des Binnenmarktes. Die daraus folgende Pflicht, ein einheitliches Marketingkonzept aufzugeben und an die nationalen Anforderungen anzupassen, ruft vor allem auch eine gemeinschaftsrechtswidrige Beschränkung des grenzüberschreitenden Handels hervor. Folge ist, daß die beschränkende Norm, soweit sie über das Herkunftslandniveau hinausgeht, nicht anwendbar ist - es sei denn, sie läßt sich durch zwingende Gründe des Allgemeininteresses rechtfertigen. Bei der Rechtfertigung ist jedoch zu bedenken, daß der EuGH vor allem in jüngeren Entscheidungen immer wieder betont hat, daß eine beschränkende Maßnahme in angemessenem Verhältnis zu dem von ihr verfolgten Ziel stehen muß.[470] Dabei spielt die von der nationalen Regelung ausgehende Intensität der Beschränkung eine ausschlaggebende Rolle.[471] Diese Intensität ist bei länderübergreifenden Marketingmaßnahmen um so stärker, je größer die Zahl der Länder ist, in denen das Marketingkonzept rechtmäßig hätte verwendet werden können. Die faktische Unteilbarkeit eines länderübergreifenden Marketingkonzepts hat zur Folge, daß eine einzige nationale Regelung das gesamte Marketingkonzept zu Fall bringen kann.[472] Dadurch erlangen die Wertmaßstäbe anderer Rechtsordnungen bei der Angemessenheitsprüfung Bedeutung: Während eine vergleichbare Regelung in anderen Ländern auf die Angemessenheit einer Regelung hindeutet, läßt ein Schutzniveau, das das aller oder der ganz überwiegenden Zahl der Vorschriften in anderen Mitgliedstaaten übersteigt, eine unverhältnismäßige Beschränkung vermuten.[473] Folge ist, daß vor allem

---

469 EuGH vom 15. 12.1982, Rs. 286/81, Slg. 1982, 4575, 4587f Tz. 15 - *Oosthoek's Uitgeversmaatschappi*. Siehe auch Seite 98f.

470 Vgl. z.B. EuGH vom 16.5.1989, Slg. 1989, 1235, 1251 Tz. 11 - *Buet*; EuGH vom 18.5.1993, Slg. 1993, I-2361, 2389f Tz. 12, 19 - *Yves Rocher*; EuGH vom 6.7.1995, I-1923, 1941f Tz. 15 - *Mars*.

471 *Dethloff*, Europäisierung des Wettbewerbsrechts, S. 210f.

472 Siehe oben Seite 80.

unverhältnismäßige Beschränkung vermuten.[473] Folge ist, daß vor allem Wettbewerbsrechtsordnungen mit einem vergleichsweise hohen Schutzniveau sich einem enormen gemeinschaftsrechtlichen Druck ausgesetzt sehen.

Dieser Anpassungsdruck ist durch die E-Commerce-Richtlinie inzwischen noch verstärkt worden. Auch wenn die Richtlinie unmittelbar nur sehr wenige Aspekte des Wettbewerbsrechts regelt[474], sind ihre Auswirkungen auf die nationalen Wettbewerbsrechte aufgrund der in Art. 3 verankerten „Binnenmarktregel" immens.

III. Die „Binnenmarktregel"

1. *Art. 3 E-Commerce-Richtlinie*

a) *Regelungsziel*

Die in Art. 3 verankerte Binnenmarktregel ist das Herzstück der E-Commerce-Richtlinie.[475] Zwar enthält die Richtlinie noch eine Reihe weiterer Regelungen in Bereichen, deren Harmonisierung die Kommission für besonders dringend hielt.[476] Diese Regelungen stellen im Vergleich zu dem breiten Anwendungsbereich der Richtlinie jedoch nur punktuelle Harmonisierungsansätze dar. Denn der „koordinierte Bereich" der E-Commerce-Richtlinie beschränkt sich nicht nur auf den von der Richtlinie unmittelbar harmonisierten Bereich, sondern geht weit über das hinaus, was in der Richtlinie selbst positiv geregelt ist.[477] Um aber den freien Verkehr von Diensten der Informationsgesellschaft auch dort zu gewährleisten, wo eine Angleichung der nationalen Rechtsordnungen bisher nicht erfolgt ist, wurde in Art. 3 E-Commerce-Richtlinie die Binnenmarktregel normiert. Sie stellt die Antwort

---

473 *Dethloff*, Europäisierung des Wettbewerbsrechts, S. 215.

474 Siehe oben Seite 34ff.

475 Vgl. *Lindholm/Maennel*, Directive on Electronic Commerce, CRi 2000, 65, 66.

476 Siehe oben Seite 33f.

477 Vgl. Art. 2 lit. h) E-Commerce-Richtlinie:

> „Im Sinne dieser Richtlinie bezeichnet der Ausdruck [...] „koordinierter Bereich" die für die Anbieter von Diensten der Informationsgesellschaft und die Dienste der Informationsgesellschaft in den Rechtssystemen der Mitgliedstaaten festgelegten Anforderungen, ungeachtet der Frage, ob sie allgemeiner Art oder speziell für sie bestimmt sind."

des europäischen Gesetzgebers auf die Unzulänglichkeiten der geltenden nationalen Rechtsstrukturen dar, die das ökonomische Potential des elektronischen Handels zu ersticken drohen.[478]

b) Regelungsinhalt

aa) Grundsatz. Art. 3 Abs. 1 E-Commerce-Richtlinie bestimmt, daß jeder Mitgliedstaat dafür Sorge tragen muß, daß die Dienste der Informationsgesellschaft[479], die von einem in seinem Hoheitsgebiet niedergelassenen Diensteanbieter erbracht werden, den in diesem Mitgliedstaat geltenden innerstaatlichen Vorschriften entsprechen. Anderen Mitgliedstaaten ist es durch Art. 3 Abs. 2 E-Commerce-Richtlinie grundsätzlich verwehrt, den freien Verkehr von Diensten der Informationsgesellschaft einzuschränken.[480] Dienste der Informationsgesellschaft und ihre Anbieter dürfen daher im europäischen Ausland grundsätzlich nicht an weitergehenden Anforderungen gemessen werden als im Herkunftsland.

bb) Einschränkungen. In wenigen, eng umgrenzten Fällen sind jedoch Ausnahmen möglich. Abgesehen von den Rechtsgebieten, die bereits dem Anwendungsbereich der Richtlinie entzogen worden sind[481], handelt es sich dabei um Bereiche, in denen die Anwendung von Art. 3 Abs. 1 und 2 E-Commerce-Richtlinie entweder von vornherein ausgeschlossen wurde (Abs. 3) oder zur Durchsetzung bestimmter Allgemeininteressen eingeschränkt wird (Abs. 4).

(1) Ausnahmen im Rahmen von Artikel 3 E-Commerce-Richtlinie. Gemäß Art. 3 Abs. 3 E-Commerce-Richtlinie findet das Herkunftslandprinzip keine Anwendung auf die im Anhang der Richtlinie genannten Bereiche. Dazu zählen zum Beispiel die Immaterialgüterrechte, für die weiterhin das Schutzlandprinzip gilt[482], die Ausgabe elektronischen Geldes durch bestimmte E-Geld-

---

478 Siehe oben Seite 85.

479 Zur Definition der Dienste der Informationsgesellschaft siehe Fn. 370.

480 Vgl. Art. 3 Abs. 1 und 2 E-Commerce-Richtlinie.

481 Vom Anwendungsbereich der Richtlinie ausgenommen wurden zum Beispiel der gesamte Bereich der Besteuerung und alle Fragen betreffend Vereinbarungen oder Verhaltensweisen, die dem Kartellrecht unterliegen; vgl. Art. 1 Abs. 5 der Richtlinie.

482 Vgl. *Schack,* Internationale Urheber-, Marken- und Wettbewerbsrechtsverletzungen im Internet, MMR 2000, 59, 62.

Institute[483] und der Versicherungsmarkt, der bereits intensiv durch die diversen Richtlinien der EU reguliert worden ist[484]. Ferner wurden mit Rücksicht auf das „Rom-Abkommen“[485] die Freiheit der Rechtswahl für Vertragsparteien und die vertraglichen Schuldverhältnisse in bezug auf Verbraucherverträge vom Anwendungsbereich des Art. 3 Abs. 1 und 2 E-Commerce-Richtlinie ausgenommen.[486] Auch die formale Gültigkeit von Verträgen, die Rechte an Immobilien begründen oder übertragen, sowie die Zulässigkeit nicht angeforderter „kommerzieller Kommunikationen“ bleiben von der Binnenmarktregel unberührt. Für letztere sieht die Richtlinie statt dessen in Art. 7 Transparenz- und Informationspflichten vor[487], die das durch die Fernabsatz[488]- und die Datenschutzrichtlinie[489] begründete Mindestschutzniveau ergänzen.[490]

(2) Möglichkeit abweichender Maßnahmen. Abgesehen von den Fällen, in denen das Herkunftslandprinzip von vornherein nicht anwendbar ist, ist es den Mitgliedstaaten in bestimmten Ausnahmekonstellationen erlaubt, das in Art.

---

483 Nicht erfaßt sind solche Institute, auf die die in der Richtlinie über die Aufnahme, Ausübung und Beaufsichtigung der Tätigkeit von E-Geldinstituten vorgesehenen Ausnahmen angewendet wurden. Vgl. Art. 8 Abs. 1 der Richtlinie 2000/46/EG des Europäischen Parlaments und des Rates vom 18. September 2000 über die Aufnahme, Ausübung und Beaufsichtigung der Tätigkeit von E-Geld-Instituten, ABl. EG Nr. L 275 vom 27.10.2000, S. 39.

484 Vgl. die im vierten Spiegelstrich zum Anhang der Richtlinie aufgeführten Richtlinienbestimmungen aus dem Versicherungsrecht.

485 Römisches Übereinkommen über das auf vertragliche Schuldverhältnisse anzuwendende Recht vom 19. Juni 1980, BGBl. 1986 II, S. 810.

486 Vgl. *Ahrens*, Das Herkunftslandprinzip in der E-Commerce-Richtlinie, CR 2000, 835, 839.

487 Nach Art. 7 Abs. 1 müssen unaufgeforderte kommerzielle Kommunikationen klar und unzweideutig als solche erkennbar sein. Art. 7 Abs. 2 verpflichtet die Mitgliedstaaten dazu, sicherzustellen, daß Diensteanbieter, die nicht angeforderte kommerzielle Kommunikationen durch elektronische Post übermitteln, regelmäßig sogenannte Robinson-Listen zu konsultieren haben, in die sich natürliche Personen eintragen können, die keine derartigen E-Mails erhalten wollen.

488 Richtlinie 97/7/EG des Europäischen Parlaments und des Rates vom 20. Mai 1997 über den Verbraucherschutz bei Vertragsabschlüssen im Fernabsatz, ABl. EG L 144 vom 4.6.1997, S. 19.

489 Richtlinie 97/66/EG des Europäischen Parlaments und des Rates vom 15.12.1997 über die Verarbeitung personenbezogener Daten und den Schutz der Privatsphäre im Bereich der Telekommunikation, ABl. EG L 24 vom 30.1.1998, S. 1.

490 Siehe oben Fn. 158.

3 Abs. 1 und 2 E-Commerce-Richtlinie niedergelegten Herkunftslandprinzip zu durchbrechen. Art. 3 Abs. 4, 5 und 6 E-Commerce-Richtlinie enthalten dazu einen an strenge materiell- und verfahrensrechtliche Voraussetzungen geknüpften Erlaubnisvorbehalt.

(a) Materielle Voraussetzungen. Die Mitgliedstaaten dürfen den freien Verkehr von Diensten der Informationsgesellschaft aus einem anderen Mitgliedstaat ausnahmsweise dann einschränken, wenn dies zum Schutz bestimmter, in der Richtlinie abschließend aufgezählter Allgemeininteressen im Inland erforderlich ist und die Maßnahme in einem angemessenem Verhältnis zu dem von ihr verfolgten Schutzziel steht.[491] Ausnahmen sind aber jeweils nur im Hinblick auf einen bestimmten Dienst der Informationsgesellschaft zulässig. Die aufgeführten Gründe (öffentliche Sicherheit und Ordnung, öffentliche Gesundheit und Verbraucherschutz) rechtfertigen also keine allgemeine Freistellung einer abstrakten gesetzlichen Regelung von der Geltung der Binnenmarktregel, sondern nur die auf die Durchsetzung einer solchen nationalen Norm bezogene Vollzugsmaßnahme.[492]

(b) Formelle Voraussetzungen. Um sicherzustellen, daß das Herkunftslandprinzip tatsächlich nur in begründeten Ausnahmefällen durchbrochen wird, werden die materiellen Voraussetzungen zudem von bestimmten Verfahrenszwängen begleitet: Der Mitgliedstaat muß zunächst den Staat, in dem der Anbieter seinen Sitz hat, zum Schutz der betroffenen Allgemeininteressen auffordern. Erst wenn dieser dazu nicht bereit ist, darf jener selbst aktiv werden, muß aber zuvor noch die Kommission und den Herkunftslandstaat über die beabsichtige Maßnahme unterrichten.[493] Nur in dringenden Fällen kann von diesem vorgeschalteten Verfahren abgesehen werden. Dann müssen die ergriffenen Maßnahmen aber unverzüglich und unter Angabe der Gründe, aus denen der Mitgliedstaat der Auffassung ist, daß es sich um ei-

---

491 Vgl. Art. 3 Abs. 4 a) E-Commerce-Richtlinie.

492 *Fezer/Koos*, Das gemeinschaftsrechtliche Herkunftslandprinzip und die e-commerce-Richtlinie, IPRax 2000, 349, 353; *Spindler*, E-Commerce in Europa, MMR-Beilage 7/2000, 4, 9; *Lindholm/Maennel*, Directive on Electronic Commerce, CRi 2000, 65, 67.

493 Vgl. Art. 3 Abs. 4 b) E-Commerce-Richtlinie. Die verfahrensrechtlichen Voraussetzungen des Art. 3 Abs. 4 b) gelten jedoch nur „unbeschadet etwaiger Gerichtsverfahren", so daß die formellen Verfahrensvoraussetzungen nur für von der Verwaltung eines Mitgliedstaates vorgesehene Beschränkungen von Bedeutung sind. Vgl. *Halfmeier*, Vom Cassislikör zur E-Commerce-Richtlinie, ZEuP 2001, 837, 866f.

nen dringenden Fall handelt, der Kommission und dem Mitgliedstaat, in dem der Anbieter der betreffenden Dienstleistung seinen Sitz hat, mitgeteilt werden.[494] Die Kommission ist dann verpflichtet, innerhalb kürzestmöglicher Zeit prüfen, ob die mitgeteilten Maßnahmen mit dem Gemeinschaftsrecht vereinbar sind. Gelangt sie zu dem Schluß, daß dies nicht der Fall ist, hat sie den betreffenden Mitgliedstaat aufzufordern, von den geplanten Maßnahmen Abstand zu nehmen bzw. bereits ergriffene Maßnahmen unverzüglich einzustellen.[495]

2. *Auswirkungen*

Regelungsziel und Regelungsinhalt von Art. 3 E-Commerce-Richtlinie weisen eine starke Ausrichtung auf das Herkunftslandrecht auf: Um die europaweite Verbreitung von Diensten der Informationsgesellschaft nicht durch Anpassungspflichten kollisionsrechtlich zur Anwendung berufener Rechtsordnungen zu beschränken, wird das Regelungsniveau des Herkunftslandes ausschlaggebender Beurteilungsfaktor. Jede Regelung, die über das im Herkunftsland geltende Niveau hinaus geht, ist grundsätzlich gemeinschaftsrechtlich unzulässig.

a) „Ein signifikant anderer Ansatz"

aa) im Vergleich zum Primärrecht. Durch diese Ausrichtung auf das Herkunftslandrecht wirkt Art. 3 E-Commerce-Richtlinie wie eine sekundärrechtliche Verankerung des primärrechtlichen Herkunftslandprinzips. Der Grundsatz der freien Vermarktung von Waren und Dienstleistungen läßt sich auf der sekundärrechtlichen Ebene in dem Grundsatz des freien Verkehrs von Diensten der Informationsgesellschaft leicht wiedererkennen. Nur im Detail bestehen - entscheidende - Unterschiede, von denen vor allem der

---

494 Vgl. Art. 3 Abs. 5 E-Commerce-Richtlinie.

495 Vgl. Art. 3 Abs. 6 E-Commerce-Richtlinie. *Spindler* (E-Commerce in Europa, MMR-Beilage 7/2000, 4, 9) prognostiziert diesem einzelfallbezogenen Verfahren eine ähnliche Zukunft wie den Freistellungsverfahren im europäischen Kartellrecht, da die Kommission kaum in der Lage sein dürfte, jede einzelne Klage oder Maßnahme mit internationalem Bezug einer Prüfung nach Art. 3 Abs. 6 zu unterwerfen. Seiner Auffassung nach dürfte daher in der Praxis eine Art Gruppenfreistellungsverfahren zu erwarten sein, die bestimmte Fallgruppen von vornherein als unbedenklich bezeichnet.

Ausschluß der „Lauterkeit des Handelsverkehrs“ als Rechtfertigungsgrund weitreichende Folgen im Wettbewerbsrecht nach sich ziehen wird. Denn die Lauterkeit des Handelsverkehrs stellt nach der Rechtsprechung des EuGH zusammen mit dem Verbraucherschutz den zentralen Rechtfertigungsgrund beschränkender nationaler Regeln im Wettbewerbsrecht dar.[496] Der auffällige Bruch der Richtlinie mit der *Cassis de Dijon*-Rechtsprechung[497] weist darauf hin, daß es offensichtlich ein Ziel der Richtlinie ist, besonders effektiv den Beschränkungen des freien Verkehrs von Diensten der Informationsgesellschaft entgegenzutreten, die aus den divergierenden nationalen Wettbewerbsrechten folgen. Zwar bleibt es den nationalen Mitgliedstaaten unbenommen, sich zur Rechtfertigung beschränkender Vorschriften auf den Verbraucherschutz zu berufen; doch würde eine Interpretation, derzufolge ein mit dem lauteren Handelsverkehr verbundener (indirekter) Schutz der Verbraucher zur Rechtfertigung lauterkeitsrechtlicher Vorschriften ausreicht, der Intention der Richtlinie nicht entsprechen.[498] Die Lauterkeit des Handelsverkehrs wurde nicht aus der Reihe möglicher Rechtfertigungsgründe herausgenommen, damit beschränkende lauterkeitsrechtliche Vorschriften über die Hintertür des Verbraucherschutzes doch aufrechterhalten werden können.

Ein weiterer Unterschied besteht darin, daß das Herkunftslandprinzip bei Art. 3 E-Commerce-Richtlinie stets nur im Hinblick auf einen bestimmten Dienst der Informationsgesellschaft durchbrochen werden kann. Während im Primärrecht die abstrakte Regelung selbst auf dem Prüfstand des Gemeinschaftsrechts steht, wird im Sekundärrecht bei der individuellen Vollzugsmaßnahme angesetzt, so daß auch insofern keine vergleichbare Übertragung der Schranken der Produktleistungsfreiheiten auf den Anwendungsbereich der Richtlinie gegeben ist.[499] Und schließlich stellt auch die verfahrensrechtliche Absicherung des Herkunftslandprinzips ein Novum dar. Durch sie wird verhindert, daß der in der Binnenmarktregel verankerte Grundsatz des

---

[496] Vgl. *Dethloff*, Europäisierung des Wettbewerbsrechts, S. 191ff.

[497] Siehe Seite 95.

[498] *Bodewig*, Elektronischer Geschäftsverkehr und Unlauterer Wettbewerb, GRUR Int. 2000, 475, 480. A.A. *Halfmeier*, Vom Cassislikör zur E-Commerce-Richtlinie, ZEuP 2001, 837, 865.

[499] Vgl. *Fezer/Koos*, Das gemeinschaftsrechtliche Herkunftslandprinzip und die e-commerce-Richtlinie, IPRax 2000, 349, 353.

freien Verkehrs von Diensten der Informationsgesellschaft nicht durch eine extensive Ausnutzung der Ausnahmetatbestände ausgehöhlt wird. So findet die positive Konzentration auf das Herkunftslandrecht in Art. 3 Abs. 1 E-Commerce-Richtlinie sein adäquate Ergänzung in Abs. 2 und 4.

bb) im Vergleich zur Fernsehrichtlinie. Die Formulierung des Art. 3 E-Commerce-Richtlinie findet ihr Vorbild in der Fernsehrichtlinie[500]. Auch dort gilt, daß jeder Mitgliedstaat dafür sorgen muß, daß Fernsehsendungen, die von seiner Rechtshoheit unterworfenen Fernsehveranstaltern gesendet werden, dem Recht entsprechen, das auf für die Allgemeinheit bestimmte Sendungen anwendbar ist.[501] Auch dort dürfen die Mitgliedstaaten in ihrem Hoheitsgebiet die Weiterverbreitung von Fernsehsendungen aus anderen Mitgliedstaaten nicht aus Gründen behindern, die in den koordinierten Bereich der Richtlinie fallen.[502] Und auch dort ist ein besonderes Verfahren einzuleiten, wenn die Aussetzung der uneingeschränkte Weiterverbreitung von Fernsehsendungen zum Schutz bestimmter, enumerativ aufgezählter Rechtsgüter erforderlich ist.[503]

Die Fernsehrichtlinie statuiert das Sendelandprinzip jedoch nur in dem durch die Richtlinie harmonisierten Bereich, während der „koordinierte Bereich" der E-Commerce-Richtlinie weit darüber hinaus reicht[504]. Trotz aller Ähnlichkeiten handelt es sich bei Art. 3 E-Commerce-Richtlinie damit auch insofern um einen „signifikant anderen Ansatz".[505] Da das Herkunftslandprinzip der E-Commerce-Richtlinie harmonisierte und nicht-harmonisierte

---

500 Richtlinie 89/552/EWG des Rates vom 3. Oktober 1989 zur Koordinierung bestimmter Rechts- und Verwaltungsvorschriften der Mitgliedstaaten über die Ausübung der Fernsehtätigkeit, ABl. EG vom 17.10.1989, Nr. L 298, S. 23ff; Richtlinie 97/36/EG des Europäischen Parlaments und des Rates zur Koordinierung bestimmter Rechts- und Verwaltungsvorschriften der Mitgliedstaaten über die Ausübung von Fernsehtätigkeit, ABl. EG vom 30.7.1997, Nr. L 202, S. 60ff.

501 Art. 2 Abs. 1 Fernsehrichtlinie.

502 Art. 2a Abs. 1 Fernsehrichtlinie.

503 Dies sind gem. Art. 2a Abs. 2 nur offensichtliche, ernste und schwerwiegende Verstöße gegen den Schutz Minderjähriger, insbesondere vor Pornographie, und zu Rassenhaß etc. aufstachelnde Sendungen; auch hier ist ein aufwendiges Informations- und Abhilfeverfahren zu durchlaufen.

504 Zur Definition des koordinierten Bereichs der E-Commerce-Richtlinie siehe Fn. 477.

505 *Bodewig*, Elektronischer Geschäftsverkehr und Unlauterer Wettbewerb, GRUR Int. 2000, 475, 479.

Bereiche gleichermaßen erfaßt, wird es ungleich weiterreichende Folgen nach sich ziehen als die Fernsehrichtlinie. Insbesondere die Frage, ob dem Herkunftslandprinzip der E-Commerce-Richtlinie kollisionsrechtlichen Gehalt zuzusprechen ist, erscheint dadurch in einem ganz anderen Licht als bei der Fernsehrichtlinie, deren Sendelandsprinzip nur einen relativ kleinen Bestand harmonisierter Regeln betrifft.

b) Kollisionsrechtlicher Gehalt?

Da Art. 3 Abs. 1 E-Commerce-Richtlinie bestimmt, daß die Dienste der Informationsgesellschaft, die von einem in seinem Hoheitsgebiet niedergelassenen Diensteanbieter erbracht werden, den innerstaatlichen Vorschriften zu entsprechen haben, liegt die Annahme eines kollisionsrechtlichen Gehalts jedoch sehr nahe. Der Wortlaut der Vorschrift scheint eindeutig: Müssen die Dienste dem Recht des Herkunftslandes entsprechen, folgt internationalprivatrechtlich daraus die Maßgeblichkeit des Herkunftslandrechts.[506] Doch entspricht diese Schlußfolgerung aus dem Wortlaut nicht der Regelungsintention des europäischen Gesetzgebers, der in die endgültige Fassung der E-Commerce-Richtlinie die Vorschrift einfügte, nach der die Richtlinie keine zusätzlichen Regeln des Internationalen Privatrechts schafft.[507]

Nun fällt eine Regelung durch die Behauptung, sie sei nicht internationalprivatrechtlicher Natur, nicht automatisch aus dem Bereich des Internationalen Privatrechts heraus.[508] Deutlicher konnte die Regelungsintention des europäischen Gesetzgebers jedoch kaum zum Ausdruck gebracht werden.[509] Zudem stellen auch regelungsimmanente Widersprüchlichkeiten den kollisionsrechtlichen Gehalt der Vorschrift in Frage: Zum einen nähme ein kollisionsrechtliches Verständnis von Art. 3 Abs. 1 E-Commerce-Richtlinie dem nachfolgenden Abs. 2 im Bereich des Privatrechts seinen eigenständigen Regelungsgehalt: Käme es bereits kollisionsrechtlich nur auf das Recht des

---

506 Davon geht auch die herrschende Meinung bei Art. 2 der Fernsehrichtlinie aus; siehe oben Seite 67.

507 Vgl. Art. 1 Abs. 4 E-Commerce-Richtlinie.

508 Vgl. *Mankowski*, Das Herkunftslandprinzip als Internationales Privatrecht der e-commerce-Richtlinie, ZVglRWiss 100 (2001) 137, 138; *Ohly*, Herkunftslandprinzip und Kollisionsrecht, GRUR Int. 2001, 899, 900.

509 Vgl. auch *Ohly*, Herkunftslandprinzip und Kollisionsrecht, GRUR Int. 2001, 899, 902.

Herkunftslandes an, wäre die Regel, daß ein Mitgliedstaat nicht die Dienste eines in einem anderen Mitgliedstaat niedergelassenen Anbieters beschränken darf, nicht erforderlich. Zum anderen läßt sich unter „innerstaatliches Recht" nicht nur das nationale Sach-, sondern auch das nationale Kollisionsrecht subsumieren. Bei Annahme einer Gesamtverweisung aber wären die Mitgliedstaaten frei, die Verweisung auf das Herkunftsland anzunehmen oder weiterzuverweisen - ein Ergebnis, das den Sinn der kollisionsrechtlichen Verweisung auf das Herkunftsland ad absurdum führen würde und deshalb auf allgemeine Ablehnung stößt.[510]

Die Entstehungsgeschichte der Richtlinie bringt keine Aufschlüsse, wie dieser Widerstreit von Wortlaut, Regelungsintention und Regelungskontext zu lösen ist. In dem vorausgegangenen Richtlinienvorschlag existierte die Regelung des Art. 1 Abs. 4 E-Commerce-Richtlinie zwar noch nicht. Statt dessen hatte es in den Erwägungsgründen nur geheißen, die Richtlinie ziele nicht darauf ab,

> „spezifische Regeln des Internationalen Privatrechts betreffend das anwendbare Recht oder die Zuständigkeit der Gerichte einzuführen, und [trete] daher nicht an die Stelle der einschlägigen internationalen Übereinkommen".[511]

Man bezog diese Aussage auf das Rom-Abkommen[512] und erreichte dadurch auch Klarheit im Hinblick auf die Regelung in Art. 3 Abs. 3 des Richtlinienentwurfs, nach der das Herkunftslandprinzip für die vertragsrechtlichen Bestimmungen der Richtlinie nur gelten sollte, wenn das jeweilige Kollisions-

---

510 Vgl. *Mankowski*, Das Herkunftslandprinzip als Internationales Privatrecht der e-commerce-Richtlinie, ZVglRWiss 100 (2001) 137, 152f; *Thünken*, Die EG-Richtlinie über den elektronischen Geschäftsverkehr und das IPR des unlauteren Wettbewerbs, IPRax 2001, 15, 20f; *Fezer/Koos*, Das gemeinschaftsrechtliche Herkunftslandprinzip und die e-commerce-Richtlinie, IPRax 2000, 349, 353; *Halfmeier*, Vom Cassislikör zur E-Commerce-Richtlinie, ZEuP 2001, 837, 864.

511 Erwägungsgrund (7) des Geänderten Vorschlags für eine Richtlinie des Europäischen Parlaments und des Rates über bestimmte rechtliche Aspekte des elektronischen Geschäftsverkehrs im Binnenmarkt vom 1.9.1999 (KOM (1999) 427 endg.). Dem ursprünglichen Richtlinienvorschlag vom 18.11.1998 (KOM (1998) 586 endg.) zufolge sollten die relevanten internationalen Übereinkommen „unberührt" bleiben (Erwägungsgrund VII).

512 Römisches Übereinkommen über das auf vertragliche Schuldverhältnisse anzuwendende Recht vom 19. Juni 1980, BGBl. 1986 II, S. 810.

recht des Mitgliedstaats dessen Sachrecht beruft.[513] Der Annahme eines kollisionsrechtlichen Gehalts von Art. 3 Abs. 1 E-Commerce-Richtlinie im außervertraglichen Bereich stand mit diesem auf das Vertragsrecht konzentrierten Vorbehalt nichts im Wege, die kollisionsrechtliche Frage schien geklärt.[514]

In der heute gültigen Fassung der Richtlinie wird der Bezug zu den „einschlägigen internationalen Übereinkommen" jedoch nicht mehr hergestellt. Auch Art. 3 Abs. 3 des Entwurfes ist gestrichen worden. Statt dessen ist Art. 1 Abs. 4 in den Regelungstext eingefügt worden, ergänzt durch die Aussage in den Erwägungsgründen, daß die

> „Vorschriften des anwendbaren Rechts, die durch die Regeln des IPR bestimmt sind, [...] die Freiheit zur Erbringung von Diensten der Informationsgesellschaft im Sinne dieser Richtlinie nicht einschränken [dürfen]."[515]

Der Annahme eines kollisionsrechtlichen Gehalts der Richtlinie ist durch diese Klarstellung nunmehr auch für den außervertraglichen Bereich der Boden entzogen worden. Zwar weist der im Anhang der Richtlinie aufgeführte Ausnahmekatalog zum Herkunftslandprinzip nunmehr auch den kollisionsrechtlichen Tatbestand der „Freiheit der Rechtswahl für Vertragsparteien" auf.[516] Mehr als ein weiterer Beleg für die kollisionsrechtliche Inkonsistenz der Richtlinie ist dem jedoch nicht zu entnehmen. Denn auch wenn diese Ausnahmeregelung im Umkehrschluß für einen kollisionsrechtlichen Gehalt des in Art. 3 Abs. 1 verankerten Grundsatzes sprechen mag[517], Art. 1 Abs. 4 der Richtlinie spricht ebenso dagegen.[518]

---

513 Vgl. *Dethloff*, Europäisierung des Wettbewerbsrechts, S. 54.

514 Vgl. *Dethloff*, Europäisches Kollisionsrecht des unlauteren Wettbewerbs, JZ 2000, 179, 181; *Mankowski*, Internet und Internationales Wettbewerbsrecht, GRUR Int. 1999, 909, 912f.

515 Erwägungsgrund (23), 2. Halbsatz.

516 Vgl. Art. 3 Abs. 3 i.V.m. dem Anhang (5. Spiegelstrich) der Richtlinie.

517 *Mankowski*, Das Herkunftslandprinzip im Internationalen Privatrecht, ZVglRWiss 100 (2001) 137, 143.

518 *Spindler*, E-Commerce in Europa, MMR-Beilage 7/2000, 4, 9; *Dethloff*, Europäisierung des Wettbewerbsrechts, S. 54.

Angesichts dieser undurchsichtigen kollisionsrechtlichen Implikationen der Richtlinie[519] ist die Auslegung des Herkunftslandprinzips maßgeblich an dem Regelungswillen des europäischen Gesetzgebers auszurichten, der sowohl in Art. 1 Abs. 4 als auch in den Erwägungsgründen so prononciert zum Ausdruck gebracht wird. Ein kollisionsrechtlicher Gehalt des Herkunftslandprinzips ist daher trotz des scheinbar eindeutigen Wortlauts von Art. 3 Abs. 1 E-Commerce-Richtlinie zu verneinen. Auch die strukturellen Gemeinsamkeiten mit dem primärrechtlichen Herkunftslandprinzip sprechen dafür, die Regelung des Art. 3 E-Commerce-Richtlinie als ein bloßes Beschränkungsverbot auszulegen, das dem nationalen Recht im Interesse des freien Verkehrs der Dienste der Informationsgesellschaft Grenzen setzt, es aber nicht ersetzt.[520] Die Binnenmarktregel erschöpft sich damit in der Aussage, daß die international zuständigen Gerichte der Mitgliedstaaten diejenigen Normen des kollisionsrechtlich zur Anwendung berufenen Sachrechts nicht anzuwenden haben, die zu nicht gerechtfertigen Beschränkungen des freien Verkehrs von Diensten der Informationsgesellschaft führen.[521] Das Herkunftslandprinzip sichert dadurch das gemeinschaftsrechtliche Interesse eines freien Verkehrs von Diensten der Informationsgesellschaft in Europa, überläßt die Art und Weise seiner Umsetzung in nationales Recht aber den Mitgliedstaaten.

---

519 Sie veranlaßten *Hoeren* (Vorschlag für eine EU-Richtlinie über E-Commerce, MMR 1999, 192, 195) zu seinem resignierten Ausruf, „daß die Kommission entweder keine Ahnung vom IPR hat oder eine solch große Kenntnis, daß einem angst und bange wird."

520 Zum kollisionsrechtlichen Gehalt der Grundfreiheiten siehe Seite 106ff.

521 So im Ergebnis auch *Dethloff*, Europäisierung des Wettbewerbsrechts, S. 54; Staudinger-*Fezer*, Internationales Wirtschaftsrecht, Rn. 449; *Fezer/Koos*, Das gemeinschaftsrechtliche Herkunftslandprinzip und die e-commerce-Richtlinie, IPRax 2000, 349, 352; *Ahrens*, Das Herkunftslandprinzip in der E-Commerce-Richtlinie, CR 2000, 835, 837; *Löffler*, Werbung im Cyberspace, WRP 2001, 379, 380; *Bodewig*, Elektronischer Geschäftsverkehr und Unlauterer Wettbewerb, GRUR Int. 2000, 475, 479; *Lindholm/Maennel*, Directive on Electronic Commerce, CRi 2000, 65, 67; *Ohly*, Herkunftslandprinzip und Kollisionsrecht, GRUR Int. 2001, 899, 902; *Halfmeier*, Vom Cassislikör zur E-Commerce-Richtlinie, ZEuP 2001, 837, 864.

c) *Folgeprobleme*

Die Folgeprobleme, die das Herkunftslandprinzip im nationalen Recht nach sich zieht, offenbarten sich indes schon vor seiner Umsetzung: Noch vor Ablauf der Umsetzungsfrist am 16. Januar 2002 entschied sich der deutsche Gesetzgeber aus Anlaß der E-Commerce-Richtlinie für die Abschaffung des Rabattgesetzes und der Zugabeverordnung.[522] Dadurch sollten schwerwiegende Wettbewerbsnachteile verhindert werden, die deutschen Unternehmen im Verhältnis zu ihren ausländischen Konkurrenten bei Fortbestand dieser sehr restriktiven deutschen Bestimmungen gedroht hätten.

aa) Das Problem der Inländerdiskriminierung. Die Vorschriften des deutschen Rabatt- und Zugaberechts setzten den betroffenen Unternehmen in der Vergangenheit enge Grenzen in der Preisgestaltung, wirkten aber - bezogen auf den deutschen Markt - nicht diskriminierend, weil sie in vollem Umfang für alle Unternehmen verbindlich waren, die Dienstleistungen und Waren angeboten haben. Ob ein Anbieter seinen Sitz in Deutschland oder im Ausland hatte, spielte bisher keine Rolle. Gegenwind aus Brüssel war wegen der sehr restriktiven Vorschriften zwar zu spüren, hinterließ aber keine konkreten Spuren: Das Rabatt- und Zugaberecht blieb aller Deregulierungsbestrebungen zum Trotz bestehen. Zu stark waren die Widerstände, die sich aus der Angst vor negativen Folgen für den mittelständischen Einzelhandel herleiteten, und nicht nachhaltig genug war der Druck aus Brüssel, nachdem die Kommission infolge der *Keck*-Entscheidung ein das deutsche Rabattgesetz betreffendes Vertragsverletzungsverfahren wieder eingestellt hatte.[523]

Erst die E-Commerce-Richtlinie gab den entscheidenden Impuls für die Abschaffung dieser Gesetze, die in ihrer Restriktivität europaweit ihresgleichen suchten.[524] Denn durch das Herkunftslandprinzip unterliegen ausländische Diensteanbieter den inländischen Anforderungen nur noch insoweit, wie diese nicht über das im Herkunftsland geltenden Regelungsniveau hi-

---

522 Vgl. die Ausführungen im Gesetzesentwurf der Bundesregierung zur Aufhebung der Zugabeverordnung und zur Anpassung weiterer Rechtsvorschriften, BR-Drs. vom 5.1.2001, S. 6ff.

523 Vgl. *Meyer*, Rabatt- und Zugaberegulierung auf dem Prüfstand, GRUR 2001, 98, 108.

524 Aktuelle rechtsvergleichende Überblicke über die Regulierung des Rabatt- und Zugabewesens in Europa geben *Meyer*, Rabatt- und Zugaberegulierung auf dem Prüfstand, GRUR 2001, 98, 106ff sowie *Bodewig/Henning-Bodewig*, Rabatte und Zugaben in den Mitgliedstaaten der Europäischen Union, WRP 2000, 1341, 1342ff.

nausgehen. Infolgedessen hätten sie Zugaben und Rabatte in Deutschland trotz entgegenstehender deutscher Regelungen in weitem Umfang als Vertriebs- und Marketinginstrumente einsetzen können, während ihre deutschen Konkurrenten nach wie vor an das restriktive deutschen Recht gebunden gewesen wären. Dieser drohenden Ungleichbehandlung in- und ausländischer Unternehmer auf dem deutschen Markt konnte nach Auffassung der Bundesregierung nur durch eine ersatzlose Streichung beider Gesetze begegnet werden: Am 24. Juli 2001 traten das Rabattgesetz und die Zugabeverordnung außer Kraft.[525]

Das Problem der Inländerdiskriminierung folgt daraus, daß Gemeinschaftsrecht in aller Regel nur an grenzüberschreitende Sachverhalte anknüpft, während der innerstaatliche Bereich der alleinigen Gestaltung des nationalen Gesetzgebers unterliegt.[526] Um den grenzüberschreitenden Handelsverkehr zu gewährleisten, führt der Anwendungsvorrang des Gemeinschaftsrechts bei marktzutrittsbeschränkenden nationalen Rechtsvorschriften zur Nichtanwendung des beschränkenden Rechts auf ausländische Marktteilnehmer. EG-Ausländer können sich dadurch wesentlich freier auf dem Markt bewegen als ihre inländischen Konkurrenten, die dem inländischen Recht unterworfen bleiben: Das nationale Marktgeschehen wird durch ein zweigeteiltes, die Chancengleichheit konterkarierendes Recht geprägt.

Das Gemeinschaftsrecht steht dieser Art der Diskriminierung indifferent gegenüber. Solange der grenzüberschreitende Handel durch die Benachteiligung der inländischen Marktteilnehmer nicht in Mitleidenschaft gezogen wird, sich die Ungleichbehandlung also auf den innerstaatlichen Bereich beschränkt, ist der Anwendungsbereich des Gemeinschaftsrechts nicht berührt. Die Mitgliedstaaten sind somit in ihrer Entscheidung frei, wie sie den innerstaatlichen Bereich regeln, haben allerdings ihre verfassungsrechtlichen Grenzen zu beachten. Zwar wird eingewandt, daß die inzwischen erreichte Integrationsstufe solchen nationalen Gestaltungsfreiräumen entgegenste-

---

[525] Die Aufhebung erfolgte durch das Gesetz zur Aufhebung der Zugabeverordnung und zur Anpassung weiterer Vorschriften vom 23.7.2001, BGBl. 2001 I, S. 1661ff und das Gesetz zur Aufhebung des Rabattgesetzes und zur Anpassung weiterer Vorschriften vom 23.7.2001, BGBl. 2001 I, S. 1663.

[526] Zu Erscheinungsformen und normativen Entstehungsgründen vgl. *Epiney*, Umgekehrte Diskriminierungen, S. 17ff, 35ff.

he.[527] Doch dürfen die fortbestehenden Regelungsbefugnisse der Mitgliedstaaten trotz der fortschreitenden Binnenmarktintegration nicht mißachtet werden: Sowohl das Prinzip des unverfälschten Wettbewerbs (Art. 3 lit. g EGV) als der Binnenmarkt (Art. 14 EGV) finden zur Zeit ihren Gegenstand, aber auch ihre Grenzen in der Beseitigung der zwischenstaatlichen Handelshemmnisse.[528] Wie mit dem daraus folgenden Problem der Inländerdiskriminierung umzugehen ist, ist also allein eine Frage des nationalen Verfassungsrechts, in Deutschland des Gleichheitssatzes (Art. 3 GG) und der Freiheitsgrundrechte (insbesondere Art. 12 GG).

Allerdings wird insbesondere die Anwendbarkeit von Art. 3 GG immer wieder mit dem Argument in Frage gestellt, daß sich die für Inländer nachteilige Differenzierung aus einer Verteilung der Regelungsgewalt zwischen Mitgliedstaaten und Europäischer Gemeinschaft ergebe, Art. 3 aber eine Ungleichbehandlung durch denselben Hoheitsträger voraussetze.[529] Diese Auffassung verkennt indes, daß die Entscheidung für die Ungleichbehandlung ausschließlich in der Hand des nationalen Gesetzgebers liegt und ihm daher zuzurechnen ist, auch wenn die Differenzierung im nationalen Recht auf der Einwirkung des Gemeinschaftsrechts beruht. Denn das Gemeinschaftsrecht schreibt gerade nicht vor, wie die Mitgliedstaaten den von ihm nicht erfaßten innerstaatlichen Bereich zu regeln haben: Die vorgegebe-

---

527 Vgl. *Bleckmann*, Die umgekehrte Diskriminierung (discrimination à rebours) im EWG-Vertrag, RIW 1985, 917ff; *Nicolaysen*, Inländerdiskriminierung im Warenverkehr, EuR 1991, 95, 102ff; *Behrens*, Die Konvergenz der wirtschaftlichen Freiheiten im europäischen Gemeinschaftsrecht, EuR 1992, 145, 160ff sowie in Fortführung dieser Ansätze *Epiney*, Umgekehrte Diskriminierungen, S. 340ff, die den Anwendungsbereich des Gemeinschaftsrechts zwar auf innerstaatliche Sachverhalte ausdehnen, den fortbestehenden Kompetenzen der Mitgliedstaaten jedoch durch die Anerkennung rechtfertigenden „berechtigter Interessen" Rechnung tragen will. Kritisch dazu *Dethloff*, Europäisierung des Wettbewerbsrechts, S. 261.

528 *Dehtloff*, Europäisierung des Wettbewerbsrechts, S. 261. Das Gemeinschaftsrecht beseitigt die Inländerdiskriminierung lediglich dann, wenn Gemeinschaftsrechtsakte zur Rechtsangleichung verpflichten, die für die gesamte Gemeinschaft ein einheitliches Recht schaffen – unabhängig davon, ob es um grenzüberschreitende Sachverhalte geht oder nicht; vgl. *Streinz*, Europarecht, Rn. 685.

529 Vgl. *Fastenrath*, Inländerdiskriminierung, JZ 1987, 170, 178; *Lackloff/Raczinski*, Umgekehrte Diskriminierung, EWS 1997, 109, 116f; *König*, Das Problem der Inländerdiskriminierung, AöR 118 (1993) 591, 599; *Heintzen*, Inländerdiskriminierung im Gemeinsamen Markt, EWS 1990, 82, 88.

ne rechtliche Behandlung grenzüberschreitender Sachverhalte ändert nichts daran, daß der Gesetzgeber weiterhin die Möglichkeit hat, bei innerstaatlichen Sachverhalten im Rahmen der verfassungsrechtlichen Schranken seine eigenen Vorstellungen zu verwirklichen.[530] Die Rücksichtnahme auf gemeinschaftsrechtliche Standards steht somit der Anwendung des Art. 3 GG nicht entgegen, eignet sich aber als Rechtfertigungsgrund für die Ungleichbehandlung.[531] Die entscheidende Frage ist, ob die Aufrechterhaltung der diskriminierenden Regelung im nationalen Kontext zur Erreichung des von ihr angestrebten Ziels geeignet, erforderlich und angemessen ist.[532]

Auch bei Freiheitsbeschränkungen beeinflußt der standardsenkende Einfluß des Gemeinschaftsrechts die Verhältnismäßigkeit der nationalen Vorschrift.[533] Abgesehen davon, daß es zumindest einer besonderen Begründung bedarf, weshalb Standards, die eine ungerechtfertigte Beschränkung des Binnenmarktes darstellen, gegenüber Inländern noch erforderlich und im engeren Sinne verhältnismäßig sein sollen[534], ist vor allem auch die Geeignetheit der Vorschrift fraglich, wenn ihr Schutzanspruch infolge der gemeinschaftsrechtlich bedingten Ausnahmen nicht gewährleistet und das Regelungsziel folglich nicht oder nur unzureichend erreicht werden kann.[535] Das Wettbewerbsrecht liefert ein anschauliches Beispiel: Wettbewerbsrecht ist Marktrecht. Der Schutz der Marktbeteiligten und der Institution des Marktes

---

[530] Vgl. *Epiney*, Umgekehrte Diskriminierungen, S. 426ff m.w.N.; *Hammerl*, Inländerdiskriminierung, S. 179f; *Koos*, Europäischer Lauterkeitsmaßstab und globale Integration, S. 136ff m.w.N.; *Herdegen*, Europarecht, Rn. 100; *Schilling*, Gleichheitssatz und Inländerdiskriminierung, JZ 1994, 8, 10; *Weis*, Inländerdiskriminierung zwischen Gemeinschaftsrecht und nationalem Verfassungsrecht, NJW 1983, 2721, 2725; *Nicolaysen*, Inländerdiskriminierung im Warenverkehr, EuR 1991, 95. 117ff; *Moench*, Reinheitsgebot für Bier, NJW 1987, 1109, 1112.

[531] *Dethloff*, Europäisierung des Wettbewerbsrechts, S. 265; *Herdegen*, Europarecht, Rn. 100.

[532] Vgl. *Epiney*, Umgekehrte Diskriminierungen, S. 464ff.

[533] Vgl. *Epiney*, Umgekehrte Diskriminierungen, S. 403ff.

[534] *Herdegen*, Europarecht, Rn. 100.

[535] *Epiney*, Umgekehrte Diskriminierungen, S. 404; *Streinz*, Europarecht, Rn. 685 mit Hinweis auf den Beschluß des BVerfG vom 31.3.2000, NVwZ 2001, 187, in dem das Gericht die Frage, ob die Anforderungen der Meisterprüfung angesichts geringerer Anforderungen an EU-Handwerker im Lichte des Art. 12 Abs. 1 GG noch gerechtfertigt sind, ausdrücklich dahingestellt ließ. Zurückhaltender *Dethloff*, Europäisierung des Wettbewerbsrechts, S. 262f.

kann nur dann effektiv umgesetzt werden, wenn die Normen, die das Marktverhalten regeln, für alle Marktbeteiligten gelten. Ist dies nicht der Fall, schlägt der Schutzanspruch in eine kaum begründbare Schlechterstellung der Normunterworfenen um. Denn diese sehen sich an eine Norm gebunden, die ihre wirtschaftliche Handlungsfreiheit beschränkt, deren Schutzziel aber durch die gemeinschaftsrechtlich bedingte Handlungsfreiheit konkurrierender Marktbeteiligter ins Leere läuft. Nach der Einführung des Herkunftslandprinzips durch die E-Commerce-Richtlinie hielt der deutsche Gesetzgeber das Festhalten an dem restriktiven Zugabe- und Rabattrecht deshalb zu Recht für eine sachlich nicht zu rechtfertigende Ungleichbehandlung deutscher Unternehmen.

bb) Die Gefahr einer „kalten Harmonisierung". Die durch Art. 3 E-Commerce-Richtlinie provozierte Inländerdiskriminierung wird damit zu einem schlagkräftigen Argument gegen vergleichsweise restriktive wettbewerbsrechtliche Regelungen. Nationale Deregulierungsmaßnahmen sind die Folge. Denn von den verfassungsrechtlichen Bedenken abgesehen, kann es sich auch rechtspolitisch kein nationaler Gesetzgeber leisten, seine inländischen Normadressaten gegenüber den ausländischen Konkurrenten dauerhaft rechtlich schlechter zu stellen.[536] Diskriminierung wäre die eine, Abwanderungsandrohungen die andere Konsequenz eines solchen Verhaltens.

Übermäßig restriktiv ausgestaltete Wettbewerbsrechte werden dem Anpassungsdruck, der von dem Herkunftslandprinzip ausgeht, daher nicht Stand halten können.[537] Neben solchen durchaus positiven Folgen birgt das Herkunftslandprinzip aber auch die Gefahr einer „kalten Harmonisierung".[538] Es stellt sich die Frage nach europaweit konsensfähigen Mindeststandards und ihrer Harmonisierung.[539] Deutschland, das über ein sehr ho-

---

536 *Dethloff*, Europäisierung des Wettbewerbsrechts, S. 265.

537 Vgl. *Ohly*, Herkunftslandprinzip und Kollisionsrecht, GRUR Int. 2001, 899, 907: „Unzeitgemäß restriktive nationale Regeln mögen in diesem evolutiven Prozeß ebenso auf der Strecke bleiben wie die Dinosaurier in der Tierwelt."

538 Vgl. *Bodewig*, Elektronischer Geschäftsverkehr und Unlauterer Wettbewerb, GRUR Int. 2000, 475, 482; *Fezer/Koos*, Das gemeinschaftsrechtliche Herkunftslandprinzip und die e-commerce-Richtlinie, IPRax 2000, 349, 354; *Hoeren*, Vorschlag für eine EU-Richtlinie über E-Commerce, MMR 1999, 192, 194.

539 *Mankowski*, Das Herkunftslandprinzip als Internationales Privatrecht, ZVglRWiss 100 (2001) 137, 158f.

hes wettbewerbsrechtliches Schutzniveau verfügt, stimmte der Einführung des Herkunftslandprinzips deshalb nur aufgrund der Erwartung zu, daß die Richtlinie die Harmonisierungsbestrebungen im Wettbewerbsrecht beschleunigen werde.[540]

IV. Ergebnis

Die Vielzahl unterschiedlicher Marktortrechte, die auf ein länderübergreifendes Marketingkonzept im Internet Anwendung finden, machen es einem Unternehmen unmöglich, ein im Herkunftsland rechtmäßiges Marketingkonzept über das Internet auf weitere Märkte auszudehnen, ohne es an die lauterkeitsrechtlichen Anforderungen der einzelnen Marktorte anpassen und dadurch zugleich die Einheitlichkeit des Marketingkonzepts aufgeben zu müssen - ein Ergebnis, das sich mit dem gemeinschaftsrechtlichen Herkunftslandprinzip nicht vereinbaren läßt. Vor allem Wettbewerbsrechtsordnungen mit einem vergleichsweise hohen wettbewerbsrechtlichen Schutzniveau sehen sich dadurch einem enormen gemeinschaftsrechtlichen Druck ausgesetzt. Dieser ist durch die E-Commerce-Richtlinie noch verstärkt worden. Auch wenn die Richtlinie selbst nur sehr wenige Aspekte des Wettbewerbsrechts regelt, wird sie durch das in Art. 3 E-Commerce-Richtlinie verankerte Herkunftslandprinzip erhebliche Auswirkungen auf die nationalen Wettbewerbsrechte haben. Die ersatzlose Streichung der Zugabeverordnung und des Rabattgesetzes in Deutschland ist ein Vorbote für die Folgen, die das Herkunftslandprinzip im nationalen Recht nach sich ziehen wird. Trifft die Erwartung zu, daß die Richtlinie die Harmonisierungsbestrebungen im Wettbewerbsrecht beschleunigen wird, ließe sich tatsächlich von einer Europäisierung des Wettbewerbsrechts durch den elektronischen Handel sprechen.

---

540 Vgl. den Kommentar des Parlamentarischen Staatssekretärs bei der Bundesministerin der Justiz: *Pick*, Europäischer Rechtsrahmen für den Electronic-Commerce, WM 2000, 468.

Teil 4

Europäisierung des Wettbewerbsrechts

Die Forderung nach europaweit einheitlichen Wettbewerbsregeln ist fast so alt wie die EG selbst, ohne daß bisher weitreichende Erfolge erzielt worden wären.[541] Auch heute stellt die vollständige Harmonisierung des Wettbewerbsrechts eine „ferne Zukunftsvision" dar.[542] Nur die Vereinheitlichung des Kollisionsrechts ist durch die geplante Rom II-Verordnung in greifbare Nähe gerückt: Art. 3 Abs. 6 des Entwurfes knüpft an das Recht des Landes an, in dem sich die schädigenden Handlung auswirkt und hebt die Marktortregel damit in den Rang einer europäischen Anknüpfungsnorm.[543] Für wettbewerbsrechtliche Sachverhalte im Internet ist die Anknüpfung an den Markt jedoch mit erheblicher Rechtsunsicherheit behaftet: Vor allem dann, wenn es an einer objektiv erkennbaren Ausrichtung der Wettbewerbshandlung auf bestimmte nationale Märkte fehlt, beurteilt sich die wettbewerbsrechtliche Haftung von Dienstleistungen im Internet nach einer großen, häufig schwer vorhersehbaren Zahl von Rechtsordnungen.[544] Angesichts dieser Schwächen der Marktortregel wurde vorgeschlagen, für die Anknüpfung wettbewerbsrechtlicher Sachverhalte im Internet eine Sonderanknüpfung an das Herkunftslandrecht vorzunehmen[545] - ein Vorschlag, der durch die Umsetzung der E-Commerce-Richtlinie konkrete Gestalt annehmen wird.

---

541 Siehe oben Seite 37.

542 *Ohly*, Herkunftslandprinzip und Kollisionsrecht, GRUR Int. 2001, 899, 906.

543 Siehe oben Seite 64.

544 Siehe oben Seite 77ff.

545 *Dethloff*, Europäisierung des Wettbewerbsrechts, S. 284ff. Für eine ausdrückliche Sonderanknüpfung bestünde neben einer allgemeine Kollisionsrechtsvereinheitlichung durch die geplante Rom II-Verordnung Raum: Der Entwurf statuiert in Art. 18 einen Vorrang für Bestimmungen gemeinschaftsrechtlichen Ursprungs, die für bestimmte Bereiche kollisionsrechtliche Regelungen für außervertragliche Schuldverhältnisse treffen.

A. Kollisionsrechtliche Sonderanknüpfung als Zwischenlösung

Der binnenmarktfunktionale Ansatz, der Art. 3 der E-Commerce-Richtlinie zugrunde liegt, läßt Umsetzungsspielraum: Ein gemeinschaftsrechtskonformes Ergebnis wird immer dann erzielt, wenn das nationale Rechtsanwendungsergebnis keine Beschränkung des grenzüberschreitenden Verkehrs von Diensten der Informationsgesellschaft auslöst.[546] Theoretisch eröffnet dies sowohl kollisions- als auch sachrechtliche Umsetzungsmöglichkeiten; in der Praxis scheitert die sachrechtliche Variante jedoch daran, daß sie eine Harmonisierung der unterschiedlichen nationalen Wettbewerbsrechte zu einem einheitlichen europäischen Wettbewerbsrecht erforderte - ein Unterfangen, das eine konzertierte Handlung voraussetzt und durch die umsetzungspflichtigen Mitgliedstaaten einzeln nicht zu leisten ist. Was bleibt, ist eine kollisionsrechtliche Lösung, die zwei Varianten anbietet: eine eng an die gemeinschaftsrechtlichen Strukturen angelehnte Günstigkeitsregelung sowie eine darüber hinausgehende kollisionsrechtliche Einkleidung des Herkunftslandprinzips als Sonderanknüpfung an das Herkunftslandrecht.

Daß die Umsetzung von Art. 3 E-Commerce-Richtlinie im nationalem Recht nicht ohne zusätzliche kollisionsrechtliche Regelungen auskommt, demonstriert die in der gemeinschaftsrechtlichen Zielvorgabe angelegten Unstimmigkeiten. Die Richtlinie selbst mag keine Kollisionsnorm enthalten. Da sich ihre Zielvorgabe aber letztlich doch nur kollisionsrechtlich umsetzen läßt, schafft die Richtlinie zumindest mittelbar die zusätzlichen Regeln des Internationalen Privatrechts, von der sie auf gemeinschaftsrechtlichen Ebene so betont Abstand genommen hat. Die in Art. 1 Abs. 4 E-Commerce-Richtlinie manifestierte Regelungsintention ist damit vor allem Ausdruck des politischen Kompromißcharakters, der Art. 3 E-Commerce-Richtlinie prägt: Weder zu einer Harmonisierung des Sach- noch des Kollisionsrechts hat man sich durchringen können, sondern sich auf einen binnenmarktfunktionalen Ansatz zurückgezogen, der die gemeinschaftsrechtlichen Interessen an ei-

---

546 Siehe oben Seite 125.

nem freien grenzüberschreitenden Verkehr von Diensten der Informationsgesellschaft gewährleistet.[547]

I. Günstigkeitsregelung

In Deutschland erfolgt die Umsetzung der Richtlinie durch Art. 1 und 2 des Gesetzes über rechtliche Rahmenbedingungen für den elektronischen Geschäftsverkehr (EGG), die die Vorgaben der Richtlinie durch eine Änderung des Teledienstegesetzes (TDG)[548] und der Zivilprozeßordnung (ZPO)[549] in nationales Recht einfügen.[550] Das Herkunftslandprinzip wird in Art. 1 Nr. 4 EEG durch eine Neufassung des § 4 TDG umgesetzt. Vorgesehen war zunächst eine Art Günstigkeitsregelung:

> „In der Bundesrepublik Deutschland niedergelassene Diensteanbieter und ihre Teledienste unterliegen den Anforderungen des deutschen Rechts auch dann, wenn die Teledienste in einem anderen [Mitgliedstaat der EG] geschäftsmäßig angeboten oder erbracht werden, soweit sich nicht aus den Regeln des Internationalen Privatrechts etwas anderes ergibt. Auf solche Teledienste ist das nach den Regeln des internationalen Privatrechts maßgebliche Recht eines anderen Staates jedoch nicht anwendbar, soweit dadurch der freie Dienstleistungsverkehr über die Anforderungen des deutschen Rechts hinausgehend eingeschränkt würde."[551]

Ähnlich sah der österreichische Ministerialentwurf zum E-Commerce-Gesetz aus. Auch in Österreich ging man anfänglich davon aus, daß sich Privatrechtsverhältnisse des Diensteanbieters und privatrechtliche Ansprüche gegen diesen auch im koordinierten Bereich der Richtlinie nach dem Recht richteten, auf das die Bestimmungen des internationalen Privatrechts verweisen. Wenn das danach maßgebende Recht aber den freien Verkehr von Diensten der Informationsgesellschaft einschränkt, sollte das Recht des Mit-

---

[547] Vgl. auch *Dethloff*, Europäisierung des Wettbewerbsrechts, S. 55.

[548] Teledienstegesetz vom 22. Juli 1997 (BGBl. I, S. 1870), geändert durch Art. 6 Abs. 4 des Gesetzes vom 27. Juni 2000 (BGBl. I, S. 897).

[549] Zivilprozeßordnung i.d.F. der Bekanntmachung vom 12.9.1950 (BGBl. I, S. 533) mit späteren Änderungen.

[550] Gesetz über rechtliche Rahmenbedingungen für den elektronischen Geschäftsverkehr (Elektronischer Geschäftsverkehr-Gesetz – EGG) vom 20. Dezember 2001 (BGBl. I, S. 3721).

[551] Vgl. § 4 Abs. 1 TDG i.d.F. des Regierungsentwurfs zum EEG (BT-Drs. 14/6098 vom 17.5.2001).

gliedstaates anzuwenden sein, in dem sich der Diensteanbieter niedergelassen hat.[552]

Bezogen auf grenzüberschreitende Marketingmaßnahmen im Netz bedingt eine solche Günstigkeitsregelung eine mehrstufige Prüfungsreihe: Der Bestimmung des anwendbaren Rechts über die Marktortregel folgt ein Günstigkeitsvergleich des Marktortrechts mit dem Herkunftslandrecht. Soweit das Marktortrecht über die Anforderungen des Herkunftslandrechts hinausgeht und den freien Dienstleistungsverkehr dadurch beschränkt, ist es nicht anzuwenden. In diesem Fall findet auch auf solche Marketingmaßnahmen, die in einem anderen Mitgliedstaat erbracht werden, das - günstigere - Herkunftslandrecht Anwendung. Hier liegt der entscheidende Unterschied zwischen dem Herkunftslandprinzip auf der gemeinschaftsrechtlichen und dessen Umsetzung auf der nationalen Ebene: Das Gemeinschaftsrecht kann sich auf die Nichtanwendbarkeit der beschränkenden Regelung zurückziehen, das nationale Recht kann dies nicht. Es muß zu einer anwendbaren Regelung führen, das die nichtanwendbare Vorschrift ersetzt, da sonst das Rechtsverhältnis keine Rechtsgrundlage hätte.[553]

Es ist offensichtlich, daß der Günstigkeitsvergleich nicht zu Rechtsklarheit und Rechtssicherheit beiträgt. Gerade weil diese Umsetzungsvariante so eng an die Struktur des gemeinschaftsrechtlichen Herkunftslandprinzips angelehnt ist, demonstriert sie auch in dieser Hinsicht die Unzulänglichkeit der gemeinschaftsrechtlichen Vorgabe. Zwar wird eine Beschränkung des freien Dienstleistungsverkehrs vermieden, doch kann von Vereinfachung der Rechtsanwendung und Minimierung der Rechtsrisiken keine Rede sein, da der Diensteanbieter in Abhängigkeit vom nationalen IPR nach wie vor mit verschiedenen Rechtsordnungen konfrontiert wird, deren Konsequenzen er für sich nur schwer abschätzen kann.[554] Daran ändert nichts, daß sich der Diensteanbieter darauf verlassen kann, im Ergebnis keinen strengeren An-

---

552 Vgl. § 21 Abs. 2 des „Bundesgesetz, mit dem bestimmte rechtliche Aspekte des elektronischen Geschäfts- und Rechtsverkehrs geregelt werden (E-Commerce-Gesetz - ECG)", http://www.justiz.gv.at/gesetzes/download/ecommerce.pdf (Stand 25.8.2002).

553 *Mankowski*, Internet und Internationales Wettbewerbsrecht, GRUR Int. 1999, 909, 913.

554 *Spindler*, Der Entwurf zur Umsetzung der E-Commerce-Richtlinie, ZRP 2001, 203, 205.

forderungen als nach dem Herkunftslandrecht zu unterliegen.[555] Denn die Kosten und Unsicherheiten, die bei der Ermittlung des dem Günstigkeitsvergleich zugrundeliegenden Marktortrechts entstehen, bleiben bestehen. Somit verkompliziert ein solcher Vergleich die Rechtsanwendung im Internet nur noch zusätzlich[556] und steht dadurch im Widerspruch zu dem Bestreben der Richtlinie, Rechtsklarheit und Rechtssicherheit im Umgang mit den Diensten der Informationsgesellschaft zu erreichen.[557]

Angesichts der vehementen Kritik, die dem Regierungsentwurf aus diesem Grund insbesondere aus den Reihen der Wirtschaft entgegenschlug[558], wurde die geplante Regelung des § 4 TDG geändert. Zur Durchsetzung gelangte die Auffassung, daß nur eine bedingungslose kollisionsrechtliche Anknüpfung an das Herkunftslandrecht die erforderliche Rechts- und Planungssicherheit herbeiführen kann. In der neuen Fassung des § 4 TDG wurde die kollisionsrechtliche Ausnahmeklausel der vorangegangenen Entwurfsfassung gestrichen, so daß die in Deutschland niedergelassenen Diensteanbieter und ihre Teledienste nunmehr ausschließlich den Anforderungen des deutschen Rechts unterworfen sind, auch wenn die Teledienste in einem anderen Mitgliedstaat angeboten oder erbracht werden.[559]

---

555 A.A. *Jayme/Kohler*, Europäisches Kollisionsrecht 2001: Anerkennungsprinzip statt IPR, IPRax 2001, 501, 503.

556 Prozessual liegt die Annahme einer gemeinschaftsrechtlich begründeten Einrede nahe: Der Kläger und das Gericht brauchen sich zunächst nur auf diejenige Rechtsordnung einzustellen, die nach der IPR-Norm der lex fori anzuwenden ist. Es bleibt dem Beklagten überlassen, einen niedrigeren Schutzstandard im davon abweichenden Herkunftsland einzuwenden. Diese Konstruktion weist den Vorteil auf, daß sie im Prozeß zu einer erheblichen Vereinfachung führt, wenn der Herkunftslandeinwand nicht vorgebracht wird, widerspricht aber dem Grundsatz des § 293 ZPO, dem zufolge das anwendbare Recht von Amts wegen zu bestimmen und zu ermitteln ist. Vgl. *Ahrens*, Das Herkunftslandprinzip in der E-Commerce-Richtlinie, CR 2000, 835, 838; *Ohly*, Herkunftslandprinzip und Kollisionsrecht, GRUR Int. 2001, 899, 903.

557 So im Ergebnis auch *Spindler*, Der Entwurf zur Umsetzung der E-Commerce-Richtlinie, ZRP 2001, 203, 205.

558 Besonders deutlich wurde die Kritik in den Stellungnahmen deutscher Unternehmen und Wirtschaftsverbände bei der öffentlichen Anhörung des Wirtschaftsausschusses am 8. Oktober 2001. Vgl. dazu: „Im E-Commerce soll Recht des Herkunftslandes maßgeblich sein", in: Blickpunkt Bundestag, 9/2001, S. 78.

559 Der Deutsche Bundestag hat am 9. 11. 2001 in 2./3. Lesung den Entwurf der Bundesregierung für ein Gesetz über rechtliche Rahmenbedingungen für den elektronischen Ge-

Gleiches gilt für das österreichische Recht. Nach dem am 1. Januar 2002 in Kraft getretenen E-Commerce-Gesetzes richten sich die rechtlichen Anforderungen, die an Dienste der Informationsgesellschaft und seine Anbieter gestellt werden, nunmehr ausschließlich nach dem Recht des Mitgliedstaates, in dem der Diensteanbieter niedergelassen ist.[560] Auch in Luxemburg hat man die Binnenmarktregel durch eine kollisionsrechtliche Anknüpfung an das Herkunftslandrecht umgesetzt.[561] Die anderen Mitgliedstaaten hinken mit der Umsetzung hinterher. Doch scheint sich die kollisionsrechtliche Sonderanknüpfung an das Herkunftslandrecht auch in diesen Mitgliedstaaten durchzusetzen.[562]

Die gleichzeitige Umsetzung des in Art. 3 Abs. 2 E-Commerce-Richtlinie verankerten Beschränkungsverbots gewährleistet die gegenseitige Anerkennung dieser Sonderanknüpfung an das jeweilige Herkunftslandrecht. Sie ist

---

schäftsverkehr (Elektronischer Geschäftsverkehr-Gesetz - EGG) beschlossen. Dieses Gesetz wurde am 20. 12. 2001 im Bundesgesetzblatt Teil I S. 3721 verkündet und trat am Tag nach der Verkündung in Kraft. § 4 Abs. 1 TDG n.F. setzt Art. 3 Abs. 1 E-Commerce-Richtlinie nun wie folgt um:

> „In der Bundesrepublik Deutschland niedergelassene Diensteanbieter und ihre Teledienste unterliegen den Anforderungen des deutschen Rechts auch dann, wenn die Teledienste in einem anderen Staat innerhalb des Geltungsbereichs der Richtlinie 2000/31/EG des Europäischen Parlaments und des Rates vom 8. Juni 2000 über bestimmte rechtliche Aspekte der Dienste der Informationsgesellschaft, insbesondere des elektronischen Geschäftsverkehrs, im Binnenmarkt (ABl. EG Nr. L 178 S. 1) geschäftsmäßig angeboten oder erbracht werden."

560 Vgl. Art. 1 § 20 Abs. 1 des Bundesgesetzes, mit dem bestimmte rechtliche Aspekte des elektronischen Geschäfts- und Rechtsverkehrs geregelt (E-Commerce-Gesetz, ECG) und das Signaturgesetz sowie die Zivilprozeßordnung geändert werden, Öst. BGBl. 2001 I, S. 152:

> „Im koordinierten Bereich [...] richten sich die rechtlichen Anforderungen an einen in einem Mitgliedstaat niedergelassenen Diensteanbieter nach dem Recht dieses Staats."

561 Vgl. Art. 2 Abs. 4 des „Loi du 14 août 2000 relative au commerce électronique", Mémorial A 2000-96, S. 2175, http://www.secu.lu/legis/legis/DivL14082000.htm (Stand 25.8.2002):

> „La loi du lieu d'établissement du prestataire de services de la société de l'information s'applique aux prestataires et aux services qu'ils prestent, sans préjudice de la liberté des parties de choisir le droit applicable à leur contrat."

562 Die Gesetzesvorschläge, die bei der Kommission notifiziert wurden, finden sich auf der Seite http://www.europa.eu.in/comm/enterprise/tris (Stand 25.8.2002).

vor allem dann erforderlich, wenn die Mitgliedstaaten das Herkunftslandprinzip nicht als allseitige Kollisionsnorm ausgestalten. So bezieht sich § 4 Abs. 1 TDG ausdrücklich nur auf die in Deutschland niedergelassenen Diensteanbieter. Der Fall, in dem Dienste der Informationsgesellschaft von einem Diensteanbieter mit Sitz in einem anderem Mitgliedstaat in Deutschland erbracht werden, wird durch diese Regelung nicht erfaßt.[563] Hier greift § 4 Abs. 2 S. 1 TDG. Er bestimmt, daß der freie Dienstleistungsverkehr von Telediensten, die in Deutschland von Diensteanbietern geschäftsmäßig angeboten oder erbracht werden, die in einem anderen Mitgliedstaat niedergelassen sind, nicht eingeschränkt werden darf. So ist gewährleistet, daß Dienste der Informationsgesellschaft, die ihrem Herkunftslandrecht genügen, auch in Deutschland keinen weitergehenden Anforderungen unterworfen werden dürfen. Faktisch maßgeblich ist also das jeweilige Herkunftslandrecht, solange nicht einer der in der Richtlinie verankerten und in nationales Recht umgesetzten Ausnahmetatbestände einschlägig ist.[564]

II. Sonderanknüpfung an das Herkunftslandrecht

Der entscheidende Vorteil der Anknüpfung internet-bezogener Wettbewerbshandlungen an das Herkunftslandrecht liegt darin, daß eine einzige Rechtsordnung an die Stelle einer Vielzahl von Marktrechten tritt: Die Anknüpfung von Online-Wettbewerbshandlungen wird dadurch nicht nur weitaus praktikabler, das Recht des Herkunftslandes ist auch besser als jedes andere Recht für den Handelnden vorhersehbar.[565] Während sich oft nur schwer voraussagen läßt, welche Marktrechte auf Wettbewerbshandlungen im Internet Anwendung finden, können sich Wettbewerber auf die Geltung des Herkunftslandrechts gut einstellen. Davon profitieren nicht zuletzt auch

---

563 Anders das österreichische und das luxemburgische Recht, die von einer allseitigen Kollisionsnorm ausgehen. Vgl. § 20 Abs. 1 des österreichischen E-Commerce-Gesetzes (Fn.560) sowie Art. 2 Abs. 4 des luxemburgischen Umsetzungsgesetzes (Fn.561).

564 Vgl. § 4 Abs. 5 TDG n.F. Ähnlich kann in Österreich und Luxemburg der freie Verkehr von Diensten der Informationsgesellschaft aus einem anderen Mitgliedstaat aus den in der Richtlinie niedergelegten Gründen eingeschränkt werden. Vgl. § 22 Abs. 2 des österreichischen E-Commerce-Gesetzes (Fn.560) sowie Art. 2 Abs. 6 des luxemburgischen Umsetzungsgesetzes (Fn.561).

565 *Dethloff*, Europäisierung des Wettbewerbsrechts, S. 286f.

die Teilnehmer der Marktgegenseite.[566] Die Anknüpfung an das Herkunftslandrecht gewährleistet somit die Rechtssicherheit, die die Marktortregel bei internet-bezogenen Sachverhalten vermissen läßt. Sie stellt aufgrund der klaren kollisionsrechtlichen Einkleidung des gemeinschaftsrechtlichen Herkunftslandprinzips zugleich dessen konsequenteste Umsetzung dar - auch wenn es durch die bedingungslose Anknüpfung an das Herkunftslandprinzip über das gemeinschaftsrechtlich gebotene Maß hinausgeht.

Der Gewinn an Rechtssicherheit und Rechtsklarheit kann jedoch nicht darüber hinwegtäuschen, daß auch die Anknüpfung an das Herkunftslandrecht Probleme aufwirft. Der begrenzte Anwendungsbereich dieser gemeinschaftsrechtlich bedingten Sonderanknüpfung führt zu mehrfachen Unstimmigkeiten in- und außerhalb des Kollisionsrechtssystems. Dies gilt zum einen in räumlicher Hinsicht. Daß die Richtlinie keine Anwendung auf Dienste von Anbietern findet, die nicht in einem EG-Mitgliedstaat niedergelassen sind, ist angesichts des begrenzten Kompetenzbereichs der EG eine rein deklaratorische, aber nicht bedeutungslose Feststellung in den Erwägungsgründen[567], da sie ein räumlich gespaltenes IPR-Regime zur Folge hat: Während sich Diensteanbieter, die in einem Mitgliedstaat der EU niedergelassen sind, auf ihr Herkunftslandrecht berufen können, bleibt dies Diensteanbietern mit Sitz außerhalb der EU verwehrt. Zwar liefert das Sitzkriterium ein Abgrenzungsmerkmal, das eine klare Trennung beider Fallgruppen ermöglicht.[568] Erleichtert wird die Rechtsanwendung dadurch jedoch nicht.

---

566 Daß eine effektive Verhaltenssteuerung sowohl dem Schutz der Verbraucher und der Mitbewerber als auch der Institution des Marktes dient, betont *Dethloff*, Europäisierung des Wettbewerbsrechts, S. 287.

567 Erwägungsgrund (58).

568 Vgl. Erwägungsgrund (19):

> „Die Bestimmung des Ortes der Niederlassung des Anbieters hat gemäß den in der Rechtsprechung des Gerichtshofs entwickelten Kriterien zu erfolgen, nach denen der Niederlassungsbegriff die tatsächliche Ausübung einer wirtschaftlichen Tätigkeit mittels einer festen Einrichtung auf unbestimmte Zeit erfaßt. Diese Bedingung ist auch dann erfüllt, wenn ein Unternehmen für einen festgelegten Zeitraum gegründet wird. Erbringt ein Unternehmen Dienstleistungen über eine Web-Site des Internets, so ist es weder dort niedergelassen, wo sich die technischen Mittel befinden, noch dort, wo die Web-Site zugänglich ist, sondern an dem Ort, an dem es seine Wirtschaftstätigkeit ausübt. In Fällen, in denen eine Anbieter an mehreren Orten niedergelassen ist, ist es wichtig zu bestimmen, von welchem Niederlassungsort aus

Zum anderen führt die Sonderanknüpfung von Diensten der Informationsgesellschaft an das Herkunftslandrecht zu einer sachlichen Zersplitterung des Internationalen Wettbewerbsrechts. Wettbewerbshandlungen erfahren je nach dem Medium, das ihnen zugrunde liegt, eine unterschiedliche kollisionsrechtliche Behandlung: Online gilt das Herkunftslandprinzip, offline dagegen nach wie vor die Marktortregel. Angesichts der ungleichen sachrechtlichen Ausgestaltung der nationalen Wettbewerbsrechte zieht diese medienabhängige Anknüpfung im Zweifel eine unterschiedliche sachrechtliche Behandlung einer inhaltlich identischen Marketingmaßnahme nach sich - ein Ergebnis, das sich auch mit den kollisionsrechtlichen Schwächen der Marktortregel im Bereich des Internets nicht rechtfertigen läßt.[569]

Brüche ergeben sich zudem im Verhältnis zu angrenzenden Rechtsgebieten: Die anbieterfreundliche Anknüpfung an das Herkunftslandrecht wird, soweit Verbraucher beteiligt sind, auf der Vertragsschlußebene nicht fortgeführt: „Vertragliche Schuldverhältnisse in bezug auf Verbraucherverträge" wurden vom Anwendungsbereich des Art. 3 der E-Commerce-Richtlinie explizit ausgenommen.[570] Für Verträge, die über (Online-)Werbung im Verbraucherstaat angebahnt werden, ist daher nicht das Recht des Landes maßgeblich, in dem der Diensteanbieter seinen Sitz hat, sondern nach wie vor das Recht des Landes, in dem der Verbraucher niedergelassen ist.[571] Daß sich der Anbieter beim Vertragsschluß dadurch wieder mit einer Vielzahl anwendbarer Rechte konfrontiert sieht, mag auf den ersten Blick wie „Steine statt Brot" erscheinen[572]; doch hat der Unternehmer beim Vertragsschluß anders als beim Marketing die Möglichkeit rechtsgeschäftlicher Selbstkontrolle,

---

> der betreffende Dienst erbracht wird. Ist im Falle mehrerer Niederlassungsorte schwierig zu bestimmen, von welchem Ort aus ein bestimmter Dienst erbracht wird, so gilt als solcher der Ort, an dem sich der Mittelpunkt der Tätigkeiten des Anbieters in bezug auf diesen bestimmten Dienst befindet."

Zum Anknüpfungspunkt des Herkunftsortes vgl. auch *Dethloff*, Europäisierung des Wettbewerbsrechts, S. 298ff.

569 *Mankowski*, Das Herkunftslandprinzip als Internationales Privatrecht, ZVglRWiss 100 (2001) 137, 164f.

570 Vgl. Art. 3 Abs. 3 der Richtlinie i.V. m. dem Anhang (6. Spiegelstrich).

571 Vgl. *Rüßmann*, Verbraucherschutz im Internet, K&R 1998, 129, 134f; *Mankowski*, Das Internet im Internationalen Vertrags- und Deliktsrecht, RabelsZ 63 (1999) 203, 208, 231ff.

572 *Mankowski*, Das Herkunftslandprinzip als Internationales Privatrecht, ZVglRWiss 100 (2001) 137, 166.

durch die er den Vertragsschluß mit Kunden aus Staaten ablehnen kann, deren Märkte er nicht betreten will.[573] Der Gleichlauf der Anknüpfung allerdings ist aufgehoben; diesen kann nur eine den Verbraucherschutz umfassende marktorientierte Anknüpfung wettbewerbsrechtlicher Sachverhalte leisten.

Auch der marktordnungsrechtliche Charakter des Wettbewerbsrechts wird durch die Anknüpfung an das Herkunftslandrecht ignoriert. Nur wenn alle Marktteilnehmer denselben Regeln unterworfen werden, läßt sich die *par condicio concurrentium* wahren. Werden die Marktteilnehmer dagegen an den unterschiedlichen Herkunftslandrechten gemessen, sind Wettbewerbsverzerrungen auf dem Markt vorprogrammiert. Durch den Verlust der Marktorientierung wirkt die Anknüpfung an das Herkunftslandprinzip damit wie eine Rückkehr in überwundene Zeiten. Die Anknüpfung an den Ort, an dem der Diensteanbieter seinen Sitz hat, greift den unternehmensbezogenen Ansatz wieder auf, von dem man sich durch die Einführung der Marktortregel bewußt gelöst hatte. Denn nicht der Sitz des Anbieters, sondern der Marktort ist der Ort der wettbewerblichen Interessenkollision; hier treffen die Wettbewerber aufeinander; hier gilt es, die Chancengleichheit zu wahren.[574]

Angesichts der zunehmenden gemeinschaftsrechtlichen Überlagerung des nationalen Rechts läßt sich der Grundsatz der Chancengleichheit allerdings immer weniger nur auf die nationalen Märkte beziehen.[575] Nicht erst die kollisionsrechtliche Einkleidung des Herkunftslandprinzips hat die Chancengleichheit auf den nationalen Märkten durchbrochen. Bereits das gemeinschaftsrechtliche Beschränkungsverbot hat zu ihrer Spaltung und dem damit verbundenen Problem der Inländerdiskriminierung geführt, um einen freien grenzüberschreitenden Handel zu gewährleisten.[576] Auf nationaler Ebene trägt es dadurch zwar nicht zur Chancengleichheit bei, dafür aber auf der europäischen Ebene. Denn das Herkunftslandprinzip und das ihm immanen-

---

573 Vgl. *Mankowski*, Das Internet im Internationalen Vertrags- und Deliktsrecht, RabelsZ 63 (1999) 203, 248ff; *ders.*, E-Commerce und Internationales Verbraucherschutzrecht, MMR-Beilage 7/2000, 22, 25ff; *Spindler*, Internationales Verbraucherschutzrecht im Internet, MMR 2000, 18, 21.

574 Siehe oben Seite 59f.

575 *Dethloff*, Europäisierung des Wettbewerbsrechts, S. 292.

576 Zur Problematik der Inländerdiskriminierung siehe oben Seite 126ff.

te Beschränkungsverbot verfolgen das Ziel, auf dem europäischen Binnenmarkt unverfälschte Wettbewerbsbedingungen zu schaffen, indem sie zur Nichtanwendbarkeit nationaler Regelungen führen, die den Markzutritt erschweren und dadurch eine Ungleichbehandlung aus- und inländischer Marktteilnehmer und ihrer Produkte hervorrufen.[577] Die Herstellung der Chancengleichheit auf dem europäischen Binnenmarkt führt also zu Ungleichbehandlungen auf den nationalen Märkten, die Herstellung der Chancengleichheit auf den nationalen Märkten dagegen zu Ungleichbehandlungen auf dem europäischen Binnenmarkt - ein Spannungsverhältnis, das symptomatisch ist für die Unvollkommenheit des Binnenmarktes.

Eine widerspruchsfreie Lösung ist nur dann möglich, wenn alle Marktteilnehmer auf dem europäischen Binnenmarkt weitgehend gleiche Regeln vorfinden und verbleibende Differenzen ohne Einfluß auf ihre ökonomischen Entscheidungen sind. Zwar ist man von einer umfassenden Harmonisierung der nationalen Wettbewerbsrechte nach wie vor weit entfernt. Doch werden die Mitgliedstaaten durch das in Art. 3 E-Commerce-Richtlinie verankerte Herkunftslandprinzip unter erheblichen Anpassungsdruck gesetzt.[578] Dieser Anpassungsdruck wird durch die kollisionsrechtliche Umsetzung des Herkunftslandprinzips noch verschärft. Denn das mit der Sonderanknüpfung an das Herkunftslandrecht verbundene „Offline-Online-Chaos" und die daraus folgenden Ungleichbehandlungen lassen sich nur durch eine allgemeine sachrechtliche Angleichung bewältigen.

---

577 Siehe oben Seite 97.

578 Siehe oben Seite 130.

B. SACHRECHTLICHE HARMONISIERUNG ZUR PROBLEMLÖSUNG

Gemäß Art. 5 Abs. 2 EGV wird die Gemeinschaft grundsätzlich „nur tätig, sofern und soweit die Ziele der in Betracht gezogenen Maßnahmen auf der Ebene der Mitgliedstaaten nicht ausreichend erreicht werden können und daher wegen ihres Umfangs oder ihrer Wirkungen besser auf Gemeinschaftsebene erreicht werden können." Die Anforderungen des Subsidiaritätsgrundsatzes treffen sich mit dem Tatbestandsmerkmal der Erforderlichkeit in Art. 3 Abs. 1 lit. h EGV. Danach umfaßt die Tätigkeit der Gemeinschaft „die Angleichung der innerstaatlichen Rechtsvorschriften, soweit dies für das Funktionieren des Gemeinsamen Marktes erforderlich ist."

Die Frage nach der Erforderlichkeit einer gemeinschaftsrechtlichen Harmonisierung der nationalen Rechtsordnungen wirft die Frage nach Alternativen auf und lenkt den Blick auf den Wettbewerb der Rechtsordnungen – eine ökonomische Betrachtungsweise, die vor allem im europäischen Gesellschaftsrecht diskutiert wird.[579] Wird den Normadressaten die Möglichkeit eröffnet, zwischen verschiedenen nationalen Regelungssystemen zu wählen, werden diese in ein Wettbewerbsverhältnis gestellt. Die sich im Wettbewerb offenbarende Unterlegenheit eines Systems und die daraus folgenden Abwanderungsandrohungen der Normadressaten führen zu Anpassungsmaßnahmen, um die Wettbewerbsfähigkeit der nationalen Rechtsordnung zu erhalten. Ergebnis ist eine Angleichung der nationalen Regelungssysteme auf einem den Präferenzen der Normadressaten entsprechenden Regelungsniveau.[580]

Bereits die E-Commerce-Richtlinie hat durch das Problem der Inländerdiskriminierung und die damit verbundenen Abwanderungsandrohungen inländischer Normadressaten eine Situation geschaffen, die vergleichsweise restriktiv ausgestaltete Wettbewerbsrechtsordnungen einem erheblichen

---

[579] Vgl. *Merkt*, Das Europäische Gesellschaftsrecht und die Idee des „Wettbewerbs der Gesetzgeber", RabelsZ 59 (1995) 545ff m.w.N.

[580] Vgl. *Dreher*, Wettbewerb der Rechtsordnungen oder Vereinheitlichung der Rechtsordnungen in Europa, JZ 1999, 105, 109f.

Anpassungsdruck aussetzt.[581] Durch die kollisionsrechtliche Umsetzung des Herkunftslandprinzips im nationalen Recht wird der Anreiz, den Sitz in „Niedrigstandardländer" zu verlegen, noch verstärkt. Die uneingeschränkte Anknüpfung an das Herkunftslandrecht lädt die beweglichen Unternehmen zum „place of business shopping" geradezu ein: „Gute Zeiten für Portugal, den EU-Mitgliedstaat mit dem liberalsten Werberecht, schlechte Zeiten für die Bundesrepublik Deutschland, den EU-Mitgliedstaat mit dem strengsten Werberecht".[582] Auch wenn allein wettbewerbsrechtliche Vorteile Unternehmen nicht unbedingt zur Verlagerung ihres Unternehmenssitzes bringen werden - die Möglichkeiten des *outsourcing* und der Gründung von Unternehmenstöchtern, die das Marketing von Niedrigstandardländern aus betreiben, führen zu einer realen Abwanderungsandrohung der Normadressaten solcher Wettbewerbsrechtsordnungen, die über ein vergleichsweise strenges Wettbewerbsrecht verfügen.

Mißbrauchserwägungen helfen wenig weiter, eine Sitzverlegung in Niedrigstandardländer zu verhindern, durch die Diensteanbieter den Vorteil liberaleren Wettbewerbsrechts zu erlangen suchen. Nach Erwägungsgrund (57) der E-Commerce-Richtlinie bleiben die Mitgliedstaaten zwar berechtigt,

> „Maßnahmen gegen einen in einem anderen Mitgliedstaat niedergelassenen Diensteanbieter zu ergreifen, dessen Tätigkeit ausschließlich oder überwiegend auf das Hoheitsgebiet des ersten Mitgliedstaates ausgerichtet ist, wenn die Niederlassung gewählt wurde, um die Rechtsvorschriften zu umgehen, die auf den Anbieter Anwendung fänden, wenn er im Hoheitsgebiet des ersten Mitgliedstaats niedergelassen wäre."

Doch wird zu Recht darauf hingewiesen, daß sich der Anschein eines solchen - eng auszulegenden - Mißbrauchstatbestandes schnell zerstreuen läßt.[583] Schließlich stützt sich die Feststellung, ob eine Marketingmaßnahme objektiv erkennbar auf bestimmte Märkte ausgerichtet ist, maßgeblich auf Indizien, die von der Gestaltung der *website* abhängen.[584] Je allgemeiner der Marketingauftritt im Internet gehalten wird, desto schwieriger wird der

---

581 Siehe oben Seite 130.

582 *Mankowski*, Das Herkunftslandprinzip als Internationales Privatrecht, ZVglRWiss 100 (2001) 137, 159.

583 *Mankowski*, Das Herkunftslandprinzip als Internationales Privatrecht, ZVglRWiss 100 (2001) 137, 160.

584 Siehe oben Seite 74ff.

Nachweis mißbräuchlichen Verhaltens, zumal die Beweislast denjenigen trifft, der Mißbrauch geltend machen will.

Zudem hat der EuGH im *Centros*-Urteil klargestellt, daß allein der Umstand, sich durch die Sitzverlegung rechtliche Vorteile zu sichern, nicht per se einen Mißbrauchstatbestand begründen kann. Zwar stellt der Gerichtshof die Unzulässigkeit einer mißbräuchlichen oder betrügerischen Berufung auf das Gemeinschaftsrecht an sich nicht in Frage; doch wird auch betont, daß den Zielen des Gemeinschaftsrechts bei der Würdigung mißbräuchlichen Verhaltens hinreichend Rechnung zu tragen ist.[585] Da man einer Niederlassung in einem anderen Mitgliedstaat durch den Mißbrauchsvorwurf bestimmte Rechtswirkungen abspricht und dadurch die Niederlassungsfreiheit begrenzt, sind an das Vorliegen eines Mißbrauchs strenge Maßstäbe anzulegen. Somit wird der Mißbrauchstatbestand eine Sitzverlegung der Normadressaten in „Niedrigstandardländer" zumindest in der Regel nicht verhindern können.[586]

Nicht für alle Anbieter von Online-Dienstleistungen stellt die Verlagerung des Unternehmenssitzes in das europäische Ausland jedoch eine Option dar. Vor allem bei kleinen und mittleren Unternehmen steht ihr oftmals die regionale Ausrichtung des operativen Geschäfts entgegen. Behalten die Diensteanbieter ihren Sitz im Inland bei, müssen sie neben der Beschränkung ihrer Wettbewerbsfreiheit durch die inländische Rechtsordnung auch die Verschlechterung ihrer Wettbewerbsposition im Vergleich zu ihren Konkurrenten aus dem EU-Ausland hinnehmen, die sich auch im Inland nur an ihrem - unter Umständen wesentlich liberalerem - Herkunftslandrecht messen lassen müssen. Abwanderungstendenzen mobiler inländischer Normadressaten und Benachteiligung der nicht mobilen inländischen Normadressaten erzeugen daher einen erheblichen Druck auf den nationalen Gesetzgeber, das Schutzniveau zu senken.

Der an dieser Stelle ansetzenden Kritik, daß der Wettbewerb der Rechtsordnungen zu einer „abwärts gerichteten Spirale" und einem immer stärke-

---

585 EuGH vom 9.3.1999, Rs. C-212/97, Slg. 1999, I-1459, 1493, Tz. 25 - *Centros*.

586 *Mankowski*, Das Herkunftslandprinzip als Internationales Privatrecht, ZVglRWiss 100 (2001) 137, 161.

ren „Abbau von Schranken für das freie Spiel der Kräfte" führen werde[587], ist jedoch entgegenzutreten: Die Befürchtung, es werde sich etwa im Verbraucherschutz europaweit das niedrigste Niveau durchsetzen, ist unbelegt.[588] Solange sich Vorteile aus der Norm ergeben, gibt es keine Argumente dafür, daß Normadressaten ein liberaleres Recht bevorzugen. Die Angst vor einem *race to the bottom* ist daher überzogen. Vielmehr ist das Herkunftslandprinzip und der daraus folgende Wettbewerb der Rechtsordnungen als ein notwendiger Zwischenschritt hin zu einer Harmonisierung der nationalen Wettbewerbsrechte zu begreifen: Sie setzen die nationalen Wettbewerbsrechtsordnungen unter Anpassungsdruck, signalisieren rechtspolitischen Handlungsbedarf und ebnen dadurch der Harmonisierung durch gemeinschaftsrechtliche Rechtsakte den Weg.[589]

Die Entwicklungen im Zugabe- und Rabattrecht veranschaulichen, wie sich das Herkunftslandprinzip und der daraus folgende Wettbewerb der Rechtsordnungen für eine Harmonisierung des Wettbewerbsrechts instrumentalisieren lassen: Schon vor dem Ablauf der Umsetzungsfrist sah sich der deutsche Gesetzgeber durch die Einführung des Herkunftslandprinzips zu einer ersatzlosen Streichung der Zugabeverordnung und des Rabattgesetzes veranlaßt, um eine Benachteiligung deutscher Unternehmer im Wettbewerb mit den Konkurrenten aus dem EG-Ausland zu verhindern.[590] Dennoch ist ein *race to the bottom* nicht zu erwarten. Davor schützen nicht nur die allgemeinen wettbewerbsrechtlichen Regelungen[591], sondern auch die in Art. 6 lit. c der E-Commerce-Richtlinie verankerten Informationspflichten: Angebote zur Verkaufsförderung wie Preisnachlässe, Zugaben und Geschenke im Mitgliedstaat der Niederlassung des Diensteanbieters müssen klar als solche

---

587 *Mankowski*, Das Herkunftslandprinzip als Internationales Privatrecht, ZVglRWiss 100 (2001) 137, 162.

588 *Ohly*, Herkunftslandprinzip und Kollisionsrecht, GRUR Int. 2001, 899, 907.

589 *Dreher*, Wettbewerb oder Vereinheitlichung der Rechtsordnungen in Europa?, JZ 1999, 105, 110.

590 Siehe oben Seite 126f.

591 Vgl. *Karenfort/Weißgerber*, Lauterkeit des Wirtschaftsverkehrs in Gefahr?, MMR-Beilage 7/2000, 38, 39ff; *Köhler*, Rabattgesetz und Zugabeverordnung: Ersatzlose Streichung oder Gewährleistung eines Mindestschutzes für Verbraucher und Wettbewerber?, BB 2001, 265, 270f; *Meyer*, Rabatt- und Zugaberegulierung auf dem Prüfstand, GRUR 2001, 98, 110f; *Heil/Dübbers*, Abschaffung von Rabattgesetz und Zugabeverordnung, ZRP 2001, 207, 208ff.

erkennbar sein, die Bedingungen für ihre Inanspruchnahme müssen leicht zugänglich sein sowie klar und unzweideutig angegeben werden.[592] Die generelle Frage der Zulässigkeit solcher Verkaufsförderungsmaßnahmen blieb zwar ungeregelt - ein Regelungsdefizit, das als verpaßte Harmonisierungschance scharf kritisiert worden ist.[593] Doch auch wenn sich der Bereich des elektronischen Handels angesichts seines genuin internationalen Charakters als besonders angleichungsbedürftig darstellt, ist ein Sonderrecht des elektronischen Handels zu vermeiden. Es gibt keine Argumente dafür, warum Sachverhalte online einem anderen Sachrecht unterliegen sollten als offline. Im Gegenteil: Das mit der kollisionsrechtlichen Sonderanknüpfung an das Herkunftslandrecht verbundene „Online-Offline-Chaos" und die daraus folgenden Ungleichbehandlungen lassen sich nur durch eine allgemeine sachrechtliche Angleichung bewältigen. Die E-Commerce-Richtlinie stellt aufgrund ihres begrenzten sachlichen Anwendungsbereichs daher nicht den geeigneten Harmonisierungsrahmen dar, initiiert aber eine allgemeine sachrechtliche Angleichung der Wettbewerbsrechte durch das Herkunftslandprinzip und dem daraus folgenden Wettbewerb der Rechtsordnungen.[594]

Unmittelbarer Harmonisierungsbedarf ergibt sich vor allem dort, wo die Auswirkungen des Herkunftslandprinzip besonders spürbar sind. So gesehen hat der Bereich der Verkaufsförderungsmaßnahmen zu Recht die Aufmerksamkeit auf sich gezogen. Denn Zugaben, Rabatte, Gewinnspiele und ähnliche Kundenbindungsmethoden prägen das Marketing im Internet, sind in den einzelnen Wettbewerbsrechtsordnungen aber sehr unterschiedlich geregelt.[595] Die Ersetzung der Marktortregel durch die Sonderanknüpfung an das Herkunftslandrecht hat zwar die *multistate*-Problematik und die damit

---

[592] Gleiches gilt für die wettbewerbsrechtliche Zulässigkeit von Preisausschreiben und Gewinnspielen. Auch hier legt die Richtlinie bestimmte Informationsvorschriften fest, ohne über die Zulässigkeit selbst zu entscheiden: Soweit Preisausschreiben oder Gewinnspiele im Mitgliedstaat der Niederlassung des Diensteanbieters zulässig sind, müssen sie nach Art. 6 d der E-Commerce-Richtlinie klar als solche erkennbar sein, und die Teilnahmebedingungen müssen leicht zugänglich sein sowie klar und unzweideutig angegeben werden.

[593] *Hoeren*, Vorschlag für eine EU-Richtlinie über E-Commerce, MMR 1999, 192, 196.

[594] Vgl. auch *Henning-Bodewig*, Abschaffung von Rabattgesetz und Zugabeverordnung?, WRP 2000, 886, 889.

[595] Siehe oben Seite 20

verbundene Rechtsunsicherheit im Internet beseitigt, den Harmonisierungsbedarf aber nicht entfallen lassen. Das Herkunftslandprinzip erzeugt vielmehr einen solchen Druck auf die Mitgliedstaaten, ihr nationales Schutzniveau zu senken, daß sich unweigerlich die Frage nach Mindeststandards und deren Harmonisierung stellt. Die Informationspflichten der E-Commerce-Richtlinie stellen dazu einen ersten Ansatz dar.[596] Er findet sich inzwischen auch in den allgemeinen Harmonisierungsplänen der Kommission zu dem Bereich der „kommerziellen Kommunikationen" wieder, mit der die Kommission ihr Versprechen einlöst, schon bald nach Inkrafttreten der Richtlinie mit der erforderlichen Harmonisierung lauterkeitsrechtlicher Vorschriften fortzufahren: Durch die jüngst vorgeschlagene Verordnung gegen Beschränkungen der Verkaufsförderung sollen nationale Vorschriften für Rabatte, Zugaben, unentgeltliche Zuwendungen, Preisausschreiben und Gewinnspiele durch Transparenz- und Informationsvorschriften ersetzt werden.[597]

Mittelbar ebnen solche punktuellen Harmonisierungsmaßnahmen zugleich einer allgemeinen Annäherung der Wettbewerbsrechtsordnungen den Weg, da die einzelnen Vorschriften aufgrund ihrer systematischen Eingebundenheit nicht ohne Auswirkung auf ihren Regelungszusammenhang bleiben werden. Deutlich wird dies anhand der Folgen, die die Streichung des Rabattgesetzes und der Zugabeverordnung in Deutschland nach sich zieht: Die einstweilige Verfügung gegen die Rabattaktion des Modekonzerns *C&A*, der seinen Kunden anläßlich der Euro-Einführung 20 Prozent Preisnachlaß gewährte und damit zwar nicht mehr gegen Rabattrecht, dafür aber gegen das in § 7 UWG verankerte Sonderveranstaltungsverbot verstieß, hat in Deutschland inzwischen eine Debatte über die Freigabe von Sonderverkäufen ausgelöst. Die Untersagung zeige, so der allgemeine Tenor, daß das Wettbewerbsrecht nach der Abschaffung von Zugabeverordnung und Rabattgesetz in sich stimmig gemacht werden müsse; nach dem Fortfall des Rabattgesetzes und der Zugabeverordnung sei eine grundlegende Reform

---

596 Siehe Seite Seite 146f.

597 Vorschlag für eine Verordnung zur Beseitigung von Beschränkungen der Verkaufsförderung vom 2. Oktober 2001, KOM (2001) 546 endg.; http://www.europa.eu.int/comm/internal_market/comcom/unfair/reg-fr.pdf (Stand 25.8.2002). Vgl. dazu *Göhre*, Frischer Wind aus Brüssel?, WRP 2002, 36ff.

des UWG dringender denn je erforderlich.[598] Angesichts des aktuellen Verordnungsvorschlags der Kommission erweitert sich die Aufgabe dahingehend, das UWG nicht nur in sich, sondern auch mit den sich ankündigenden europäischen Entwicklungen in Einklang zu bringen. Denn sollte sich der Verordnungsvorschlag der Kommission durchsetzen, gehört nicht nur das deutsche Sonderveranstaltungsrecht bald der Vergangenheit an, auch andere Fallgruppen der Wertreklame, wie übertriebenes Anlocken und der psychologischer Kaufzwang, werden von der Verordnung betroffen sein.[599]

Der Wettbewerb der Rechtsordnungen, den die E-Commerce-Richtlinie initiiert, entwickelt somit unmittelbar als auch mittelbar eine ausgeprägte sachrechtliche Dynamik. Dies ist die Europäisierung des Wettbewerbsrechts durch den elektronischen Handel.

---

598 Vgl. „Grüne fordern Reform des Wettbewerbsrechts: Rabattaktion von C&A schlägt hohe Wellen/DIHK sieht Raum für weitere Liberalisierung", in: Frankfurter Allgemeine Zeitung vom 8. Januar 2002, Nr. 6, S. 13.

599 Vgl. *Göhre*, Frischer Wind aus Brüssel?, WRP 2002, 36, 41.

Resümee

Auf den ersten Blick wirkt die E-Commerce-Richtlinie wenig spektakulär: Sie fügt sich in die Reihe der Richtlinien ein, deren Harmonisierungseffekt durch ihren bereichsspezifischen Ansatz geprägt wird. Der Bestand an lauterkeitsrechtlichen Regeln, den sie aufweisen, reicht über wenige produkt- und dienstleistungs-, verfahrens- und eben medienbezogene Aspekte des Wettbewerbsrechts nicht hinaus. Doch dieser erste Anschein trügt. Denn die E-Commerce-Richtlinie enthält in Art. 3 eine Binnenmarktregel, die die nationalen Wettbewerbsrechte einem erheblichen Anpassungsdruck aussetzt und dadurch eine allgemeine Harmonisierung der nationalen Wettbewerbsrechte anstößt.

Bis heute hat sich die Harmonisierung der Wettbewerbsrechte nur sehr schleppend vollzogen. Der ursprüngliche Plan, mit einer Richtlinie über unlauteren Wettbewerb eine umfassende Harmonisierung zu erreichen, scheiterte. Übrig blieb nur die Richtlinie über irreführende Werbung von 1984, die 1997 um den Tatbestand der vergleichenden Werbung ergänzt wurde. Die nationalen Wettbewerbsrechte sind deshalb weiterhin von starken Unterschieden gekennzeichnet. Von einem einheitlichen Schutzniveau kann in Europa keine Rede sein, auch wenn der Bedarf durch die zunehmende grenzüberschreitende Verbreitung von Marketingmaßnahmen über die Medien gestiegen ist.

Vor allem die Öffnung des Internets für die kommerzielle Nutzung hat die Marktzutrittsschwelle für ausländische Märkte enorm gesenkt. Immer mehr Menschen entdecken das Internet und nehmen es für ihre Zwecke in Anspruch. Immer öfter werden Waren und Dienstleistungen heute auch im Internet vermarktet. Die Zahl internationaler Sachverhalte steigt dadurch immens an. Denn das Internet kennt seiner Anlage nach keine nationale Grenzen: Es ist ein genuin internationales Medium. Sachverhalte im Netz teilen diese Eigenschaft. Oft weisen sie Berührungspunkte zu unterschiedlichen Rechtsordnungen auf. Das Internationale Privatrecht erfährt dadurch einen erheblichen Bedeutungszuwachs. Allerdings ist Skepsis aufgekommen, ob die territoriale Konzeption des IPR den Anforderungen des elektronischen Mediums gerecht werden könne. Der Ruf nach nichtstaatlichen Selbstregulierungsmechanismen wurde laut. Nach dem Vorbild der *lex mercatoria* soll die *lex internet* staatliches Recht weitgehend verdrängen. Doch während es bei der *lex mercatoria* im wesentlichen um die Gestaltung der vertraglichen Beziehungen international agierender Unternehmen geht, partizipieren am elektronische Handel neben kleinen und mittelständischen Unternehmen vor allem auch Verbraucher. In diesem „Business-to-Consumer"-Geschäft sind die staatlichen Regulierungsvorbehalte so stark ausgeprägt, daß eine Selbstregulierung nicht als Alternative, sondern allenfalls im Rahmen staatlichen Rechts denkbar ist. Soweit aber die nationalen Rechtsordnungen den rechtlichen Rahmen des Internets bilden, wird die Koordinierung der staatlichen Regulierungsinteressen die Aufgabe des Kollisionsrechts bleiben.

Im Wettbewerbsrecht gilt die Marktortregel: Die Anknüpfung grenzüberschreitender Wettbewerbshandlungen erfolgt an den Ort der wettbewerbsrechtlichen Interessenkollision, den Marktort. Hier stoßen die Wettbewerber aufeinander, hier gilt es die Interessen der Verbraucher und das Allgemeininteresse an einem funktionsfähigen Wettbewerb zu wahren. Im Internet stößt die Marktortregel jedoch an ihre Grenzen. Als extreme Form des *multistate*-Wettbewerbs stellt das Online-Marketing sie auf eine harte Probe. Je mehr Märkte von der Marketingmaßnahme betroffen sind, desto schwieriger wird die kollisionsrechtliche Behandlung des zugrundeliegenden Sachverhalts. Technisch ist die Ubiquität einer in das Netz gestellten Marketingmaßnahme unumgänglich. Ihre weltweite Präsenz läßt sich kollisionsrechtlich nur durch die Einführung einer Spürbarkeitsgrenze entschärfen. Eine Online-Marketingmaßnahme ist zwar weltweit abrufbar, wird jedoch in einzelnen Ländern nicht oder nur vereinzelt abgerufen. Die Ubiquität des Marketings im Netz bedeutet also nicht zwangsläufig, daß Online-Marketingmaßnahmen überall auf der Welt wettbewerbsrechtlich relevant sind. Vielmehr muß eine bestimmte Spürbarkeit erreicht werden, damit das Recht eines Landes anwendbar ist. Entscheidend ist, ob das unlautere Verhalten die Marktinteressen der nationalen Rechtsordnung in einem Ausmaß tangiert, daß diese zum Schutz der wettbewerbsrechtlichen Interessen ihr nationales Lauterkeitsrecht zur Anwendung bringen will.

Die Eignung der Marketingmaßnahme zur spürbaren Marktbeeinflussung läßt sich leicht bei einer objektiv erkennbaren Ausrichtung der Marketingmaßnahme erkennen. Wenn der Unternehmer explizit auf bestimmte Märkte abzielt, dies bei seinem Internet-Auftritt deutlich macht und sich an diese Beschränkung auch hält, kann auf diesen Märkten eine spürbare Marktbeeinflussung angenommen und zugleich davon ausgegangen werden, daß die Marketingmaßnahme darüber hinaus keine wettbewerbsrechtliche Relevanz entfalten wird. Daneben erlauben die Gestaltung des Internet-Auftritts (z.B. durch Sprache oder Angabe nationaler Bezugsadressen), die Art des beworbenen Produkts und der Marktzuschnitt des Unternehmers Rückschlüsse darauf, welche Märkte die Marketingmaßnahme zu beeinflussen geeignet ist.

Die Schwächen der Marktortregel offenbaren sich dann, wenn der Marketingmaßnahme die Affinität zu bestimmten Märkten fehlt: Je stärker sich Unternehmer die Globalität des Netzes bei Marketingauftritten zueigen machen, desto schwieriger wird die Bestimmung des anwendbaren Rechts und desto unsicherer die Rechtslage. Vor allem bei direktem elektronischen Handel lassen sich die Grenzen der umworbenen Märkte kaum noch definieren, geschweige denn eine Ausrichtung auf bestimmte nationale Märkte erkennen. Die wettbewerbsrechtliche Haftung der Anbieter von Waren und Dienstleistung im Netz wird daher regelmäßig nach einer großen, häufig schwer vorhersehbaren Zahl von Rechtsordnungen zu beurteilen sein. Dies führt zu einer eklatanten Rechtsunsicherheit im Internet und bringt für den Werbenden zugleich empfindliche Einbußen in der freien Gestaltung seines Marketingkonzepts mit sich - ein Befund, der gemeinschaftsrechtliche Fragen aufwirft.

Warenverkehrs- und Dienstleistungsfreiheit sind von der Rechtsprechung des EuGH zu Beschränkungsverboten ausgestaltet worden. Ihr gemeinsamer Nenner ist das Herkunftslandprinzip: Sowohl für Waren als auch für Dienstleistungen gilt, daß sie in anderen Ländern grundsätzlich keinen weiteren Beschränkungen als im Herkunftsland unterworfen werden dürfen, wenn sie in diesem Land rechtmäßig in den Verkehr gebracht worden sind. Solche Beschränkungen des grenzüberschreitenden Handels sind ausschließlich dann zulässig, wenn sie aus zwingenden Gründen des Allgemeininteresses erforderlich sind.

Lauterkeitsrechtliche Vorschriften wurden zur Rechtfertigung ihrer beschränkenden Wirkung in der Vergangenheit in der Regel auf die Lauterkeit des Handelsverkehrs und den Verbraucherschutz gestützt. Durch die E-Commerce-Richtlinie ist diese Rechtfertigungsmöglichkeit weggefallen. Art. 3 E-Commerce-Richtlinie enthält eine an das primärrechtliche Herkunftslandprinzip angelehnte Binnenmarktregel, die die rechtliche Kontrolle von Diensten der Informationsgesellschaft dem Mitgliedstaat auferlegt, in dem der Diensteanbieter seinen Sitz hat. Die anderen Mitgliedstaaten dürfen den freien Verkehr von Diensten der Informationsgesellschaft grundsätzlich nicht beschränken. Ausnahmen sind zwar möglich, doch nicht im Bereich des Lauterkeitsrechts, die Lauterkeit des Handelsverkehrs wird ja gerade nicht als Rechtfertigungsgrund anerkannt. Damit reicht auch ein mit dem lauteren Handelsverkehr verbundener Schutz der Verbraucher zur Rechtfertigung nicht mehr aus. Folge des Beschränkungsverbots ist, daß lauterkeitsrechtliche Regelungen, die über das im Herkunftsland geltende Schutzniveau hinausgehen, nicht mehr anzuwenden sind. Dies führt zu einem gespaltenen Rechtsregime: Inländer bleiben an ihre nationalen Regelungen gebunden, für EG-Ausländer gilt dagegen auch auf dem inländischen Markt der Maßstab ihres Herkunftslandrechts. Vor allem solche Rechtsordnungen, die über ein vergleichsweise hohes wettbewerbsrechtliches Schutzniveau verfügen, sehen sich dadurch einem enormen Anpassungsdruck ausgesetzt. Das Problem der Inländerdiskriminierung wird zu einem kaum entkräftbaren Argument gegen restriktive Wettbewerbsregeln. Zugleich üben „Niedrigstandardländer" eine nicht unerhebliche Anziehungskraft auf Unternehmen aus, die die Freiheiten nutzen wollen, die ihnen solche Rechtsordnungen bieten. Abwanderungstendenzen sind die Konsequenz.

Die Umsetzung der Binnenmarktregel trägt weiter dazu bei, daß der Anpassungsdruck steigt. Aus der Binnenmarktregel wird im nationalen Recht eine Sonderanknüpfung an das Herkunftslandrecht. Diese weist gegenüber der Marktortregel zwar den Vorteil auf, daß eine einzige Rechtordnung an die Stelle einer Vielzahl von Marktrechten tritt, so daß die Anknüpfung von Online-Wettbewerbshandlungen nicht nur weitaus praktikabler, sondern auch vorhersehbarer wird. Doch kann der Gewinn an Rechtssicherheit und Rechtsklarheit nicht über die Probleme hinwegtäuschen, die mit einer Anknüpfung an den Sitz des Diensteanbieters verbunden sind. Eine räumliche und sachliche Zersplitterung des Internationalen Wettbewerbsrechts sind die eine, Wettbewerbsverzerrungen auf den nationalen Märkten die andere mißliche Folge.

Das gemeinschaftsrechtliche Ziel, einheitliche Rahmenbedingungen für den elektronischen Handel in Europa zu schaffen, wird sich daher im Wettbewerbsrecht nur durch eine umfassende Harmonisierung der nationalen

Wettbewerbsrechte erreichen lassen. Davon ist man nach wie vor weit entfernt. Doch initiiert das in Art. 3 E-Commerce-Richtlinie angelegte Herkunftslandprinzip und seine kollisionsrechtliche Umsetzung im nationalen Recht einen Wettbewerb der Rechtsordnungen, der einer solchen Harmonisierung den Weg ebnet. Die damit verbundene Angst vor einem *race to the bottom* ist übertrieben. Vielmehr ist das Herkunftslandprinzip als ein notwendiger Zwischenschritt hin zu einer allgemeinen Harmonisierung der nationalen Wettbewerbsrechte zu begreifen.

Unmittelbarer Harmonisierungsbedarf ergibt sich vor allem in den Bereichen, in denen die Auswirkungen des Herkunftslandprinzips besonders spürbar sind: Zugaben, Rabatte, Gewinnspiele und ähnliche „Verkaufsförderungsmaßnahmen" prägen das Marketing im Internet, sind aber in den einzelnen Wettbewerbsrechtsordnungen unterschiedlich geregelt. Hier hat die Kommission bereits mit ihrem Vorschlag für eine Verordnung gegen Beschränkungen der Verkaufsförderung auf das Bedürfnis nach gemeinschaftsrechtlich einheitlichen Mindeststandards reagiert. Mittelbar werden solche punktuelle Harmonisierungsmaßnahmen zu einer allgemeinen Annäherung der Wettbewerbsrechtordnungen führen, da sie nicht ohne Auswirkungen auf ihren Regelungskontext bleiben können.

Der Bestand an lauterkeitsrechtlichen Regelungen, den die E-Commerce-Richtlinie aufweist, fällt bescheiden aus; doch gerade dies leistet den Harmonisierungseffekt, der von der Richtlinie ausgeht.

Literaturverzeichnis

Ahrens, Hans-Jürgen, Das Herkunftslandprinzip in der E-Commerce-Richtlinie, CR 2000, 835.

Alexandridou, Elisa, Die gesetzgeberische Entwicklung des Verbraucherschutz- und Wettbewerbsrechts in Griechenland, GRUR Int. 1992, 120.

Azéma, Jacques, Le droit français de la concurrence, 2. éd., Paris 1989.

Bachmann, Birgit, Der Gerichtsstand der unerlaubten Handlung im Internet, IPRax 1998, 179.

Bar, Christian von, Internationales Privatrecht, Erster Band - Allgemeine Lehren, München 1987, Zweiter Band - Besonderer Teil, München 1991.

Bariatti, Stefania, Internet: Apects Relatifs aux conflits de lois, RDIPP 1997, 545.

Bär, Rolf, Internationales Kartellrecht und unlauterer Wettbewerb, in: Ivo Schwander (Hrsg.), Beiträge zum neuen IPR des Sachen-, Schuld- und Gesellschaftsrechts, Festschrift für Prof. Rudolf Moser, Zürich 1987, S. 143.

Basedow, Jürgen, Keck on the facts, EuZW 1994, 225.

Ders., Der kollisionsrechtliche Gehalt der Produktfreiheiten im europäischen Binnenmarkt: favor offerentis, RabelsZ 59 (1995) 1.

Ders., Materielle Rechtsangleichung und Kollisionsrecht, in: Anton K. Schnyder/Helmut Heiss/Bernhard Rudisch (Hrsg.), Internationales Verbraucherschutzrecht, Tübingen 1995, S. 11.

Baudenbacher, Carl, Die wettbewerbsrechtliche Beurteilung grenzüberschreitender Werbe- und Absatztätigkeit nach schweizerischem Recht, GRUR 1988, 310.

Ders., Lauterkeitsrecht: Kommentar zum Gesetz gegen unlauteren Wettbewerb (UWG), Basel 2001.

Bechtold, Stefan, Der Schutz des Anbieters von Information - Urheberrecht und Gewerblicher Rechtsschutz im Internet, ZUM 1997, 427.

Becker, Ulrich, Von „Dassonville" über „Cassis" zu „Keck" - Der Begriff der Maßnahmen gleicher Wirkung in Art. 30 EGV, EuR 1994, 162.

Behrens, Peter, Die Konvergenz der wirtschaftlichen Freiheiten im europäischen Gemeinschaftsrecht, EuR 1992, 145f.

Beier, Friedrich-Karl, Studien zur Vereinheitlichung des Markenrechts, GRUR Int. 1963, 83.

Ders., Entwicklung und gegenwärtiger Stand des Wettbewerbsrechts in der Europäischen Wirtschaftsgemeinschaft, GRUR Int. 1984, 61.

Berger, Klaus P., Internationale Wirtschaftsschiedsgerichtsbarkeit: verfahrens- und materiellrechtliche Grundprobleme im Spiegel moderner Schiedsgesetze und Schiedspraxis, Berlin 1992 (Recht des internationalen Wirtschaftsverkehrs, Bd. 10), zugl. Diss. Köln 1991.

Ders., Formalisierte oder schleichende „Kodifizierung" des transnationalen Wirtschaftsrechts: Zu den methodischen und praktischen Grundlagen der lex mercatoria, Berlin 1996 (Schriften des Rechtszentrums für Europäische und Internationale Zusammenarbeit, Bd. 1).

Bergeron, Louis/François Puret/Reinhart Koselleck, Das Zeitalter der europäischen Revolution 1870-1848, Frankfurt a.M. 1969 (Fischer Weltgeschichte, Bd. 26).

Bernhard, Peter, Cassis de Dijon und Kollisionsrecht - am Beispiel des unlauteren Wettbewerbs, EuZW 1992, 137.

Ders., Das Internationale Privatrecht des unlauteren Wettbewerbs in den Mitgliedstaaten der EG, Baden-Baden 1994 (Nomos Universitätsschriften/Recht, Bd. 153), zugl. Diss. Würzburg, 1993.

Bernreuther, Friedrich, Die Rechtsdurchsetzung des Herkunftslandrechts nach Art. 3 Abs. 2 EC-RiL und das Grundgesetz, WRP 2001, 384.

Bernstein, Domain Name Dispute Resolution: A Model for the Future, Beitrag im Rahmen der „WIPO International Conference on Dispute Resolution and Electronic Commerce" in Genf am 6./7. Nov. 2000, ARB/ECOM/00/22;

http://arbiter.wipo.int/events/conferences/2000/presentations/bernstein/doc.html (Stand 25.8.2002).

Blaurock, Uwe, Übernationales Recht des Internationalen Handels, ZEuP 1993, 247.

Ders., Technik und Recht - Neue Regelungsfragen am Beispiel des elektronischen Zahlungsverkehrs, in: Gerhard Köbler (Hrsg.), Europas universale rechtsordnungspolitische Aufgabe im Recht des dritten Jahrtausends, Festschrift für Alfred Söllner zum 70. Geburtstag, München 2000, S. 153.

Ders./Fred Münch, Elektronisches Geld und Stored Value Cards, K&R 2000, 97.

Bleckmann, Albert, Die umgekehrte Diskriminierung (discrimination à rebours) im EWG-Vertrag, RIW 1985, 917.

Bodewig, Theo, Elektronischer Geschäftsverkehr und Unlauterer Wettbewerb, GRUR Int. 2000, 475.

Bodewig, Theo/Frauke Henning-Bodewig, Rabatte und Zugaben in den Mitgliedstaaten der Europäischen Union, WRP 2000, 1341.

Boehme-Neßler, Volker, CyberLaw, München 2001.

Boele-Woelki, Katharina, Internet und IPR: Wo geht jemand ins Netz? BerDGesVöR 39 (2000) 307, 309.

Bogdan, Michael, Cross-Border Transactions on the Internet, in: Gerhard Hohloch (Hrsg.), Recht und Internet, Baden-Baden 2001 (Schriftenreihe der Gesellschaft für Rechtsvergleichung, Bd. 197), S. 59.

Bookmann, Hartmut, Einführung in die Geschichte des Mittelalters, 5. Aufl., München 1992.

Bornkamm, Joachim, Gerichtsstand und anwendbares Recht bei Kennzeichen- und Wettbewerbsverstößen im Internet, in: Michael Bartsch/Bernd Lutterbeck (Hrsg.), Neues Recht für Neue Medien, Köln 1998 (Informationstechnik und Recht, Schriftenreihe der Deutschen Gesellschaft für Recht und Informatik e.V., Bd. 7), S. 99.

Ders., Entwicklungen der Rechtsprechung im Wettbewerbsrecht - Vergleichende Werbung, in: Jürgen Schwarze (Hrsg.), Werbung und Werbeverbote im Lichte des europäischen Gemeinschaftsrechts, Baden-Baden 1999, S. 134.

Brandmair, Josef, Die freiwillige Selbstkontrolle der Werbung, Köln 1978 (Schriftenreihe zum gewerblichen Rechtsschutz, Bd. 47).

Brödermann, Eckart, Europäisches Gemeinschaftsrecht versus IPR: Einflüsse und Konformitätsgebot, MDR 1992, 89.

Brödermann, Eckart/ Holger Iversen, Europäisches Gemeinschaftsrecht und internationales Privatrecht, Tübingen 1994 (Beiträge zum ausländischen und internationalen Privatrecht, Bd. 57).

Brömmelmeyer, Christoph, Internet Governance: Recht als Steuerungsinstrument für ein globales Kommunikationsforum, in: Michael Anderheiden/Stefan Huster/Stephan Hirste (Hrsg.), Globalisierung als Problem von Gerechtigkeit und Steuerungsfähigkeit des Rechts, , Stuttgart 2001, S. 81 (Archiv für Rechts- und Sozialphilosophie, Beiheft 79).

Bruha, Thomas, Rechtsangleichung in der Europäischen Wirtschaftsgemeinschaft: Deregulierung durch „Neue Strategie"?, ZaöRV 46 (1986) 1.

Buchheim, Christoph, Einführung in die Wirtschaftsgeschichte, München 1997.

Burnstein, Matthew R., Conflicts on the Net: Choice of Law in Transnational Cyberspace, Vanderbildt Journal of Transnational Law 29 (1996) 75.

Ders., A Global Network in a Compartmentalised Legal Environment, in: Katharina Boele-Woelki/Catherine Kessedjian (Hrsg.), Which Court Decides? Which Law Applies?, Quel tribunal décide? Quel droit s´applique?, The Hague/Boston 1998, S. 23.

Busche, Jan/Hartmut Kraft, Werbung per electronic mail: Eine neue Herausforderung für das Wettbewerbsrecht?, WRP 1998, 1142.

Calliess, Christian/ Matthias Ruffert (Hrsg.), Kommentar des Vertrages über die Europäische Union und des Vertrages zur Gründung der Europäischen Gemeinschaft: EUV/EGV, Neuwied 1999.

Calliess, Gralf-Peter, Globale Kommunikation - staatenloses Recht, in: Michael Anderheiden/Stefan Huster/Stephan Hirste (Hrsg.), Globalisierung als Problem von Gerechtigkeit und Steuerungsfähigkeit des Rechts, Stuttgart 2001 (Archiv für Rechts- und Sozialphilosophie, Beiheft 79), S.61.

Caprioli, Eric A./Renaud Sorieul, Le commerce international électronique: vers l'ermergence de règles juridiques transnationales, Journal du Droit International (Clunet) 1997, 323.

Chalmers, Damian, Repackaging the Internal Market: The Remnifications of the Keck judgement, European Law Rev. 1994, 385.

Christiansen, Per, Selbstregulierung, regulatorischer Wettbewerb und staatliche Eingriffe im Internet, MMR 2000, 123.

Chrosziel, Peter, Die eingeschränkte Geltung des Gesetzes gegen den Unlauteren Wettbewerb für EG-Ausländer, EWS 1991, 173.

Classen, Claus D., Auf dem Weg zu einer einheitlichen Dogmatik der EG-Grundfreiheiten? Absolute und relative Gehalte der Grundfreiheiten, EWS 1995, 97.

Cona, Frank A., Application of Online Systems in Alternative Dispute Resolution, Buffalo Law Rev. 45 (1997) 975.

Dasser, Felix, Internationale Schiedsgerichte und lex mercatoria: Rechtsvergleichender Beitrag zur Diskussion über ein nicht-staatliches Handelsrecht, Zürich 1989 (Schweizer Studien zum internationalen Recht, Bd. 59), zugl. Diss. Zürich 1989.

Dauses, Manfred A., Dogmatik des Freien Warenverkehrs in der Europäischen Gemeinschaft, RIW 1984, 197.

Ders., Die rechtliche Dimension des Binnenmarktes, EuZW 1990, 8.

Ders. (Hrsg.), Handbuch des EU-Wirtschaftsrechts, Band I, Loseblattsammlung, München Stand August 2000.

Dethloff, Nina, Marketing im Internet und Internationales Wettbewerbsrecht, NJW 1998, 1596.

Dies., Grenzüberschreitende Telefaxwerbung und Grundfreiheiten, IPRax 1999, 347.

Dies., Europäisches Kollisionsrecht des unlauteren Wettbewerbs, JZ 2000, 179.

Dies., Europäisierung des Wettbewerbsrechts, Tübingen 2001 (Jus Privatum, Bd. 54).

Deckert, Martina R./Nicolas O. Lilienthal, Die Rechtssetzungskompetenzen der EG im Privatrecht, EWS 1999, 121.

Diedrich, Frank, Internationales Einheitsrecht - Internationalisierung der Rechtswissenschaft?, in: Martin Immenhausen/Jürg Wichtermann (Hrsg.), Vernetzte Welt - Globales Recht, Jahrbuch Junger Zivilrechtswissenschaftler 1998, Stuttgart 1999, S. 45.

Diestelhorst, Jochen, Anwendbares Recht bei Internationalen Online-Diensten, ZUM 1998, 293.

Drasch, Wolfgang, Das Herkunftslandprinzip im internationalen Privatrecht: Auswirkungen des europäischen Binnenmarktes auf das Vertrags- und Wettbewerbsstatut, Baden-Baden 1997 (Europäisches Privatrecht, Bd. 2), zugl. Diss. Augsburg 1996.

Dreher, Meinrad, Wettbewerb oder Vereinheitlichung der Rechtsordnungen in Europa?, JZ 1999, 105.

Duintjer-Tebbens, Harry, Les conflits de lois en matières de publicité déloyale à l´épreuve du droit communautaire, Revue critique du droit international privé 83 (1994) 451.

Ebenroth, Carsten T., Neue Ansätze zur Warenverkehrsfreiheit im Binnenmarkt der Europäischen Union, in: Willi Erdmann (Hrsg.), Festschrift für Henning Piper, München 1996, S. 133.

Eck, Matthias/Klaus Ikas, Neue Grenzen vergleichender Werbung, WRP 1999, 251.

Ehrenzweig, Albert A., Local and Moral Data in the Conflicts of Laws: Terra Incognita, Buffalo Law Review 16 (1966) 55.

Einsele, Dorothee, Rechtswahlfreiheit im Internationalen Privatrecht, RabelsZ 60 (1996), 417.

Emmerich, Volker, Übertriebenes Anlocken - Was ist das eigentlich?, in: Willi Erdmann u.a. (Hrsg.), Festschrift für Henning Piper, München 1996, S. 171.

Ders., Das Recht des unlauteren Wettbewerbs, 5. Aufl. München 1998.

Engel, Christoph, Inhaltskontrolle im Internet, AfP 1996, 220.

Ders., Das Internet und der Nationalstaat, BerDGesVöR 39 (2000) 353.

Epiney, Astrid, Umgekehrte Diskriminierungen: Zulässigkeit und Grenzen der discrimination à rebours nach europäischem Gemeinschaftsrecht und nationalem Verfassungsrecht, Köln 1995 (Völkerrecht - Europarecht - Staatsrecht, Bd. 15).

Ernst, Stefan, Anmerkung zum Beschluß des OLG Frankfurt vom 3.12.1998, CR 1999, 302.

Escher, Markus, Bankrechtsfragen des elektronischen Geldes im Internet, WM 1997, 1173.

Evans, Eric J., The Forging of the Modern State, 2nd ed., London 1996.

Fagan, Wyne I., Overcoming Impass: Are there limits to online mediation?", Beitrag im Rahmen der von der WIPO veranstalteten „International Conference on Dispute Resolution in Electronic Commerce" in Genf am 6./7. November 2000, ARB/ECOM/00/15; http://arbiter.wipo.int/events/conferences/2000/presentations/fagan.html (Stand 25.8.2002).

Fastenrath, Ulrich, Inländerdiskriminierung: Zum Gleichbehandlungsgrundsatz beim Zusammenwirken mehrerer (Teil-)Rechtsordnungen im vertikal gegliederten und internationale integriertem Staat, JZ 1987, 170.

Fawcett, James J./ Paul Torremans, Intellectual Property and Private International Law, Oxford 1998.

Fezer, Karl-Heinz, Europäisierung des Wettbewerbsrechts: Gemeinschaftsrechtliche Grenzen im Recht des unlauteren Wettbewerbs - Kommentar zur jüngsten Entwicklung der Rechtsprechung des EuGH zum Warenverkehrsrecht, JZ 1994, 317.

Ders./Stefan Koos, Das gemeinschaftsrechtliche Herkunftslandprinzip und die e-commerce-Richtlinie: Zur dringenden Notwendigkeit einer Harmonisierung des Wettbewerbsrechts in den Mitgliedstaaten der Europäischen Union als einer gemeinschaftsrechtlichen Aufgabe, IPRax 2000, 349.

Flaming, Todd H., The Rules of Cyberspace: Informal Law in a New Jurisdiction, Illinois Bar Journal, 85 (1997) 174.

Flechsig, Norbert P., Rechtsprobleme internationaler Datennetze im Lichte des Persönlichkeits- und Äußerungsrechts, in: Jürgen Becker (Hrsg.), Rechtsprobleme internationaler Datennetze, S. 57.

Foyer, Jacques, L´avant-projet de Convention CEE sur la loi applicable aux obligations contractuelles et non-contractuelles, Clunet 1976, 55.

Fritze, Ulrich/Hollerbach, Christoph, Die Electronic-Commerce-Richtlinie: Ende oder Chance für das Deutsche Wettbewerbsrecht, WRP 2000, 872.

Franceschelli, Remo, Die Werbeselbstkontrolle in Italien, GRUR Int. 1984, 677.

Funk, Axel, Wettbewerbsrechtliche Grenzen von Werbung per E-Mail, CR 1998, 411.

Funke, Rainer, Lieber Angleichen als Zersplittern, WM 1997, 1472.

Gassner, Ulrich M., Internet-Handelsplattformen im Spiegel des Kartellrechts, MMR 2001, 140.

Gautrais, Vincent/Guy Lefebvre/Karim Benyekhleff, Droit du Commerce électronique et normes applicables: L´émergence de la lex electronica, RDAI 1997, 547.

Gebauer, Martin, Internationales Privatrecht und Warenverkehrsfreiheit in Europa, IPRax 1995, 152.

Geimer, Reinhold, Internationales Zivilprozeßrecht, 3. Aufl., Köln 1997.

Geller, Paul E., Internationales Immaterialgüterrecht, Kollisionsrecht und gerichtliche Sanktionen im Internet, GRUR Int. 2000, 659.

Gibson, William, Neuromancer, New York 1984.

Gierke, Cornelie v., Wettbewerbsrechtlicher Schutz der Persönlichkeitssphäre, insbesondere im Bereich der gefühlsbetonten Werbung, in: Willi Erdmann u.a. (Hrsg.), Festschrift für Henning Piper, München 1996, S. 243.

Glöckner, Jochen, Wettbewerbsverstoße im Internet - Grenzen einer kollisionsrechtlichen Problemlösung, ZVglRWiss 99 (2000) 278.

Gloy, Wolfgang (Hrsg.), Handbuch des Wettbewerbsrechts (Hauptband), 2. Aufl., München 1997.

Göhre, Stefan, Frischer Wind aus Brüssel? - Der Vorschlag der Europäischen Kommission für eine Verordnung über Verkaufsförderung im Binnenmarkt und das Grünbuch der Europäischen Kommission zum Verbraucherschutz in der Europäischen Kommission, WRP 2002, 36.

Goldman, Bertold, Frontières du droit et lex mercatoria, Archives de Philosopophie du Droit 9 (1964) 177.

Goldsmith, Jack L., Against Cyberanarchy, U. Chicago L. Rev. 65 (1998) 1199.

Goldstajn, Aleksandar, The New Law Merchant, Journal of Business Law 1961, 11.

Gormley, Laurence W., Reasoning Renounced? The Remarcable Judgement in Keck and Mithouard, European Business Law Rev. 1994, 385.

Grabitz, Eberhard/Meinhard Hilf (Hrsg.), Das Recht der Europäischen Union, Band I: EUV/EGV, Loseblattsammlung, München Stand Januar 2001.

Grandpierre, Andreas, Herkunftslandprinzip kontra Marktortanknüpfung: Auswirkung des Gemeinschaftsrechts auf die Kollisionsregeln im Wettbewerbsrecht, Frankfurt a.M. 1999 (Europäische Hochschulschriften, Reihe II: Rechtswissenschaft, Bd. 2654), zugl. Diss. Bonn 1998.

Grewlich, Klaus W., Governance im Cyberspace - Regulierung globaler Netze im Systemwettbewerb?, RIW 2000, 337.

Groeben, Hans von der/ Jochen Thiesing / Claus-Dieter Ehlermann (Hrsg.), Kommentar zum EU-/EG-Vertrag, Band 1, 5. Aufl., Baden-Baden 1999.

Gummig, Christian, Rechtsfragen bei Werbung im Internet, ZUM 1996, 573.

Halfmeier, Axel, Vom Cassislikör zur E-Commerce-Richtlinie: Auf dem Weg zu einem europäischen Mediendeliktsrecht, ZEuP 2001, 837.

Hammerl, Christoph, Inländerdiskriminierung, Berlin 1997 (Schriften zum europäischen Recht, Bd. 38), zugl. Diss. Bayreuth 1996.

Hardy, I.Trotter , The Proper Legal Regime for "Cyberspace", U. Pittsburgh Law Rev. 55 (1994) 993.

Hartwig, Henning, Zulässigkeit und Grenzen der Imagewerbung - das Beispiel „Benetton", BB 1999, 1775.

Harvey, Brian W./Deborah L. Parry, The Law of Consumer Protection and Fair Trading, 6th ed., London 2000.

Hatje, Armin, Werbung und Grundrechtsschutz in rechtsvergleichender Betrachtung, in: Jürgen Schwarze (Hrsg.), Werbung und Werbeverbote im Lichte des europäischen Gemeinschaftsrechts, Baden-Baden 1999, S. 37.

Hauschka, Christoph E., Lauterkeitsrecht und Verbraucherschutz zwischen nationalem Regelungsanspruch und der Rechtsprechung des Europäischen Gerichtshofs, ZVglRWiss 1989, 166.

Heckmann, Dirk, E-Commerce: Flucht in den virtuellen Raum, NJW 2000, 1370.

Hefermehl, Wolfgang, Wettbewerbsrecht: Gesetz gegen unlauteren Wettbewerb, Zugabeverordnung, Rabattgesetz und Nebengesetze, 23. Aufl., Stand 1.9.2000 des von Adolf Baumbach begründeten Werkes, München 2001 (zitiert als *Baumbach/Hefermehl*, Wettbewerbsrecht).

Heil, Ulf/ Robert Dübbers, Abschaffung von Rabattgesetz und Zugabeverordnung: Ein erster Schritt zur Begrenzung der Inländerdiskriminierung auf Grund der E-Commerce-Richtlinie, ZRP 2001, 207.

Heintzen, Markus, Inländerdiskriminierung im Gemeinsamen Markt - dargestellt am Beispiel der Rechtsanwaltschaft, EWS 1990, 82.

Henning-Bodewig, Frauke, Das neue (alte) Recht des unlauteren Wettbewerbs der Niederlande, GRUR Int. 1982, 126.

Dies., Das Grünbuch der EU-Kommission über die „Kommerziellen Kommunikationen", GRUR Int. 1997, 515.

Dies., Vergleichende Werbung - Liberalisierung des deutschen Rechts?, GRUR Int. 1999, 385.

Dies., Abschaffung von Rabattgesetz und Zugabeverordnung?, WRP 2000, 886.

Dies., E-Commerce und irreführende Werbung: Auswirkungen des Herkunftslandprinzips auf das europäische und deutsche Irreführungsrecht, WRP 2001, 771.

Herdegen, Matthias, Europarecht, 3. Aufl., München 2001.

Heydt, Ludwig, Wege zur Vereinheitlichung des europäischen Markenrechts, GRUR Int. 1960, 348.

Höpping, Ulrike, Auswirkungen der Warenverkehrsfreiheit auf das IPR unter besonderer Berücksichtigung des Internationalen Produkthaftungsrechts und des Internationalen Vertragsrechts, Frankfurt a. M. 1996 (Studium zum vergleichenden und internationalen Recht, Bd. 40), zugl. Diss. Trier 1996.

Hoeren, Thomas, Internationale Netze und das Wettbewerbsrecht, in: Jürgen Becker (Hrsg.), Rechtsprobleme internationaler Datennetze, Baden-Baden 1996 (Schriftenreihe des Archivs für Urheber-, Film-, Funk- und Theaterrecht [UFITA], Bd. 137), S. 35.

Ders., Kreditinstitute im Internet - Eine digitale Odysee im juristischen Weltraum, WM 1996, 2006.

Ders., Cybermanners und Wettbewerbsrecht: Einige Überlegungen zum Lauterkeitsrecht im Internet, WRP 1997, 993.

Ders., Werberecht im Internet am Beispiel der ICC Guidlines on Interactive Marketing Communications, in: Michael Lehmann (Hrsg.), Internet- und Multimediarecht (Cyberlaw), Stuttgart 1997, S.111.

Ders., Internet und Recht - Neue Paradigmen des Informationsrechts, NJW 1998, 2849.

Ders., Vorschlag für eine EU-Richtlinie über E-Commerce, MMR 1999, 192.

Hoffmann, Bernd v., Grundsätzliches zur Anwendung der lex mercatoria durch internationale Schiedsgerichte, in: Hans-Joachim Musielak/Klaus Schurig (Hrsg.), Festschrift für Gerhard Kegel zum 75. Geburtstag, Stuttgart 1987, S. 215.

Hohloch, Gerhard, Das Deliktsstatut: Grundlagen und Grundlinien des internationalen Deliktsrechts, Frankfurt a.M. 1984 (Arbeiten zur Rechtsvergleichung, Bd. 106).

Holznagel, Bernd/Ina Holznagel, Zukunft der Haftungsregeln für Internet-Provider. Zugleich: Eine Kritik des Electronic-Commerce-Richtlinienentwurfs vom 18.11.1998, K&R 1999, 103.

Huber, Peter, Persönlichkeitsschutz gegenüber Massenmedien im Rahmen des Europäischen Zivilprozeßrechts, Anmerkung zur Entscheidung des

Europäischen Gerichtshofs vom 7. März 1995 (Rechtssache C-68/93 - Fiona Shevill u.a./Presse Alliance SA), ZEuP 1996, 294.

Hucke, Anja, Erforderlichkeit einer Harmonisierung des Wettbewerbsrechts in Europa, (Schriftenreihe Europäisches Recht, Politik und Wirtschaft, Bd. 243) Baden-Baden 2001.

Hunnings, Neville M., Annotations on Case 54/79 und Case 62/79, CMLR 17 (1980) 564.

Immenga, Ulrich/Knut W. Lange, , Elektronische Marktplätze: Wettbewerbsbeschränkende Verhaltensweisen im Internet?, RIW 2000, 733.

Ders./Ernst-Joachim Mestmäcker (Hrsg.), Gesetz gegen Wettbewerbsbeschränkungen: GWB, Kommentar, 2. Aufl., München 1992.

Jacobs, Rainer/Walter F. Lindacher/Otto Teplitzky (Hrsg.), UWG-Großkommentar, 9. Lieferung: Einleitung, Berlin 1994 (zitiert als UWGGroßKomm-*Bearbeiter*)

Jayme, Eric, Ausländische Rechtsregeln und Tatbestand inländischer Sachnormen, in: Erik Jayme (Hrsg.), Gedächtnisschrift für Albert A. Ehrenzweig, Karlsruhe 1976 (Berkeley-Kölner Rechtsstudien: Kölner Reihe, Bd. 15), S. 35.

Ders., The American Conflicts Revolution and ist Impact on European Private International Law, in: Forty Years On: The Evolution of Postwar Private International Law in Europe: Symposium in Celebration of the 40th Anniversary of the Centre of Foreign Law and Private International Law, University of Amsterdam, on 27 October 1989, Deventer 1990 (Pubikaties van het Centrum voor Buitenlands Recht en Internationaal Privaatrecht, Bd. 5), S. 15.

Ders., Entwurf eines EU-Übereinkommens über das auf außervertragliche Schuldverhältnisse anzuwendende Recht - Tagung der Europäischen Gruppe für Internationales Privatrecht in Den Haag, IPRax 1998, 140.

Ders., Entwurf eines EU-Übereinkommen über das auf außervertragliche Schuldverhältnisse anwendbare Recht - Tagung der Europäischen Gruppe für Internationales Privatrecht in Luxemburg, IPRax 1999, 298.

Jayme, Eric/Christian Kohler, Das Internationale Privat- und Verfahrensrecht der EG 1991 - Harmonisierungsmodell oder Mehrspurigkeit des Kollisionsrechts, IPRax 1991, 361.

Dies., Das Internationale Privat- und Verfahrensrecht nach Maastricht, IPRax 1992, 346.

Dies., Das Internationale Privat- und Verfahrensrecht der EG 1993 - Spannungen zwischen Staatsverträgen und Richtlinien, IPRax 1993, 357.

Dies., Europäisches Kollisionsrecht 1997 - Vergemeinschaftung durch „Säulenwechsel"?, IPRax 1997, 385.

Dies., Europäisches Kollisionsrecht 1999 - Die Abendstunde der Staatsverträge, IPRax 1999, 401.

Dies., Europäisches Kollisionsrecht 2001: Anerkennungsprinzip statt IPR?

Jestaedt, Thomas, Funktionalität, Effizienz und Wettbewerb: B2B-Marktplätze und das Kartellrecht, BB 2001, 581.

Johnson, David R./David Post, Law and Borders - The Rise of Law in Cyberspace, Stanford Law Rev. 48 (1996) 1367.

Juenger, Friedrich K., Lex mercatoria und Eingriffsnormen, in: Manfred Löwisch/Christian Schmidt-Leithoff/Burkhard Schmiedel (Hrsg.), Beiträge zum Handels- und Wirtschaftsrecht, Festschrift für Fritz Rittner, München 1991, S. 233.

Jung, Peter, Die Netiquette - Grundlage eines globalen Rechts gegen den unlauteren Wettbewerb in internationalen Datennetzen?, in: Martin Immenhausen/Jürg Wichtermann (Hrsg.), Vernetzte Welt - Globales Recht, Jahrbuch Junger Zivilrechtswissenschaftler 1998, Stuttgart 1999, S. 153.

Ders., Rechtsfragen der Online-Schiedsgerichtsbarkeit, K&R 1999, 64.

Kaiser, Joseph H., Das Recht im Cyberspace, in: Herbert Haller u.a. (Hrsg.), Staat und Recht, Festschrift für Günther Winkler, Wien/New York 1997, S. 397.

Karenfort, Jörg/Arnd Weißgerber, Lauterkeit des Wirtschaftsverkehrs in Gefahr? - Die Konsequenzen der E-Commerce-Richtlinie für RabattG und ZugabeVO, MMR-Beilage 7/2000, 38.

Karnell, Gunnar, Will the Consumer Law Field be the Waterloo of the New Lex mercatoria?, SvenskJT 1981, 427.

Katsh, Ethan M., Dispute Resolution in Cyberspace, Connecticut Law Rev. 28 (1996) 953.

Kegel, Gerhard, Die selbstgerechte Sachnorm, in: Erik Jayme/Gerhard Kegel (Hrsg.) Gedächtnisschrift für Albert A. Ehrenzweig, Karlsruhe 1976 (Berkeley-Kölner Rechtsstudien, Kölner Reihe, Bd. 15), S. 51.

Keilholz, Kurt, Die mißlungene Harmonisierung des Verbots der irreführenden Werbung in der EG und ihre Konsequenzen für die deutsche Rechtsprechung, GRUR Int. 1987, 390.

Keller, Max/Kurt Siehr, Allgemeine Lehren des internationalen Privatrechts, Zürich 1986.

Keßler, Jürgen, Wettbewerbsrechtliches Irreführungsverbot und Freiheit des Warenverkehrs, EuZW 1991, 107.

Kilian, Wolfgang, Verkehrsregeln für Datenautobahnen? Zur Verrechtlichung des INTERNET, in: Peter Salje (Hrsg.), Recht - Rechtstatsachen - Technik, Festschrift für Helmut Pieper, Hamburg 1998 (Studien zur Rechtswissenschaft, Bd. 18), S. 263.

Kisseler, Die Werbeselbstkontrolle in Deutschland, in: Willi Erdmann (Hrsg.), Festschrift für Henning Piper, München 1996, S. 283

Koch, Frank A., Internationale Gerichtszuständigkeit und Internet, CR 1999, 121.

Köhler, Helmut, Irreführungs-Richtlinie und deutsches Wettbewerbsrecht, GRUR Int. 1994, 396.

Ders., Gründung und Nutzung von Internet-Marketplaces - die Rahmenbedingungen des deutschen und europäischen Kartellrechts, K&R 2000, 571.

Ders., Rabattgesetz und Zugabeverordnung: Ersatzlose Streichung oder Gewährleistung eines Mindestschutzes für Verbraucher und Wettbewerber?, BB 2001, 265.

Köhler, Markus/ Hans-Wolfgang Arndt, Recht des Internet, 3.Aufl., Heidelberg 2001.

König, Doris, Das Problem der Inländerdiskriminierung - Abschied vom Reinheitsgebot, Nachtbackverbot und Meisterprüfung, AöR 118 (1993) 591.

Kohler, Christian, Einheit, Vielheit und Relativität im Kollisionsrecht der EG-Mitgliedstaaten, IPRax 1992, 277.

Koos, Stefan, Europäischer Lauterkeitsmaßstab und globale Integration: Beitrag zu einer weltmarktorientierten Sichtweise des nationalen und gemeinschaftsrechtlichen Wettbewerbsrechts, München 1996 (Schriftenreiche Wirtschaftsrecht in Europa, Bd. 3), zugl. Diss. Konstanz 1996.

Koppensteiner, Hans-Georg, Wettbewerbsrecht: Kartellrecht und unlauterer Wettbewerb, Wien 1981.

Korff, Wilhelm (Hrsg.), Handbuch der Wirtschaftsethik, Bd.2: Ethik wirtschaftlicher Ordnungen, Gütersloh 1999.

Kort, Michael, Zur „multistate"-Problematik grenzüberschreitender Fernsehwerbung, GRUR Int. 1994, 594.

Kotthoff, Jost, Werbung ausländischer Unternehmen im Inland: Die Beurteilung grenzüberschreitender Werbung nach dem internationalen Privatrecht, dem Wettbewerbsrecht und dem Recht der europäischen Union, , Baden-Baden 1995 (Schriftenreihe des Archivs für Urheber-, Film-, Funk- und Theaterrecht, Bd. 133), zugl. Diss. Freiburg 1995.

Ders., Die Anwendbarkeit des deutschen Wettbewerbsrechts auf Werbemaßnahmen im Internet, CR 1997, 676.

Kreuzer, Karl F., Wettbewerbsverstöße und Beeinträchtigung geschäftlicher Interessen (einschließlich der Verletzung kartellrechtlicher Schutzvorschriften), in: Ernst von Caemmerer (Hrsg.), Vorschläge und Gutachten zur Reform des internationalen Privatrechts der außervertraglichen Schuldverhältnisse, Tübingen 1983, S. 232.

Ders., Die Europäisierung des internationalen Privatrechts: Vorgaben des Gemeinschaftsrechts, in: Peter-Christian Müller-Graff (Hrsg.), Gemeinsames Privatrecht in der Europäischen Gemeinschaft, 2. Aufl., Baden-Baden 1999 (Schriftenreihe des Arbeitskreises Europäische Integration e.V., Bd. 33), S. 457.

Ders./Paul Klötgen, Die *Shevill*-Entscheidung des EuGH: Abschaffung des Deliktsortsgerichtsstands des Art. 3 Nr. 5 EuGVÜ für ehrverletzende Streudelikte, IPRax 1997, 90.

Kröger, Detlef/Marc A. Gimmig (Hrsg.), Handbuch zum Internetrecht, Berlin/ Heidelberg/ New York 2000.

Kropholler, Jan, Internationales Privatrecht, 3. Aufl., Tübingen 1997.

Kubis, Sebastian, Internationale Zuständigkeit bei Persönlichkeits- und Immaterialgüterrechtsverletzungen, Bielefeld 1999 (Schriften zum deutschen und europäischen Zivil-, Handels- und Prozeßrecht, Bd. 187), zugl. Diss. Bielefeld 1997/98.

Kümpel, Siegfried, Rechtliche Aspekte des elektronischen Netzgeldes (Cybergeld), WM 1998, 365.

Kuner, Christopher, Internationale Zuständigkeitskonflikte im Internet, CR 1996, 453.

Lackloff, Klaus/Bernd Raczinski, Umgekehrte Diskriminierung, EWS 1997, 109.

Lando,Ole, The Lex Mercatoria in International Commercial Arbitration, ICLQ 34 (1985) 747.

Lange, Knut W., Unternehmenskooperationen im Internet und EG-Kartellrecht, EWS 2000, 291.

Langen, Eugen, Vom internationalen Privatrecht zum Transnationalen Handelsrecht, NJW 1969, 358.

Leible, Stefan, Außenhandel und Rechtssicherheit, ZVglRWiss 97 (1998) 286.

Lehmann, Michael (Hrsg.), Internet- und Multimediarecht (Cyberlaw), Stuttgart 1997.

Lenz, Carl-Otto (Hrsg.), EG-Vertrag: Kommentar zu dem Vertrag zur Gründung der Europäischen Gemeinschaften in der durch den Amsterdamer Vertrag geänderten Fassung, 2. Auflage, Köln 1999.

Leupold, Andreas/Peter Bräutigam/Markus Pfeiffer, Von der Werbung zur kommerziellen Kommunikation: Die Vermarktung von Waren und Dienstleistungen im Internet, WRP 2000, 575.

Lindacher, Walter F., Zum Internationalen Privatrecht des unlauteren Wettbewerbs, WRP 1996, 645.

Lindholm, Pia/Frithjof A. Maennel, Directive on Electronic Commerce (2000/31/EC), CRi 2000, 65.

Löffler, Severin, Werbung im Cyberspace - Eine kollisionsrechtliche Betrachtung, WRP 2001, 379.

Loewenheim, Ulrich/Frank A. Koch, Praxis des Online-Rechts, München 2001.

Maennel, Frithjof, Elektronischer Geschäftsverkehr ohne Grenzen - der Richtlinienvorschlag der Europäischen Kommission, MMR 1999, 187.

Mankowski, Peter, Internet im Internationalen Vertrags- und Deliktsrecht, RabelsZ 63 (1999) 203.

Ders., Internet und Internationales Wettbewerbsrecht, GRUR Int. 1999, 909.

Ders., Kurzkommentar zum Beschluß des OLG Frankfurt vom 3.12.1998, EWiR § 1 UWG 7/99, 471

Ders., Wider ein transnationales Cyberlaw, AfP 1999, 138.

Ders., E-Commerce und Internationales Verbraucherschutzrecht, MMR-Beilage 7/2000, 22.

Ders., Das Herkunftslandprinzip als Internationales Privatrecht der e-commerce-Richtlinie, ZVglRWiss 100 (2001) 137.

Martin-Ehlers, Andrés, Die Irreführungsverbote des UWG im Spannungsfeld des freien europäischen Warenverkehrs, Berlin 1996 (Beiträge zum europäischen Wirtschaftsrecht, Bd. 3), zugl.: Diss. Erlangen-Nürnberg 1994.

Martiny, Dieter, Gemeinschaftsrecht, ordre public, zwingende Bestimmungen und Exklusivnormen, in: Christian v. Bar (Hrsg.), Europäisches Gemeinschaftsrecht und Internationales Privatrecht: Tagung des Instituts für Internationales Privatrecht und Rechtsvergleichung des Fachbereichs Rechtswissenschaften der Universität Osnabrück am 6. und 7. April 1990 in Osnabrück, (Osnabrücker Rechtswissenschaftliche Abhandlungen, Bd. 26), Köln 1991, S. 211.

Ders., Die Anknüpfung an den Markt, in: Jürgen Basedow/Klaus J. Hopt/Hein Kötz, Festschrift für Ulrich Drobnig, Tübingen 1998, S. 389.

Marx, Claudius, Vergleichende Werbung - wie weit reicht die Harmonisierung, EWS 2001, 353.

Matthies, Heinrich, Art. 30 EG-Vertrag nach Keck, in: Ole Due (Hrsg.), Festschrift für Ulrich Everling, Band I, Baden-Baden 1995, S. 803.

Mayer, Franz C., Recht und Cyberspace, NJW 1996, 1782.

Menke, Burkhart, Die vergleichende Werbung in Deutschland nach der Richtlinie 97/55/EG und der BGH-Entscheidung „Testpreis-Angebot", WRP 1998, 811.

Merkt, Hanno, Das Europäische Gesellschaftsrecht und die Idee des „Wettbewerbs der Gesetzgeber", RabelsZ 59 (1995) 544.

Meyer, Alfred H., Das Verbraucherleitbild des Europäischen Gerichtshofs, WRP 1993, 215.

Meyer, Justus, Rabatt- und Zugaberegulierung auf dem Prüfstand, GRUR 2001, 98.

Micklitz, Hans W., Das Keck-Urteil des EuGH - vom Binnenmarkt zurück zum Freihandel?, IStR 1994, 86.

Mieck, Ilja, Wirtschaft und Gesellschaft Europas von 1650 bis 1850, in: ders. (Hrsg.), Europäische Wirtschafts- und Sozialgeschichte von der Mitte des 17. Jahrhunderts bis zur Mitte des 19. Jahrhunderts, Stuttgart 1993 (Handbuch der europäischen Wirtschafts- und Sozialgeschichte, Bd. 4).

Möllering, Jürgen, Das Recht des unlauteren Wettbewerbs in Europa - Eine neue Dimension, WRP 1990, 1.

Ders., Das Recht des unlauteren Wettbewerbs in Portugal, WRP 1991, 634.

Moench, Christoph, Reinheitsgebot für Bier: Zum Urteil des EuGH vom 12.3.1987, NJW 1987, 1133, NJW 1987, 1109.

Möschel, Wernhard, Kehrtwende in der Rechtsprechung des EuGH zur Warenverkehrsfreiheit, NJW 1994, 429.

Morris, John H. C., The conflict of laws., 5th ed., London 2000.

Mortelmans, Kamiel, The common Market, the internal market and the single market, what´s in a market?, Common Market Law Rev. 35 (1998) 101.

Mülbert, Peter O., Ausländische Eingriffsnormen als Datum, IPRax 1986, 140.

Müller-Graff, Peter-Christian, Ordnungspolitische Divergenzen in der Verfassung des Gemeinsamen Marktes, in: Bodo Börner u.a. (Hrsg.), Festschrift für Karl Carstens, Bd. 1: Europarecht. Völkerrecht, Köln 1984, S. 209.

Müller-Graff, Peter-Christian (Hrsg.), Gemeinsames Privatrecht in der Europäischen Gemeinschaft, Baden-Baden 1993.

Münchener Kommentar zum Bürgerlichen Gesetzbuch, Band 7: Einführungsgesetz zum Bürgerlichen Gesetzbuche, Internationales Privatrecht, 2. Auflage, München 1990 (zitiert als MünchKomm-*Bearbeiter*);

- Band 11: Internationales Handels- und Gesellschaftsrecht, Einführungsgesetz zum Bürgerlichen Gesetzbuche (Art. 50-237), Redakteur: Hans-Joachim Sonnenberger, 3. Auflage, München 1999 (zitiert als MünchKomm-*Bearbeiter*).

Nacken, Gert A., Das Grünbuch über die Kommerzielle Kommunikation - der Beginn einer Harmonisierungsdiskussion?, WRP 1997, 929.

Neuhaus, Paul H., Neue Wege im Europäischen IPR?, RabelsZ 35 (1971) 401.

Nicolaysen, Gert, Inländerdiskriminierung im Warenverkehr, EuR 1991, 95.

Niedermeier, Robert/Maximilian Damm/Andreas Splittgerber, Cybercourt: Schieds- und Schlichtungsverfahren im Internet, K&R 2000, 431.

North, Peter M./James M. Fawcett, Cheshire and North´s Private International Law, 13th ed., London/Edinburgh/Dublin 1999.

Novak, Meinhard, Ungleichbehandlung von ausländischen Produkten oder Dienstleistungen - Einheitliche Rechtfertigungstatbestände im EG-Vertrag, DB 1997, 2589.

Ohly, Ansgar, Richterrecht und Generalklausel im Recht des unlauteren Wettbewerbs, Köln 1997 (Schriftenreihe zum gewerblichen Rechtsschutz, Bd. 100), zugl. Diss. München 1995.

Ders., Herkunftslandprinzip und Kollisionsrecht, GRUR Int. 2001, 899.

Ders./Michael Spence, Vergleichende Werbung: Die Auslegung der Richtlinie 97/55/EG in Deutschland und Großbritannien, GRUR Int. 1999, 681.

Oppermann, Thomas, Europarecht, 2. Aufl., München 1999.

Osthaus, Wolf, Die Renaissance des Privatrechts im Cyberspace, AfP 2001, 13.

Overbeck, Alfred E. von/Paul Volken, Das Internationale Deliktsrecht im Vorentwurf der EWG, RabelsZ 38 (1974) 56.

Otero Lastres, José M., Das neue spanische Gesetz gegen unlauteren Wettbewerb, GRUR Int. 1992, 183

Paefgen, Thomas C., Globales und Euro-Marketing: eine juristische Querschnittsanalyse grenzüberschreitender Werbung, Baden-Baden 1989, zugl. Diss. München 1988.

Perritt, Henry H., Cyberspace Self-Government - Town Hall Democracy or Recovered Royalism?, Berkeley Technology L. J. 12 (1997) 413

Ders., Hybrid International Institutions für Regulating Electronic Commerce and Political Discourse on the Internet, MMR Beilage 7/2000, 1.

Pfeiffer, Tim, Cyberwar gegen Cybersquatter, GRUR 2001, 92.

Pichler, Rufus, Internationale Gerichtszuständigkeit im Online-Bereich, in: Martin Immenhausen/Jürg Wichtermann (Hrsg.), Vernetzte Welt - Globales Recht, Jahrbuch Junger Zivilrechtswissenschaftler 1998, Stuttgart 1999, 229.

Pick, Eckhart, Europäischer Rechtsrahmen für den Electronic-Commerce, WM 2000, 468.

Plassmann, Clemens, Vergleichende Werbung im Gemeinsamen Markt, GRUR 1996, 377.

Polak, Maurice V., Internationaal Privaatrecht: Vangnet voor het Internet, in: Recht en Internet - Verkenningen op het gebied van het Internationaal Privaatrecht, het Strafrecht en het Auteursrecht, Handelingen Nederlandse Juristen-Vereniging, Deventer 1998, S. 59.

Radicati di Brozolo, Luca G., L´influence sur les conflits de lois des principes de droit communautaire en matière de circulation, Revue Critique du Droit international privé 82 (1993) 401.

Reese, Ulrich, Grenzüberschreitende Werbung in der Europäischen Gemeinschaft - unter besonderer Berücksichtigung der Auswirkungen des Gemeinschaftsrechts auf das deutsche Recht des unlauteren Wettbewerbs, München 1994 (Europäisches Wirtschaftsrecht, Bd. 8), zugl. Diss. Bonn 1992.

Reich, Norbert, Die Freiheit der Dienstleistungsfreiheit als Grundfreiheit, ZHR 153 (1989) 571

Ders., Rechtsprobleme grenzüberschreitender irreführender Werbung im Binnenmarkt: dargestellt am deutschen, französischen und englischen Recht unter besonderer Berücksichtigung des EG-Rechts, RabelsZ 56 (1992) 444.

Ders., Anmerkung zum Urteil des EuGH vom 24.11.1993 - Rs. C-267/91 u. 268/91, ZIP 1993, 1815.

Reichelsdorfer, Jörg, „e-Mails" zu Werbezwecken - ein Wettbewerbsverstoß?, GRUR Int. 1997, 191.

Reichert-Facilides, Fritz, Parteiautonomie im Internationalen Privatrecht des unlauteren Wettbewerbsrechts?, in: Forschungsinstitut für Wirtschaftsverfassung und Wettbewerb e.V. (Hrsg.), Wettbewerbsordnung im Spannungsfeld von Wirtschaft- und Rechtswissenschaft, Festschrift für Günther Hartmann, Köln u.a. 1976, S. 205.

Reidenberg, Joel R., Governing Networks and Rule-Making in Cyberspace, Emory Law Journal 45 (1996) 911.

Reinel, Stefan, Dänemark: Dokumentation der „Besonderheiten" des Wettbewerbsrechts in Europa, WRP 1990, 92.

Reithmann, Christoph/Dieter Martiny (Hrsg.), Internationales Vertragsrecht: Das internationale Privatrecht der Schuldverträge, 5. Aufl. Köln 1996 (zitiert als Reithmann/Martiny-*Bearbeiter*)

Renck, Andreas, WIPO Arbitration and Mediation Center, MMR 2000, 586.

Rittner, Fritz, Das Gemeinschaftsprivatrecht und die europäische Integration, JZ 1995, 849, 853.

Ders., Wettbewerbs- und Kartellrecht. 6. Aufl. Heidelberg 1999.

Roßnagel, Alexander, Globale Datennetze: Ohnmacht des Staates - Selbstschutz der Bürger, ZRP 1997, 26.

Roth, Wulf-Henning, Der Einfluß des Europäischen Gemeinschaftsrechts auf das IPR, RabelsZ 55 (1991) 623.

Ders., Angleichung des IPR durch sekundäres Gemeinschaftsrecht, IPRax 1994, 165.

Ders., Rückzug des Europäischen Gerichtshofs vom Binnenmarktkonzept?, in: Marktwirtschaft und Wettbewerb im sich erweiternden europäischen Raum, Referate des XXVII. FIW Symposiums, Köln 1994 (FIW-Schriftenreihe, Bd. 160), S. 21

Ders., Zur Tragweite der Harmonisierung im Recht des unlauteren Wettbewerbs, in: Ulrich Immenga (Hrsg.), Festschrift für Ernst-Joachim Mestmäcker, Baden-Baden 1996, S. 725.

Rüßmann, Helmut, Verbraucherschutz im Internet, K&R 1998, 129.

Ders., Wettbewerbshandlungen im Internet - Internationale Zuständigkeit und anwendbares Recht, K&R 1998, 422.

Sack, Rolf, Die kollisions- und wettbewerbsrechtliche Beurteilung grenzüberschreitender Werbe- und Absatztätigkeit nach deutschem Recht, GRUR Int. 1988, 320.

Ders., Angleichung des IPR durch sekundäres Gemeinschaftsrecht, IPRax 1994, 165.

Ders., Art. 30, 36 EG-Vertrag und das internationale Wettbewerbsrecht, WRP 1994, 281.

Ders., Die Bedeutung der EG-Richtlinien 84/450/EWG und 97/55/EG über irreführende und vergleichende Werbung für das deutsche Wettbewerbsrecht, GRUR Int. 1998, 263.

Ders., Das Internationale Wettbewerbs- und Immaterialgüterrecht nach der EGBGB-Novelle, WRP 2000, 269.

Sanders, Anselm K., Unfair Competition Law: The Protection of Intellectual and Industrial Creativity, Oxford 1997.

Sandrock, Otto, Neue Herausforderungen an das Internationale Wirtschaftsrecht - durch Digitalisierung, Europäisierung, Globalisierung, Erschöpfung der öffentlichen Finanzen, Streben nach Kosteneffizienz und Spezialisierung, ZVglRWiss 98 (1999) 227.

Schack, Haimo, Internationales Zivilverfahrensrecht, 2. Aufl., München 1996.

Ders., Die EG-Kommission auf dem Holzweg von Amsterdam, ZEuP 1999, 805.

Ders., Internationale Urheber-, Marken- und Wettbewerbsrechtsverletzungen im Internet: Internationales Privatrecht, MMR 2000, 59.

Ders., Internationale Urheber-, Marken- und Wettbewerbsrechtsverletzungen im Internet: Internationales Zivilprozeßrecht, MMR 2000, 135.

Schaltenberg, Karl-Josef, Die Bekämpfung irreführender und unlauterer Werbung in Italien, Köln 1987 (Schriftenreihe zum gewerblichen Rechtsschutz, Bd. 74), zugl. Diss. München 1987.

Scherer, Inge, Divergenz und Kongruenz des EuGH und des BGH zur Verbraucherwerbung, WRP 1999, 991.

Schilling, Theodor, Gleichheitssatz und Inländerdiskriminierung, JZ 1994, 8.

Ders., Rechtsfragen zu Art. 30 – Zugleich eine Anmerkung zum EuGH-Urteil vom 24.11.1993 in den verbundenen Rechtssachen C-267 und 268/91, EuR 1994, 50.

Schlosser, Peter, Das Recht der internationalen privaten Schiedsgerichtsbarkeit, 2. Aufl., Tübingen 1989.

Schmitthoff, Clive M., Das neue Recht des Welthandels, RabelsZ 28 (1964) 47.

Schneider, Michael E., Streitbeilegung auf dem Information Highway – Probleme und Lösungsansätze, in: Hilty (Hrsg.), Information Highway, Bern 1996, 625.

Schnyder, Anton K., Wirtschaftskollisionsrecht: Sonderanknüpfung und extraterritoriale Anwendung wirtschaftsrechtlicher Normen unter besonderer Berücksichtigung von Marktrecht, Zürich 1990.

Schoch, Friedrich, Öffentlich-rechtliche Rahmenbedingungen einer Informationsordnung, in: Herbert Bethge/Beatrice Weber-Dürler (Hrsg.), Der Grundrechtseingriff, Veröffentlichungen der Vereinigung Deutscher Staatsrechtslehrer, Heft 57, Berlin/New York 1998, S. 160.

Schotthöfer, Peter (Hrsg.), Handbuch des Werberechts in den EU-Staaten einschließlich Norwegen, Schweiz, Liechtenstein und USA, 2. Aufl., Köln 1997.

Schrey, Joachim/Kai Westerwelle, „Junk-Emails" im Internet, BB-Beilage 48/1997, 17.

Schricker, Gerhard, Unlauterer Wettbewerb und Verbraucherschutz, GRUR Int. 1970, S. 32.

Ders., Die Angleichung des Rechts des unlauteren Wettbewerbs im Gemeinsamen Markt, WRP 1977, 1.

Ders., Probleme der Europäischen Angleichung des Rechts des unlauteren Wettbewerbs, in: Herbert Bernstein u.a. (Hrsg.), Festschrift für Konrad Zweigert, Tübingen 1981.

Ders., Die Bekämpfung irreführender Werbung in den Mitgliedstaaten der EG, GRUR Int. 1990, 112.

Ders., Die europäische Angleichung des Rechts des unlauteren Wettbewerbs - ein aussichtsloses Unterfangen?, GRUR Int. 1990, 771.

Ders. (Hrsg.), Recht der Werbung in Europa, Bd. 1: Einführung in das Recht der Werbung, Internationales und EWG-Recht, Bonn 1990.

Ders., Einführung in das portugiesische Recht des unlauteren Wettbewerbs, GRUR Int. 1994, 819.

Schroeder, Dirk/Anne Federle, Das Keck-Urteil: Tatsächlich eine Abkehr von „Yves Rocher"?, ZIP 1994, 1428.

Schurig, Klaus, Kollisionsnormen und Sachrecht: Zu Struktur, Standort und Methode des Internationalen Privatrechts, Berlin 1981 (Schriften zum Internationalen Recht, Bd. 23).

Schwanhäusser, Hermann, Die Zukunft der „irreführenden" Werbung (§ 3 UWG), GRUR 1988, 180.

Schwarz, Mathias (Hrsg.), Recht im Internet, Bd. I, Loseblattsammlung, Augsburg, Stand März 2000.

Schwarze, Jürgen, Werbung im Gemeinschaftsrecht - Rechtsbestand und Grundfragen, in: Jürgen Schwarze (Hrsg.), Werbung und Werbeverbote im Lichte des europäischen Gemeinschaftsrechts, Baden-Baden 1999, S. 9.

Ders. (Hrsg.), Aktuelle Herausforderungen des Wettbewerbs- und Urheberrechts durch grenzüberschreitende Medien, in: Ders. (Hrsg.), Rechtsschutz gegen Urheberrechtsverletzungen und Wettbewerbsverstöße in grenzüberschreitenden Medien, Baden-Baden 2000 (Schriftenreihe Europäisches Recht, Politik und Wirtschaft, Bd. 229), S. 9.

Ders., EU-Kommentar, 1. Aufl., Baden-Baden 2000.

Schweizer, Michael/Waldemar Hummer, Europarecht: Das Recht der Europäischen Union - Das Recht der Europäischen Gemeinschaften (EGKS, EG, EAG) - mit Schwerpunkt EG, 5. Auflage, Neuwied 1996.

Schwerdtfeger, Armin (Hrsg.), Cyberlaw, Wiesbaden 1999.

Schwintowski, Hans-Peter, Freier Warenverkehr im europäischen Binnenmarkt: Eine Fundamentalkritik an der Rechtsprechung des EuGH zu Art. 28 EGV, RabelsZ 64 (2000) 38.

Seidel, Martin, Die sogenannte Cassis de Dijon-Rechtsprechung des Europäischen Gerichtshofs und der Schutz von Herkunftsangaben in der Europäischen Gemeinschaft, GRUR Int. 1984, 80.

Ders., Die Dienstleistungsfreiheit in der neuesten Rechtsentwicklung, in: Jürgen Schwarze (Hrsg.), Der Gemeinsame Markt: Bestand und Zukunft in wirtschaftsrechtlicher Perspektive, Baden-Baden 1987 (Schriftenreihe Europäisches Recht, Politik und Wirtschaft, Bd. 127), S. 113.

Seif, Ulrike, Das Spannungsverhältnis zwischen Kollisionsrecht und Europarecht, in: Christoph Weber (Hrsg.), Europäisierung des Privatrechts: Zwischenbilanz und Perspektiven, Jahrbuch Junger Zivilrechtswissenschaftler 1997, Stuttgart 1998, S. 225.

Slate, William K., Challenges and Opportunities for Dispute Resolutuion in the Era of Electronic Commerce, Beitrag im Rahmen der von der WIPO veranstalteten „International Conference on Dispute Resolution in Electronic Commerce" in Genf am 6./7. November 2000, ARB/ECOM/00/7; http://arbiter.wipo.int/events/conferences/2000/presentations/slate.html (Stand 25.8.2002).

Sonnenberger, Hans J., Europarecht und Internationales Privatrecht, ZVglRWiss 95 (1996) 3.

Spickhoff, Andreas, Internationales Handelsrecht vor Schiedsgerichten und staatlichen Gerichten, RabelsZ 56 (1992) 116.

Spindler, Gerald, Der neue Vorschlag einer E-Commerce-Richtlinie, ZUM 1999, 775.

Ders., Verantwortlichkeit von Diensteanbietern nach dem Vorschlag einer E-Commerce-Richtlinie, MMR 1999, 199.

Ders., E-Commerce in Europa, MMR-Beilage 7/2000, 4.

Ders., Internationales Verbraucherschutzrecht im Internet, MMR 2000, 18

Ders., Der Entwurf zur Umsetzung der E-Commerce-Richtlinie, ZRP 2001, 203.

Ders./Jens M. Schmittmann, Unerwünschte E-Mail-Werbung: Zivil- und wettbewerbsrechtliche Zulässigkeit in den Mitgliedstaaten, MMR-Beilage 8/2001, S. 11.

Staudingers Kommentar zum Bürgerlichen Gesetzbuch mit Einführungsgesetz und Nebengesetzen, Einführungsgesetz zum Bürgerlichen Gesetzbuche/IPR, Art. 27-37 (Internationales Vertragsrecht), Art. 10 (Internationales Namensrecht), 12. Aufl., Berlin 1998 (zitiert als Staudinger-*Bearbeiter)*;

- Einführungsgesetz zum Bürgerlichen Gesetzbuche/IPR, Art. 38 EGBGB, 13. Bearbeitung von Bernd von Hoffmann, Berlin 1998 (zitiert als Staudinger-*Bearbeiter*);
- Einführungsgesetz zum Bürgerlichern Gesetzbuche/IPR, Internationales Wirtschaftsrecht, 13. Bearbeitung von Karl-Heinz Fezer, Berlin 2000 (zitiert als Staudinger-*Bearbeiter*).

Stein, Ursula, Lex mercatoria: Realität und Theorie, Frankfurt a.M. 1995.

Steindorff, Ernst, Sachnormen im internationalen Privatrecht, Frankfurt a.M. 1958 (Schriften des Instituts für Ausländisches und Internationales Wirtschaftsrecht, Bd. 8).

Ders., Dienstleistungsfreiheit im EG-Recht, RIW 1983, 831.

Ders., Gemeinsamer Markt als Binnenmarkt, ZHR 150 (1986) 687.

Ders., Unvollkommener Binnenmarkt, ZHR 158 (1994) 149.

Ders., EG-Vertrag und Privatrecht, Baden-Baden 1996 (Schriftenreihe Europäisches Recht, Politik und Wirtschaft, Bd. 185).

Streinz, Rudolf, Europarecht, 5. Aufl., Heidelberg 2001.

Strömer, Tobias H., Online-Recht, 2. Aufl., Heidelberg 1999.

Summers, Robert S., Technology, Law and Values, in: Frank Fleerackers/Evert van Leeuwen/Bert van Roermund (Hrsg.), Law, Life and the Images of Man, Festschrift for Jan M. Broekman, Berlin 1996, S. 65

Taupitz, Jochen, Privatrechtsvereinheitlichung durch die EG: Sachrechts- oder Kollisionsrechtsvereinheitlichung?, JZ 1993, 533.

Ders., Europäische Privatrechtsvereinheitlichung heute und morgen, Tübingen 1993.

Tettenborn, Alexander, E-Commerce-Richtlinie: Politische Einigung in Brüssel erzielt, K&R 2000, 59.

Thünken, Alexander, Die EG-Richtlinie über den elektronischen Geschäftsverkehr und das IPR des unlauteren Wettbewerbs, IPRax 2001, 15.

Tilmann, Winfried, Der „verständige Verbraucher", in: Willi Erdmann u.a. (Hrsg.), Festschrift für Henning Piper, München 1996, S. 481.

Ders., Richtlinie vergleichende Werbung, GRUR Int. 1997, 790.

Timmermans, Christiaan, Werbung und Grundfreiheiten, in: Jürgen Schwarze (Hrsg.), Werbung und Werbeverbote im Lichte des europäischen Gemeinschaftsrechts, Baden-Baden 1999, S. 26.

Toni, Anna, Kolloquium in Verona über die Werbeselbstkontrolle, GRUR Int. 1989, 662.

Trute, Hans-Heinrich, Öffentlich-rechtliche Rahmenbedingungen einer Informationsordnung, in: Herbert Bethge/Beatrice Weber-Dürler (Hrsg.), Der Grundrechtseingriff, Veröffentlichungen der Vereinigung Deutscher Staatsrechtslehrer, Heft 57, Berlin/New York 1998, S. 216.

Ulmer, Eugen/ Friedrich-Karl Beier, Das Recht des unlauteren Wettbewerbs in den Mitgliedstaaten der Europäischen Wirtschaftsgemeinschaft, Bd. I: Vergleichende Darstellung mit Vorschlägen zur Rechtsangleichung, München/Köln 1965.

Ulmer, Eugen/Gerhard Schricker, Das Recht des unlauteren Wettbewerbs in den Mitgliedstaaten der Europäischen Wirtschaftsgemeinschaft, Bd. V: Italien, München/Köln 1965.

Ulmer, Eugen/ Hartwig Graf von Westerholt, Das Recht des unlauteren Wettbewerbs in den Mitgliedstaaten der Europäischen Wirtschaftsgemeinschaft, Bd. VI: Vereinigtes Königreich von Großbritannien und Nordirland, München/Köln 1981.

Van Dülmen, Richard, Entstehung des frühneuzeitlichen Europa 1550-1648, Frankfurt a.M. 1982 (Fischer Weltgeschichte, Bd. 24).

Vianello, Mirko, Das internationale Privatrecht des unlauteren Wettbewerbs in Deutschland und Italien: Eine die europäischen und internationalen Harmonisierungsbestrebungen berücksichtigende Darstellung, Frankfurt a.M. 2001 (Europäische Hochschulschriften, Reihe II: Rechtswissenschaft, Bd. 3157), zugl. Diss. Osnabrück 2000.

Völker, Stefan, Passive Dienstleistungsfreiheit im Europäischen Gemeinschaftsrecht, Berlin 1990 (Tübinger Schriften zum internationalen und europäischen Recht, Bd. 21), zugl. Diss. Tübingen 1990.

Wadle, Elmar, Das Markenschutzgesetz von 1874, JuS 1974, 761.

Ders., Das Reichsgesetz zur Bekämpfung des unlauteren Wettbewerbs von 1896 – Etappe eines zögerlichen Beginns, JuS 1996, 1064.

Wagner, Gerhard, Ehrenschutz und Pressefreiheit im europäischen Zivilverfahrens- und Internationalem Privatrecht, RabelsZ 62 (1998) 243.

Wagner, Rolf, Ein neuer Anlauf zur Vereinheitlichung des IPR für außervertragliche Schuldverhältnisse, EuZW 1999, 709.

Weatherhill, Stephen, After Keck: Some Thoughts on how to Clarify the Clarification, CMLR 1996, 885.

Weber, Claus, Die Dienstleistungsfreiheit nach den Art. 59ff EG-Vertrag – einheitliche Schranken für alle Formen der Dienstleistung?, EWS 1995, 292.

Weber, Rolf H., E-Commerce- und Recht: Rechtliche Rahmenbedingungen elektronischer Geschäftsformen, Zürich 2001.

Weber, Wolfgang F., Die kollisionsrechtliche Behandlung von Wettbewerbsverstößen mit Auslandsbezug: Eine Darstellung unter besonderer Berücksichtigung des österreichischen IPR-Gesetzes, des Schweizer Expertenentwurfs eines IPR-Gesetzes sowie der Möglichkeit von Harmonisierungsmaßnahmen im Kollisions-und Wettbewerbsrecht für die Europäische Gemeinschaft, Frankfurt a. M. 1982, zugl.: Diss. Mannheim 1982.

Weinand, Armin, Europarecht und Recht gegen unlauteren Wettbewerb: Entwicklungen und Harmonisierung des Rechts gegen den unlauteren Wettbewerb im EG-Rechtssystem, Baden-Baden 1998 (Nomos Universitätsschriften Recht, Bd. 281), zugl. Diss. Tübingen 1997.

Weir, Tony, Economic Torts, Oxford 1997.

Weis, Hubert, Inländerdiskriminierung zwischen Gemeinschaftsrecht und nationalem Verfassungsrecht, NJW 1983, 2721.

Weise, Paul-Frank, Lex mercatoria: materielles Recht vor der internationalen Handelsschiedsgerichtsbarkeit, Frankfurt a.M. 1990 (Studien zum vergleichenden und internationalen Recht, Bd. 8), zugl. Diss. Göttingen 1989.

Weyer, Hartmut, Freier Warenverkehr und nationale Regelungsgewalt in der Europäischen Union: Eine Analyse des Anwendungsbereichs der Art. 30-36 EG-Vertrag auf Grundlage der Rechtsprechung des EuGH, Berlin 1997 (Schriften des Rechtszentrums für Europäische und Internationale Zusammenarbeit (RIZ), Bd. 3), zugl. Diss. Köln 1996.

Widmer, Ursula/ Konrad Bähler, Rechtsfragen beim electronic commerce: Sichere Geschäftstransaktionen im Internet, Zürich 1997.

Wilmowsky, Peter v., Europäisches Kreditsicherungsrecht: Sachenrecht und Insolvenzrecht unter dem EG-Vertrag, (Beiträge zum ausländischen und inländischen Privatrecht, Bd. 60), Tübingen 1996.

Wiltschek, Lothar, Die Beurteilung grenzüberschreitender Werbe- und Absatztätigkeit nach österreichischem Wettbewerbsrecht. GRUR Int. 1988, 299.

Wirner, Helmut, Wettbewerbsrecht und Internationales Privatrecht, München 1960 (Schriftenreihe zum gewerblichen Rechtsschutz des Instituts für ausländisches und internationales Patent-, Urheber- und Markenrecht der Universität München, Bd. 8), zugl. Diss. München, 1960.

Wirth, Andreas, Die Werbeselbstkontrolle in Spanien, WRP 1994, 94.

Zacker, Christian, Binnenmarkt und Gemeinsamer Markt: Zwei Begriffe desselben Inhalts?, RIW 1989, 489.

Ziem, Claudia, Spamming, MMR 2000, 129.

Zweigert, Konrad/Hein Kötz, Einführung in die Rechtsvergleichung auf dem Gebiete des Privatrechts, 3. Aufl., Tübingen 1996.

Zweng, Hanspeter, Die wettbewerbsrechtliche Beurteilung der Werbung mit Gewinnspielen, München 1993 (Rechtswissenschaftliche Forschung und Entwicklung, Bd. 397), zugl. Diss. München 1992.

Christine Kanz

Zum Kennzeichenrecht im Internet

Eine Untersuchung der Verletzungsansprüche des Kennzeicheninhabers unter Berücksichtigung deutscher und amerikanischer Spruchpraxis

Frankfurt/M., Berlin, Bern, Bruxelles, New York, Oxford, Wien, 2002.
XXXVI, 310 S.
Europäische Hochschulschriften: Reihe 2, Rechtswissenschaft. Bd. 3477
ISBN 3-631-39674-0 · br. € 50.10* / US $ 43.95 / £ 30.–

Das Internet hat auch für den Juristen einige Herausforderungen mit sich gebracht, zu denen auch die Anwendung des Markenrechts auf zunächst unbekannte Sachverhalte gehört. Es hat sich gezeigt, dass keineswegs das Erfordernis eines neuen „Cyberlaws" besteht, sondern dass Vorhandenes unter Berücksichtigung technischer und ökonomischer Besonderheiten anzuwenden ist. Dies gilt nicht nur für die Problematik der Domains, sondern auch für sonstige technische Neuheiten wie Hyperlinks, Frames und Meta-Tags. Die vorliegende Untersuchung zeigt den Weg einer solchen Anwendung.

Aus dem Inhalt: Rechtsverletzungen durch Internet-Domains, durch Hyperlinks, Frames und Meta-Tags · Ansprüche des Kennzeicheninhabers gegen die Vergabestelle

FSC
www.fsc.org
MIX
Papier | Fördert gute Waldnutzung
FSC® C083411

Kolibri 360 GmbH
Ferdinand-Jühlke-Straße 7
99095 Erfurt, Deutschland
produktsicherheit@kolibri360.de

Druck:
CPI Druckdienstleistungen GmbH
im Auftrag der
Kolibri 360 GmbH
Ferdinand-Jühlke-Str. 7
99095 Erfurt